Printed in the United States
By Bookmasters

طرق تدريس العربية

طرق تدريس العربية

تأليف
الدكتور صالح نصيرات
أخصائي معايير المناهج
المجلس الأعلى للتعليم – الدوحة

2006

رقم الإيداع لدى دائرة المكتبة الوطنية

(2006/5/1256)

428

نصيرات، صالح حمد

طرق تدريس العربية/ صالح محمد النصيرات. –

عمان: دار الشروق-2006

(264) ص

ر.أ.: (2006/5/1256)

الواصفات: اللغة العربية//طرق التعلم// وسائل التدريس// المقررات الدراسية//التعلم// التربية/

تم إعداد بيانات الفهرسة الأولية من قبل دائرة المكتبة الوطنية

ISBN 9957-00-266-x(ردمك)

(رقم الإجازة المتسلسل) 2006/5/1174

- طرق تدريس العربية.
- الدكتور صالح محمد نصيرات.
- الطبعة العربية الأولى : الإصدار الأول2006.
- جميع الحقوق محفوظة ©

دار الشروق للنشر والتوزيع

هاتف : 4624321/4618191/4618190   فاكس: 4610065

ص.ب: 926463 الرمز البريدي: 11118 عمان – الأردن

دار الشروق للنشر والتوزيع

رام الله –المنارة : شارع المنارة –مركز عقل التجاري هاتف 02/2961614

غزة : الرمال الجنوبي قرب جامعة الأزهر هاتف 07/2847003

الإخراج الداخلي وتصميم الغلاف وفرز الألوان والأفلام:

دائرة الإنتاج/ دار الشروق للنشر والتوزيع

هاتف: 1/ 4618190 فاكس 4610065 ص.ب 926463 عمان (11110) الأردن

Email : shorokjo@nol.com

الإهداء

إلى عزيزين مضيا على حين غرة
وبقيت الذكرى في القلب
إلى والدي
رجاء الرحمة والمغفرة
إلى سونيا رمز الوفاء والحب
إلى تقى وبشرى وجنى ثمار الدنيا وأمل الآخرة

المؤلف

المحتويات

الفصل الثالث
المتعلم

الفصل الرابع
مهارة القراءة والاستيعاب

الفصل الثامن
مهارة الاستماع

الفصل التاسع
مهارة المحادثة

تصدير

تنبع أهمية هذا الكتاب من أن الكثير من دارسي العربية سواء أكانوا من أبناء اللغة أو من الناطقين بلغات أخرى، يجدون صعوبة في تعلم هذه اللغة وبالتالي استخدامها. وبما أن مهمة المدرس تقوم بالأساس على جعل المادة موضوع التدريس سهلة و شائقة للدارسين، فإن المدرس يحتاج إلى دليل عمل للقيام بهذه المهمة على أحسن وجه ممكن.

والكتاب الذي بين أيديكم لا يقدم القول الفصل في طرائق تعليم اللغات، و لكنه يقدم في الواقع مدخلاً للمدرسين للتعرف على عدة أمور هي:

1- دور المعلم في التدريس

2- دور المتعلم

3- طرق تدريس اللغات

4- الأسس النفسية للتعلم بشكل عام و اللغة بشكل خاص

5- تدريس مهارات معينة: القراءة، الكتابة، الاستماع، المحادثة.

هذا المدخل لتعليم اللغة العربية، يجمع بين اللغة في هاتين الحالتين، لقناعتنا بأن مدرس اللغة لابنائها يستطع أن يستخدم الكثير من الطرائق المستخدمة في تعليم اللغات لغير الناطقين بها.

ولذلك فإن المتوقع من الكتاب أن يقدم دليلاً عملياً للمعلم في هذا الميدان.

و يتوقع المدرسون عادة عند رؤية كتاب لطرق التدريس أن يكون شاملاً لكل ما يريدون وهو أمر ليس بغريب.

و اليوم نجد أن الكتب الخاصة بالتدريس تتناول إحدى المهارات بالتفصيل دون تناول مهارة أخرى وهكذا. على أننا رأينا هنا أن نقدم للمعلم إضاءات تعينه على الاستخدام الأمثل لما هو متاح بالإضافة إلى إمكانية تطوير ذاتيته.

وقد أكدنا أن أية طريقة مهما تكن ممتازة من وجهة نظر البعض،فإنها لن تكون ذات فعالية مالم يقم على تنفيذها معلم فعال. وقد قدمنا نماذج للكثير من الأنشطة و الخطط التي تناسب مستويات مختلفة من المدرسين والمتعلمين.

يتكون الكتاب من تسعة فصول بالإضافة إلى مهارات تكميلية نرى أنها ضرورية لمتعلم اللغة العربية. ففي يتناول اللغة العربية وطرائق تدريسها. كما تحدثنا عن الفصل الأول تحدثنا باستفاضة عن أهمية وجود كتاب المدارس اللغوية وأثر تلك المدارس على التطور التاريخي لطرائق تعليم اللغات منذ عهد اليونان إلى اليوم. كما تناولنا بالحديث أهمية وجود معايير لمناهج اللغة العربية تحدد المطلوب من المتعلم في نهاية كل مرحلة صفية. وأشرنا بالتفصيل إلى عدد من المفاهيم والممارسات التربوية الصحيحة و المساعدة في تعلم اللغات خصوصاً استراتيجيات التعلم، اساليب التعلم، المدخلات، مفهوم الكفاءة وغيرها من المفاهيم التي أضحت جزءاً أساسياً من تعلم اللغات.

في الفصل الثاني كان الحديث عن دور المعلم من حيث تأهيله وإعداده. فقد لاحظنا أهمية وجود المعلم الكفء المدرب و المؤهل بشكل كاف بحيث يتابع التطورات المتلاحقة في هذا الميدان سريع التغير ليصبح معلماً موجهاً لذاته نامياً ومتطوراً بطبعه. كما فصلنا في المتطلبات الأساسية لمعلم اللغة و فعالية التعليم واستعرضنا برامج معينة لتأهيل معلمي اللغة العربية. كما تناولنا الأدوار الجديدة لمعلم اللغة والتي فرضتها نتائج الابحاث و الدراسات في علم اللغة المعرفي وغيره من العلوم المساندة خصوصاً علم اللغة النظري وعلم اللغة التطبيقي.

أما في الفصل الثالث فقد تناولنا المتعلم من حيث هو هدف عملية التعلم. حيث استعرضنا المراحل العمرية التي يمر بها المتعلم وماهية البرامج المناسبة له. كما تناولنا بالحديث الأدوار الجديدة للمتعلم من حيث كونه فاعلاً و متعلماً إيجابياً يشارك في العملية التعلمية بطريقة تحقق أهدافه.

وفي الجزء الثاني من الكتاب تناولنا المهارات اللغوية: القراءة، الكتابة، والقواعد النحوية ومهارة الإستماع.

وفي الفصل الرابع تناولنا مهارة القراءة واستعرضنا أهمية هذه المهارة كونها مفتاح تعلم اللغة. وتحدثنا بالتفصيل عن أنواع النصوص وطرق تحليلها واختيارها، كما تحدثنا عن أهداف القراءة التي تتعدد عن متعلمي اللغة العربية سواء أكانوا من أبنائها أم من الأجانب.

أما الفصل الخامس فقد خصصناه لمهارة لها أهمية بالغة في حياة المتعلمين، ألا وهي مهارة الكتابة. فقد تناولنا الكتابة من حيث هي مهارة عليا، تعبر عن تمكن الطالب من أدوات اللغة ومهاراتها المختلفة. فمهارات القراءة و الإملاء و الترقيم فضلاً عن التفكير المنطقي السليم، تتظافرلتعين الطالب على التمكن من هذه المهارة. كما تناولنا الأساليب المختلفة لتنفيذ الكتابة. فقد تحدثنا عن التخطيط للكتابة و العصف الذهني والمراجعة والكتابة النهائية كمراحل لتنفيذ الكتابة. وتحدثنا أيضاً عن المهارات التي تساعد الطالب العربي على كتابة البحث القصير الذي يمثل تدريباً حقيقياً على كتابة البحوث التي ستكون جزءاً من متطلبات الدراسة الجامعية.

ولما كانت المفردات ضرورية لإسعاف المتعلم في فهم المقروء و كتابة إبداعية متميزة، فقد أفردنا لها الفصل السادس. فتحدثنا عنها من حيث الأهمية و الاستراتيجيات المختلفة التي يحتاج إليها الطالب في تنمية الذخيرة اللفظية لديه.

أما القواعد النحوية، فقد خصصنا لها الفصل السابع. ونظراً لاختلاف الكثيرين حول أهمية النحو في تعلم اللغات وخصوصاً اللغة العربية، فقد حاولنا الخروج من ذلك الخلاف بتبني طريقة مناسبة لتدريس النحو تنسجم مع حاجات الطلاب و الظروف المختلفة التي يمرون بها،. فطرق تدريس النحو التقليدية كانت عامل صد عن تعلم اللغة العربية وإتقانها والاهتمام بها. ولذلك تناولنا الطرق التقليدية و الطريقة الكلية التي نعتقد أنها مناسبة للمتعلمين من أبناء اللغة والأجانب عنها. ورأينا أهمية تعلم النحو ليكون أداة في خدمة المهارات الأخرى، أي توظيفه في إتقان مهارات القراءة و الكتابة على وجه الخصوص.

في الفصل الثامن، وعقدنا مقارنة بين المستمع ولتأكيد أهمية الاستماع كمهارة لغوية، فقد تناولناها بالتفصيل الجيد و المستمع الضعيف. ورأينا أن الاستماع مهارة ذات أبعاد مهمة في حياة المتعلم. فالمتعلم من ابناء اللغة و غيرهم يحتاجون لهذه المهارة كثيراً خصوصاً في المراحل الأولى من تعلم اللغة.

أما مهارة الحديث فقد تناولناها بالتفصيل في الفصل التاسع. حيث تحدثنا عن أهمية المهارة في تحقيق الكثير من أهداف الطلاب. وتحدثنا عن أغراض مهارة التعبير الشفوي و التي تتمثل في الوصول إلى اتصال فعال بين المتكلم و السامع. كما تناولنا مشكلة الازدواجية اللغوية التي يعاني منها المجتمع العربي، ولا حظنا أهمية تطوير قدرات الطالب لتخطي هذه العقبة بتعميم الفصحى في المجالات التعليمية المختلفة.

وتحدثنا أيضاً عن أهمية التفاعل في الصف وتهيئة الأجواء المناسبة لتحقيق ذلك. كما أشرنا إلى معايير اختيار الموضوعات لتعليم مهارة التعبير الشفوي. وختمنا الفصل بنموذج تدريسي يقوم على اختيار عدد من معايير التعلم وتطبيق تدريسها بحيث تكون مهارة التعبير جزءاً أساسياً من الدرس.

أما الملحق الرئيسي فهو عبارة عن ملخص للمهارات الأساسية التي يجب على متعلم اللغة العربية من غير ابنائها إتقانها من الصف الأول حتى الصف السادس وهي المهارات: القراءة، الكتابة، التحدث و الاستماع.

هذا الجهد يقصد به أولاً وأخيراً تقديم عون لمعلم العربية أملاً في تطوير أدائه وتطبيقه للمفاهيم الحديثة في تعليم اللغات.

و اللـه اسأل القبول و السداد،،،،،،

د. صالح محمد نصيرات

1

الفصل الأول :

مقدمة عامة عن تعليم اللغات وتعلمها

المدارس اللغوية

طرق تدريس اللغات

مفاهيم تربوية- لغوية

أهداف الفصل:

في نهاية هذا الفصل يتوقع من القارئ:

- التعرف على حالة اللغة العربية الآن

- التعرف على المدارس اللغوية المختلفة

- التعرف على التطور التاريخي لتعلم اللغات

- التعرف على طرق التعليم التقليدية والحديثة

- التعرف على مفاهيم تربوية - لغوية

مقدمة:

تمثل اللغة القومية لأمة ما الهوية التي تميزها عن غيرها من الأمم. لهذا السبب نجد الأمم التي تحترم هويتها وتقدر ذاتها تجتهد في نشر لغتها بتيسير تعليمها لأبنائها أولا ثم للآخرين. ويتوجه الاهتمام عادة إلى أركان العملية التعليمية الثلاثة: المعلم و المنهاج و المتعلم. ويرتبط بهذه الأركان الثلاثة عنصر ذو أهمية بالغة لا يقل عن الأركان السابقة ألا وهو طرائق التعليم وهو ما سيكون محور هذا المؤلف.

وطرائق التعليم تطورت تطوراً ملحوظاً في السنوات العشرين الماضية، فأنشأت الجامعات أقساماً متخصصة توفر أفضل الطرائق والسبل الحديثة مستخدمة بذلك وسائل التقنية الحديثة التي غزت كل مجال من مجالات الحياة. كما أن تلك الجامعات لم تدخر وسعاً في الإنفاق الكبير على تحديث طرق التعليم من خلال الأبحاث العلمية. العربية يتخرجون من الثانوية العامة إن حالة العربية في مدارسنا و جامعاتنا لا تبشر بخير، فالكثيرون من أبناء دون إتقان ما يؤهلهم للكتابة بلغة عربية فصيحة خالية من الأخطاء التركيبية و المعنوية. كما أن حال خريجي الجامعات ليست أفضل بكثير من حال طلبة الثانوية العامة. ولا يمكن عزو تلك الظاهرة إلى سبب واحد فقط بل هناك أسباب كثيرة منها ندرة المعلم الكفء و المنهاج المبني على أسس علمية :نفسياً وتربوياً. كما أن الاهتمام الرسمي بتعليم العربية لا يوازي خطورة هذه الظاهرة. فالمبالغ المالية التي تنفق على البحث العلمي الخاص بتطوير طرائق تعليم العربية قليل جداً هذا إن وجد أصلاً.

ولما كان الوضع كذلك، فإن المهتمين بتعليم اللغة العربية بحاجة إلى تحديث طرائق التدريس من خلال الأبحاث العلمية التي تدرس تلك الظاهرة، وتقدم الحلول الناجعة بحيث تؤدي إلى إتقان المتعلمين العربية قراءة و كتابة و حديثاً و استماعاً. وهذا الجهد سيكون في هذا الاتجاه. ولذلك سيحاول المؤلف استعراض الطرائق التقليدية المعمول بها في أكثر المدارس و الجامعات وبيان الأسباب التي تجعل من تطوير طرائق التدريس أمراً ملحاً. كما أن الكتاب سيقدم أساليب و طرائق و أنشطة و خططا دراسية يمكن للمعلمين النسج على منوالها لتحقيق الأهداف التعليمية.

حال اللغات الأخرى:

يستطيع المتعلم العادي أن يلحظ التطور الكبير الذي طرأ على طرائق تعليم اللغات الأجنبية وذلك من خلال الإقبال الكبير على تعلم لغات مثل الإنجليزية و الفرنسية و الأسبانية و الألمانية. فالطرق الحديثة التي بنيت على نفسية وعقلية اجتماعية واستخدمت وسائل التقنية الحديثة جعلت الكثيرين يقبلون على تعلم تلك اللغات لما يلاحظونه من قصر المدة التي يتقن بها المتعلم اللغات الأجنبية وكذلك حسن توظيف القائمين على شأن تلك اللغات لكل ما هو جديد في عالم البحث العلمي في هذا الميدان.

إن الاستفادة من تجارب الآخرين و توظيف التقنيات العلمية والطرائق الحديثة لجعل العربية أسهل تعلماً وأكثر تشويقاً للمتعلم أمر لازب و حتمي. فقد استفاد العاملون في ميدان تعليم اللغات من تجارب غيرهم فأصبح الإقبال على تعلم اللغات حتى التي ينظر إليها دائما نظرة سلبية لصعوبتها كالصينية و الكورية و الروسية أمراً ملحوظاً. ويثير بعض المهتمين بالعربية قضية خصوصية العربية و يعتبرون أن الاستفادة من طرائق التعليم الحديثة قد يؤدي إلى تشويه العربية و قصر تعلمها على بعض المهارات دون غيرها، وهو أمر يحتاج إلى دليل علمي لم يقم حتى الآن.

معايير اللغة العربية

إن وجود معايير للغة العربية أمر ضروري لا يمكن التغافل عنه. حيث إن المعايير تحدد مايجب على المتعلم معرفته وما يستطيع تنفيذه من مهمات لغوية. وقد وضعت كثير من الدول المتقدمة كالولايات المتحدة الأمريكية والمملكة المتحدة وأستراليا وغيرها معايير لتعليم لغاتها الوطنية. وعلى الصعيد العربي فقد ظل محل اجتهاد بعض المؤسسات و الأفراد. فقد وضع مكتب التربية العربي لدول الخليج كفايات اللغة العربية من الصف الأول حتى الصف الثالث نشرت عام 2004، كما قام الدكتور رشدي طعيمة بوضع قائمة بالمهارات التي توقع من متعلمي العربية إتقانها.

لكن العمل المتكامل ظهر حديثاً عندما قام المجلس الأعلى للتعليم بدولة قطر بتكليف مؤسسة بريطانية هي " مركز المعلمين البريطانيين" بوضع معايير لمواد أربعة منها العربية.

وقام بتنفيذها ثلة من علماء العربية في بريطانيا و الولايات المتحدة. وقد وضعت المعايير موضع التنفيذ ضمن خطة الإصلاح الشاملة التي عرفت بمبادرة التعليم لمرحلة جديدة. حيث تقوم المدارس المستقلة بتعليم العربية وفق تلك المعايير. وقد قامت اللجنة المكلفة بمسح شامل لكتب العربية في عدد من الدول العربية هي الأردن و مصر و الإمارات العربية المتحدة.

ركزت معايير العربية على أمور كثيرة كما وردت في وثيقة المعايير منها:

> استخدام اللغة العربية بشكل صحيح واستخدام الفصحى بدقة في أداء المهارات اللغوية الأساسية الأربع.

> فهم النحو العربي واستخدامه استخداماً وظيفياً بدلاً من النظر إلى النحو كغاية في حد ذاته.

> فهم سمات النصوص الأدبية وغير الأدبية واستخدام هذه السمات في كتابة نصوص مشابهة.

> فهم الفصحى وتوظيفها بما يلائم الموقف والمتلقي.

> فهم الأدب العربي وتذوقه من العصر الجاهلي وحتى العصر الحديث.

> استخدام اللغة العربية لتطوير مهارات البحث والتقييم وتوظيف ذلك في المنهج.

> التفكير المنطقي لتأييد وجهة نظر معينة أو معارضتها.

> احترام القيم المحلية والإقليمية والوطنية والدينية والإنسانية.

> احترام مكانة الفصحى في الثقافات العربية والإسلامية (معايير اللغة العربية لدولة قطر، 2005، ص15).

ولمتابعة تنفيذ المعايير تقوم هيئة التعليم وهي إحدى هيئات المجلس الأعلى للتعليم ومن خلال مكتب المعايير بمتابعة مستمرة من خلال التدريب المستمر و زيارات الدعم التي يقوم بها خبراء الهيئة.

محورية اللغة العربية

يعتقد واضعو المعايير أن اللغة العربية يجب أن تكون محور التعلم و التعليم. فاللغة التي هي أداة الفهم و التواصل، يجب أن تستخدم استخداماً وظيفياً يرتقي بالطالب من مرحلة الاستخدام في أدنى مستوياته و المتمثل في استخدام اللغة في الحديث والقراءة والكتابة في مستوياتها السطحية، إلى استخدام اللغة في التفكير، اي استخدام اللغة في التحليل و التركيب والربط والاستنتاج و الاستدلال وحل المشكلات.

وتبرز مهارتا القراءة والكتابة التي يمكن استخدامهما في التفكير التحليلي والناقد. فقراءة نص إقناعي مثلاً أو كتابته، تعني أن الطالب سيستخدم مجموعة كبيرة من استراتيجيات التفكيرفي تفكيك النص وتحليله وفهم مقاصد الكاتب وبالتالي الخلوص إلى نتيجة صائبة في فهم واستيعاب تلك المقاصد. وفي الكتابة، سيستخدم الطالب استراتيجيات الإقناع المتمثلة في عرض الاطروحة أو الفكرة، ثم تقديم الأدلة و الحجج التي تدعم تلك الأطروحة، والدفاع عنها بنقد ما يعارضها، ثم الوصول إلى الخاتمة بطريقة منطقية. فالكتابة بهذه الطريقة نسج بإحكام، حيث تظهر في النص علامات الانسجام والقصدية.

علاقة مناهج الدرس اللغوي بتعليم اللغات

مما لا شك فيه أن البحث اللغوي والنظريات المختلفة التي ظهرت في القرن الماضي كان لها دور بارز في تعليم اللغات الأجنبية. فعندما كانت النظرة للغة من الزاوية البنيوية البحتة رأينا اهتماماً بتعليم النحو والترجمة، وتطور الأمر قليلاً مع ظهور المدرسة السلوكية التي اهتمت بالتعلم المستند إلى الإشراط، فظهرت الطريقة السمعية الشفوية. ولما انتقلت النظرية إلى الاهتمام بالمعنى رأينا انتقالاً واضحاً إلى الطريقة الاتصالية (نونان ولامب، 1996، ص 13).وسنرى أن الاهتمام لم يقتصر على الطريقة بل تعدى ذلك إلى المنهج بمفهومه الواسع الذي يشمل المادة التعليمية و المنهاج أو طريقة التعليم والتقويم وكذلك دور كل من المعلم و المتعلم.

أهمية اللغة

تمثل اللغة الإنسانية الوسيط الملائم لتمكين الفرد من التعبير عن ذاته و ما يكنه من مشاعر و أحاسيس تجاه العالم من حوله. فبواسطة اللغة -مفردات وجمل و تعابير وحتى إشارات جسدية- يعبر الفرد عن حالته النفسية و العقلية من رضى أوسخط أو حب أو كراهية.كما أنها وسيلة تمكن الفرد من التعبير عن حالته الفكرية و العقلية.

وللأهمية البالغة للغة في حياة الإنسان، فقد حظيت باهتمام المفكرين و الفلاسفة و اللغويين وحتى السياسيين على مدار التاريخ. وعند استعراض الفكر الإنساني، سنجد أنه ما من مفكر معتبر أو فيلسوف مشهور إلا و تناول اللغة بالدرس و التحليل.

ونحن أمة العرب لم نترك الأمر دون اهتمام. فمصادرنا الأساسية في التشريع و العقيدة و الرؤية الحياتية و فلسفتنا للعالم من حولنا إنما نزلت في كتاب بلغ الأوج في بلاغته و نضارته وقدرته على التعبير، كيف لا وهو الكتاب الموصوف بأنه { لا يأتيه الباطل من بين يديه ولا من خلفه، تنزيل من حكيم حميد} (فصلت: 44).

ولم يترك علماؤنا الأوائل اللغة دون اهتمام. بل يمكن القول بأن اللغة وسيط الفهم و التعبير، قد حظيت باهتمام لم يحظ به علم آخر من علوم الأولين. حيث كان الفقهاء و المحدثون والمفسرون و النحويون يصبون جل اهتمامهم على اللغة العربية التي عدت شريفة ومقدسة.

ومر زمان غدت فيه اللغة العربية لغة العلم و التقنية و الحضارة الإنسانية. وما ذاك إلا لأنها كانت لغة الأمة التي صنعت الحضارة و التقدم و برزت على العالمين في كل مجالات الحياة.

ولما آل أمر الأمة إلى التقهقر و التأخر، نال العربية ما نال من مظاهر الحياة الأخرى. فتخلف الكثيرون عن الاهتمام بها و تقديمها كما كانت نضرة جملية و تحولت إلى شقشقات لغوية وبحوث عقيمة تدور حول ذاتها دون إضافات متميزة تذكر.

بل وصل الأمر بالبعض إلى استنهاض الهمم للنيل منها و استبعادها من الحياة بدعوى التجديد و التحديث، وما ذاك إلا لغلبة المستعمر وعلو صوته ولغته. ولولا ثلة من

المخلصين المنافحين عن العربية انبروا للدفاع عنها و المحافظة عليها وشقوا طريقاً صخرياً صعباً لتطوير ما أمكنهم، لما كنا اليوم إلا أشتاتا متفرقين نتحدث بلهجات محلية تقطع بيننا وبين أصول ديننا وتراثنا العريق. هذه الثلة المؤمنة لا تلام على تقصيرها، فقد كانت الهجمة شديدة والإمكانات المتاحة للمتفرنجين كبيرة. سخرت لهم قوى المستعمر كل ما يريدون من علوم ومعارف ووسائل دعاية.

واليوم ونحن نرى هجمة من نوع جديد تتمثل في التقليل من شأن العربية و التهوين من قدراتها يصبح لزاماً على المخلصين للعربية و قدسيتها أن يغذوا السير باتجاه التحديث والاستفادة من كل وسيلة متاحة لتقديمها للأمة ولتعود لغة الحضارة و الثقافة.

وفي هذا الفصل سنبحث عدداً من القضايا التي نرى أنها ذات أهمية خاصة لتطوير تعليم العربية لأبنائها وغيرهم. فسنتناول بالحديث المنطلقات اللغوية و النفسية و الفلسفية التي اعتمدتها أمم أخرى أعلت من شأن لغاتها وارتقت بها إلى أن غدت لغة العلم والثقافة دون حرج أو تكلف. كما سنضيف إلى حديثنا التغيير المطلوب ثقافيا وفكريا للوصول باللغة العربية إلى المكانة التي تليق بها. وسنتناول بالتفصيل دور العلوم الحديثة مثل علم اللغة و علم النفس و الاجتماع والتربية في تقديم طرق تدريس ترتقي بكفايات الدارسين والمدرسين.

علم اللغة

هو علم حديث نسبياً، يتناول الظاهرة اللغوية بالدرس والوصف و التحليل، متسلحاً بالمناهج الحديثة في الوصول إلى نتائجه. ولعلم اللغة ارتباطات وثيقة بالعلوم الإنسانية والاجتماعية و الفلسفة. هذه الارتباطات جعلت علم اللغة متصلاً بكل ما يستجد في العلوم السالفة ومرتبطاً بتقدمها. وقد بيّن الدكتور محمد محمد يونس في ورقته المعنونة ب" أصول اتجاهات المدارس اللسانية الحديث" أن تاريخ دراسة اللغة على أسس المنهج العلمي مرتبط بالتاريخ. وهو ما يمكن تفسيره بأن علم اللغة ارتبط بالمناهج العلمية الثلاثة: الوضعية، التجريبية و العقلانية. هذه المناهج التي يختلف أصحابها و دعاتها كثيراً. ولعل

هذه الاتجاهات الفلسفية التي غدت أطراً نظرية للمناهج العلمية فيما بعد جعلت علماء اللغة النظريين و من بعدهم التطبيقيين يفضلون منهجاً على آخر للتعامل مع الظاهرة اللغوية.

وقد تناول علماء اللغة موضوعات عديدة نوقشت عبر عقود طويلة. هذه الموضوعات تتصل بأصل اللغة وطبيعتها من جهة، و طرق استخدامها من جهة أخرى. أما علماء اللغة التطبيقيون، فقد تناولوا الأمر من زاوية تعلم واكتساب اللغة الأم و اللغات الأجنبية حيث استفاد هؤلاء من التقدم الحاصل في ميادين مختلفة أهمها علم اللغة النظري، علم النفس التربوي، البحوث الكثيرة حول الدماغ الإنساني وطرق معالجة المعلومات، وحديثاً الذكاء المتعدد واستراتيجيات التعلم وأساليب التعلم. أضف إلى ذلك الاستفادة الكبيرة من علم الحاسوب وتقنيات التعليم.

ولابد من الإشارة إلى أن ميدان تعليم اللغات يعج بالنظريات و المناهج و المقاربات الخاصة باكتساب اللغة و تعلمها إلى درجة التناقض أحياناً، ولكن هذه النظريات و الطرق يمكن وضعها في شكل خط مستقيم يبدأ بالتركيبية/السلوكية و ينتهي بالعقلانية/ الاتصالية و معالجة المعلومات والتي أظهرت أهمية العلميات العقلية في اكتساب اللغة.

ونظراً لأهمية أسس الأصول اللغوية لنظريات علم اللغة، فسنتحدث باختصار عن تلك المدارس الكلاسيكية و الحديثة.

المدارس اللغوية
البنيوية

يمكن التأريخ لعلم اللغة بالبدايات الأولى لما قدمه العالم السويسري دي سوسير. هذا العالم الذي كتب "مقدمة في علم اللغة" و تناول بالشرح و التفسير اللغة وقدم تمييزاً بين اللغة في حالتها الطبيعية المولودة مع الإنسان من حيث هي قواعد و كفاءات واللغة في حالة الاستعمال. وهذا التمييز جعله يطلق كلمة " اللغة" على الحالة الأولى و " الكلام" على الحالة الثانية. فكل إنسان تولد معه اللغة و لكن اللغة لا تتحول إلى كلام عند كل فرد.

ولعل اهتمام دي سوسير الواضح بالاستعمال جعله يتجه لدراسة البنية و النظام في اللغة الإنسانية. فاللغة في نظر هذا اللغوي بنية وتركيب. وهذا ما دعا الكثيرين إلى تسمية مدرسة جديدة كان لها الأثر الكبير في ميادين مختلفة من اجتماع وتربية وفلسفة و هي المدرسة البنيوية. وتنظر المدرسة البنيوية إلى اللغة من زاوية أن البنية لا تحمل معنى مرتبطاً بالسياقات الاجتماعية و الثقافية، بل منعزلة عن ذلك كله. وهذا ما دعا دي سوسير للحديث عن المفردة في أوضاعها التاريخية. فدي سوسير يعتقد أن الكلمة في مرحلة من المراحل تستخدم دون النظر في سياقها التاريخي. ولذلك فاللغة هي نتاج الواقع.

ومن المهم التأكيد على أن اهتمام سوسير انصب على الشكل الذي يجمع الوحدات التي ستشكل اللغة. أي النظام الذي يربط تلك الوحدات. فليست الوحدات نفسها هي المهمة بل الطريقة التي تتم بها عملية ربط الوحدات التي ستشكل فيما بعد الكلمة.

أما المعنى، فإن سوسير يؤكد أن البينة هي التي تعطي المعنى للكلمات. فالترتيب له أهمية بالغة في توضيح المعنى المقصود من الجملة. أما دور العقل الإنساني فهو الذي يقوم بعملية تنظيم وتوليد البنية" فالعقل الإنساني آلية تركيبية تنظر إلى الوحدات و الأنظمة من خلال القواعد اللغوية" وهذا معناه أن النظام "مخلوق" أو منتج للعقل الإنساني وليس موجوداً في العالم بالفعل.

وقد أشارت كلوغ إلى أن البنية لها خصائص ثلاث هي

1- الكلية: أي أن النظام يعمل ككل متكامل و ليس كوحدات متفرقة.

2- التحول والتغير: فالنظام ليس ثابتاً، أي أنه يستوعب أية وحدات جديدة تنضم إلى الوحدات السابقة.

3- التنظيم الذاتي: وهذا معناه أن التغيير لا يؤدي إلى خلخلة البناء أو تداعيه فيما بعد، بل للنظام القدرة على استيعاب الجديد دون خوف من انهياره.

ولعل اهتمام علماء آخرين بالتفكير السوسيري، سببه أن البنية أو النظام تدخل كل مفردات الحياة و مظاهرها. ففي علم الإناسة نجد ليفي شتراوس يأخذ من سوسير اهتمامه بالنظام الخاص بالاسرة و القرابة و من ثم عالم الأساطير.

الوظيفية

من الواضح من التسمية أن هذه المدرسة تولي وظيفة اللغة أهمية أكبر من اهتمامها بالشكل أو البنية. و هذا هو الرد الطبيعي على البنيوية التي أولت البنية (التركيب) اهتماماً خاصاً. وبما أن البنيوية أهملت السياقات التاريخية و الثقافية من خلال النظر إلى اللغة من خلال الواقع الآني و رفض الارتباط الزماني بها، فإن الوظيفية أولت السياق أهمية بالغة. وقد اتضح ذلك عند علماء تعليم اللغات المحدثين الذين اشاروا إلى أن تعليم اللغة لا يمكن أن يتم بمعزل عن الظروف المحيطة بها، أي السياقات الثقافية و التاريخية. يقول فيرث " إن المعنى الكامل للكلمة لا يتم إلا في سياقها وليس من الممكن أن ننظر نظرة جدية إلى أية دراسة للمعنى دون سياقها الكامل"

وقد قدم هاليداي (1973) تفسيراً جيداً لمعنى الوظيفية حيث اعتبر أن للغة عدد من الوظائف منها:

-أن اللغة أداة Instument

بحيث تنفذ من خلالها عمليات كثيرة من جنس الإخبار أو الإقرار أو التساؤل أو غير ذلك.

- الطبيعة التنظيميةRegulatory

بحيث تتحكم اللغة في الحدث. فالموافقة على الحدث أو تشريع القوانين والقواعد مظاهر لذلك التنظيم.

- التمثيل Representational

وهذا تمثله نماذج من الإخبار أو التفسير أو التقرير بحيث تتمثل الحقيقة في تلك النماذج. وتظهر في الحديث الإخباري أو التقريري.

-التفاعلية Interactional

فاللغة تخدم قضية التفاعل بين بني البشر. فهي تفتح آفاق التعاون و التفاهم. وهذا يتطلب من المتحدثين فهماً مشتركاً لقيم مشتركة. فمعرفة الأنماط السلوكية لأمة ما وأسلوب

العيش و التعبير عن المواقف تؤدي إلى التفاهم. وغياب التفاهم يؤدي إلى حوار لا فائدة منه.

- الوظيفة الشخصية Personal Function

حيث يعبر الفرد أو المجموع باللغة عن الأحاسيس والمشاعر التي تختلج في نفوسهم.

كما أن اللغة أداة لا كتساب المعرفة. وهذه الطبيعة تتطلب طرح التساؤلات التي تستدعي إجابات معينة.

- الوظيفية التخيليةImaginative

حيث يستخدم الإنسان اللغة للتعبير عما يجول بخياله مستخدماً أساليب تعبير مختلفة مثل الحكاية أو القصة أو الشعر. فالخيال هو خروج من عالم الواقع إلى عالم افتراضي.

ويعلق براون على هذه الوظائف بقوله " إن جملة واحدة قد تؤدي العديد من الوظائف. والمعرفة البحتة أي بالقواعد و المفردات لا تكفي لأن يكون المتعلم قادراً على التواصل مع الآخرين".

وقد أدى ظهور المنهج الوظيفي إلى تطور في مفهوم تعليم اللغات بحيث يمكن القول إن الطريقة الاتصالية نتاج للفهم الذي سلف ذكره. ولم يقتصر الأمر على الطريقة، بل اقترحت مناهج ومواد تعليمية تتبنى المنهج الاتصالي وهو ما سنفصل فيه لا حقاً.

المدرسة التوليدية/التحويلية

تعد هذه المدرسة هي الأكثر حظاً في الانتشار و الذيوع في الثلث الأخير من القرن العشرين.

تعتمد هذه المدرسة المنهج المعارض للمدرسة التركيبية البنيوية. فالمدرسة التحويلية تصنف ضمن مجموعة المناهج اللغوية التي تعتمد العقلانية أساساً لها.

ومن المبادئ الرئيسة لهذه المدرسة

-اللغة قدرة كامنة في الذات الإنسانية: فالإنسان يولد ومعه القدرة على إنتاج اللغة، لأنه مزود بالقواعد الاساسية. فقواعد اللغة الإنسانية موجودة بالفعل.

- الإنسان قادر من خلال القواعد التي تخلق معه على إنتاج قدر غير محدد من الجمل و التعابير. فالقواعد محددة و لكن الإنتاج غير محدود.

- هناك فرق بين الأداء و المقدرة اللغوية، وهذا التمييز بين الأداء و المقدرة كان محل نقاش بين علماء اللغة.حيث توسع علماء مثل سافغنون في موضوع المقدرة. فالكفاية عنده لا تقتصر على الكفاية النحوية، بل لابد أن تشمل المقدرة الاجتماعية و الاستراتيجية و الخطابية (الحديث).

- والمقدرة اللغوية لا تعتمد على القدرة الفردية للمتعلم فقط، بل للبيئة التعليمية دور بارز في تمكين المتعلم من الحصول على قدر كبير من التعلم.

ومن المهم الإشارة إلى رفض المدرسة التحويلية ما أتت به المدرسة السلوكية، و التي تعتبر اللغة ليست أكثر من تكوين عادات. كما رفضت أسلوب المدرسة العلمية - الوضعية- التي اعتمدت الملاحظة للسلوك الظاهر دون البحث في دور العقل في عمليات اكتساب اللغة وتعلمها. وقد ظهر ذلك جلياً في المراجعة النقدية التي قدمها نعوم تشومسكي لكتاب سكنر " السلوك اللغوي" عام1959.

وقد أدت المدرسة التحويلية إلى تغيير كبير في البحث اللغوي الذي أدى بدوره إلى ظهور مناهج و طرق تدريس تعتمد الاتصال و التفاعل وإعطاء الفرد دوراً أكبر في عملية التعلم. وسنرى ذلك عند الحديث عن الأثر الذي تركته المدارس اللغوية المختلفة على تعليم اللغات و اكتسابها. ونظراً لأهمية علم النفس في عمليات التعلم الإنساني، فإن مناقشة المدارس النفسية أمر لابد منه.

طرائق التدريس

يمكن القول إن طرائق التدريس عامة قد مرت بمراحل كثيرة من التطوير و التحديث. فبينما كانت الطرق التقليدية تنطلق من فلسفات تعنى بالتصورات التقليدية للتعلم، فإن

الطرائق الحديثة استفادت من التقدم الكبير الذي أحرز في مجال علم النفس عموماً وعلم النفس المعرفي بشكل خاص. فقد بنيت الطرائق التقليدية على أساس أن عقل الإنسان عبارة عن صفحة بيضاء، وأن التعلم ما هو سوى تعلم عادات، و مهمة المتعلم هي حفظ المعلومات، و نقشها على تلك الصفحة البيضاء. أما الطرائق الحديثة فتتعامل مع الإنسان بطريقة مختلفة تماماً. فالنظريات الحديثة في التعلم قامت على أساس علم النفس المعرفي- كما قدمنا- الذي يعطي للمتعلم دوراً أكبر بكثير من الدور التقليدي. فلم تعد مهمة المتعلم الحفظ و لم يعد دور المعلم مقتصراً على التلقين. بل تغير دور كل من المتعلم و المعلم بحيث غدا المتعلم مشاركا و صانعا و مختاراً.

وأصبح المعلم ميسراً لمهمة التعليم، يوجه و يرشد طلابه لاختيار أفضل الطرق و المهارات التي تساعده على معالجة المعلومات التي يتلقاها من العالم الخارجي. كما أن المتعلم أصبح مرتبطاً بشكل مباشر و من خلال وسائل التقنية الحديثة بكل ما هو حديث.بحيث يستطيع المتعلم الوصول إلى المعلومة التي يريدها في وقت قصير و بأيسر السبل.

وفي الجدول التالي ملخص للتطور التاريخي لطرائق تعليم اللغات:

جدول (1) التطور التاريخي لتعليم اللغات

العصر	الفترة الزمنية	الطريقة	المبادئ الأساسية	الأساليب	ابرز العلماء
أثر تعليم اللاتينية واليونانية	حتى نهاية القرن التاسع عشر	طريقة النحو والترجمة	تدريب العقل على التحليل، حفظ القواعد، المبادئ، تطبيق القواعد في الترجمة	الترجمة، تعلم القواعد النحوية، حفظ قوائم الكلمات، عدم التركيز على مهارة الحديث	كارل بلوتز(1880-1891)
ردة الفعل تجاه الطريقة السابقة	من أواخر القرن التاسع عشر إلى بدايات القرن العشرين	الطريقة المباشرة	يكتسب المتعلمون القواعد النحوية من خلال الاستقراء	استخدام كلي للغة الثانية، استخدام المواد البصرية،	كومينيوس، عوين، يسبرسن، دي سوازيه

			التكرار، التقليد، التحدث و القراءة. و أفضل الطرق لتعليم المعنى من خلال حاسة البصر	القواعد النحوية تعلم من خلال الاستقراء، التركيز على النطق السليم	
نتائج اللغويات التركيبية و علم النفس السلوكي	1940-1950	السمعية - الشفوية	تعلم اللغة الثانية دون استخدام اللغة الام. يعلم الدارسون من خلال المثير و الاستجابة، يتم التدريب على تدريبات الأنماط قبل تقديم شرح للنحو،	تدريبات أنماط، حفظ حوارات، التصحيح أمر ضروري، استخدام كلي للغة الثانية، يتم تعلم النحو من خلال الاستقراء، يتم تقديم المهارات اللغوية على النحو التالي: استماع، حديث، قراءة، كتابة. تقدم الثقافة مع اللغة	فراي، سكنر، بلومفيلد، بروكس
ردة الفعل على الطريقة السمعية- الشفوية	الستينيات	المعرفية	يقوم الطلبة بالتمكن من القواعد النحوية بحيث يستطيعون توليد عبارات خاصة بهم. يقدم المعلم من المعروف إلى المعلومات	استخدام معنوي للغة، تعلم استقرائي للقواعد النحو، التدرب على النحو يلي التدرب الآلي، المعنوي، الاتصالي	شومسكي، أوزوبل

نتائج البحوث في اكتساب اللغة الأم	1974	الاستجابة الجسدية الكاملة	الجديدة. تشجيع استخدامات إبداعية، يتم تفسير وشرح النحو ليتمكن الطلبة من فهم القواعد النحوية، التركيز على المعنى في استخدام اللغة يجب تطوير مهارة الفهم و الاستيعاب قبل الحديث، ومن خلال تفهم اللغة تظهر مهارة الحديث، يتم الدارسون من خلال الاستجابة الجسدية للاوامر.	الاستماع للأوامر ثم الاستجابة الجسدية لتلك الأوامر في الساعات العشر الأولى، استخدام اللغة الثانية فقط، استخدام إبداعي للغة استخدام إبداعي و اتصالي للغة، تصحيح محدود للغة، أنشطة خاصة بالاكتساب للاستيعاب و الفهم و الحديث المبكر. تعلم استنتاجي للنحو	آشر
	أواخر السبعينيات و بداية الثمانينيات	الطريقة الطبيعية	يتعلم الطلبة اللغة قبل إجبارهم على تعلمها، العوامل النفسية و الاجتماعية تؤدي للانتباه في تدريس اللغة، يجب أن يكون الاتصال الهدف الأساسي للغة، يجب اكتساب كمية كبيرة من المفردات لفهم اللغة و الحديث بها		

وفيما يلي تفصيل لأهم الطرق و الأساليب التي اتبعت قديماً وحديثاً. وسنبين عند الحديث عن كل مهارة المناسب من الإجراءات و الوسائل لتعليم تلك المهارة.

أولاً: طريقة النحو و الترجمة

التاريخ و النشأة

كما ترى من الجدول، فإن هذه الطريقة نشأت مبكراً لتعليم اللاتينية واليونانية. وقد استمر العمل بهذه الطريقة إلى نهاية القرن التاسع عشر وبدايات القرن العشرين. وقد كان الاعتقاد سائداً أن العقل بحاجة إلى التدريب كالجسم. ولذلك فإن مهمة المعلم كانت تقديم نصوص أدبية راقية للمتعلم بقصد ترجمتها وتذوقها. ولذلك لوعادت بنا الذاكرة إلى ستينيات وسبعينيات القرن الماضي لوجدنا أننا تعلمنا اللغة الإنجليزية كان من خلال هذه الطريقة. ولذلك فإن دور المعلم كان ينحصر في الشرح و التوضيح و الوصول إلى قواعد عامة. أما دور المتعلم فهو حل التدريبات أو الإجابة عن بعض الاسئلة في نهاية النص. ولذلك يمكن أن نقول إن المتعلم لم يقم بدور يذكر سوى التلقي وتنفيذ ما يطلب منه.

الخصائص الأساسية لهذه الطريقة

1- يتعلم الطلاب اللغة من خلال قوائم المفردات المكتوبة باللغتين الأم و الثانية. كما أن النحو يعلم بالاستقراء، أي من خلال النماذج الأدبية، يقوم المتعلم بمساعدة المعلم باستقراء تلك القواعد واستخدامها في فهم المادة المقروءة.

2- يعقب حفظ القوائم تدريبات على الترجمة.

3- التقويم مبني على أساس أن يظهر المتعلم قدرة على الترجمة.

4- المقارنة الدائمة بين اللغتين الأم و الثانية.

5- ليست هناك فرص كثيرة للاستماع أو للمحادثة.

نقد هذه الطريقة

من الواضح أن هذه الطريقة لم تكن تعلم اللغة الأجنبية كما نفهم ذلك اليوم. فالمتعلم لم يكن معداً ليصبح فرداً فاعلاً في مجتمع اللغة الجديدة. ولذلك فإن من المتوقع أن يجد صعوبات كثيرة عندما يحاول الدخول إلى ذلك المجتمع. فضلاً عن أن عزل المفردات عن

سياقاتها المختلفة، تجعل الطالب يحفظ تلك القوائم منقطعة عن النص برمته. فضلاً عن عدم وجود توجه عام لدى المعلمين لتحقيق الكفاءة اللغوية التي هي هدف أساس في تعلم اللغة.

ثانياً: الطريقة المباشرة

كانت هذه الطريقة ردة فعل على الطريقة السابقة. فقد حاول منظرو هذه الطريقة تجنب الأخطاء التي أتت بها تطبيقات طريقة النحو و الترجمة. ولذلك فقد كان الهدف التركيز على مهارة الكلام من خلال تقديم كمية كبيرة من المواد المناسبة لدفع المتعلم للحديث.

من أبرز خصائص تلك الطريقة:

1- الاهتمام بالأمور المحطية بالمتعلم. فهو يتعلم من خلال صورة عن بلد تلك اللغة. وبذلك يتجنب الترجمة. كما أن المعلم لا يستخدم لغة المتعلمين، ولهذا فإن المتعلم يستمع إلى اللغة الهدف طيلة الوقت.

2- من البداية يستمع المتعلمون إلى كمية جيدة من اللغة الهدف من خلال جمل قصيرة ذات دلالات معنوية جيدة. ويستجيب الطلبة للأسئلة التي يطرحها المدرس عليهم.

3- تصويب النطق أمر ضروري، لذلك فإن من أهم أهداف هذه الطريقة أن يتقن المتعلمون نطق الأصوات بطريقة تجعل أبناء اللغة يفهمون المتعلم بشكل جيد.

4- تعلم القواعد النحوية بنفس طريقة القواعد و الترجمة. فتقدم القواعد و تشرح من قبل المعلم، ثم يقوم المتعلمون باستنتاجها وتعميمها في استخداماتهم للغة الهدف.

5- يتم تعلم القراءة من خلال النص مباشرة وفهم مفرداته دون ترجمة لتلك المفردات.

نقد الطريقة المباشرة

تعتقد ولغا ريفرز أن " الطريقة المباشرة جاءت بأسلوب مثير و ممتع لتعلم اللغة الأجنبية، لكن دخول المتعلمين لممارسة اللغة بطريقة غير منظمة وسريعة، قد تجعلهم في

حيرة من أمرهم، بحيث يفتقدون السلاسة و الصحة اللغوية. فهم يغلفون اللغة الأم بمفردات من اللغة الأجنبية" (1981) في أوماجيو ص94.

ثالثاً: الطريقة السمعية-الشفوية

شاع استخدام هذه الطريقة في الفترة التي أعقبت الحرب العالمية الثانية وبقيت مستخدمة إلى فترة قريبة خصوصاً في تعليم اللغة العربية. وكما هو معروف، فإن هذه الطريقة هي نتاج البحوث الكثيرة التي قام بها علماء النفس السلوكيون كواطسن وغثري وثورندايك وأخيراً سكنر. حيث كان الاعتقاد السائد لدى هؤلاء العلماء بأن اللغة كغيرها من أنواع السلوك البشري ليست سوى تكوين عادات من خلال المثيرات الموجودة في البيئة المحيطة. وقد يستجيب لها المتعلم استجابة سليمة، فيعزز هذا السلوك الإيجابي و ينتج عن التعزيز أن يصبح السلوك جزءاً من شخصية المتعلم. أما إن فشل المتعلم في الاستجابة فيعاقب مما يؤدي إلى ما سمي بالانطفاء. وقد وضع علماء النفس السلوكيون عدداً من القوانين التي تحكم عملية التعلم.

قوانين التعلم عند السوكيين وأثرها على الطريقة السمعية- الشفوية

1- قانون الاقتران: إن الحركة المرافقة لمجموعة من المثيرات، تنزع إلى الحدوث ثانية لدى ظهور المثير". (نشواتي، 1984: 334). فاقتران الكلمة بالصورة المعبرة عنها، سيؤدي إلى تعلم الكلمة لو جاءات الصورة مرة ثانية. ولذلك فإن دور المعلم هو تقديم مثيرات مقترنة ببعضها البعض ليتم التعلم.

2- قانون التدريب. وهذا القانون واضح من اسمه، حيث إن التدريب المستمر على نمط معين سيؤدي إلى تعلمه.

3- قانون الشدة:، حيث إنه كلما ازداد التعلم قوة كلما ازدادت فرص وقوعه واستمراريته.

4- قانون التماثل: وهذا القانون يفترض أن المثير الجديد ينزع إلى استجلاب نفس الاستجابة التي جاءت إثر مثير سابق مشابه.

5- قانونا الأثر: يفسر هذا القانون السلوك الإنساني بارتباطه بالنتيجة. فالسلوك الذي ينتج رضى ينزع إلى العودة، و العكس صحيح.

هذه القوانين تشير إلى أن السلوك اللغوي سلوك لا يختلف عن السلوك العام للفرد. حيث تتم عملية التعلم وفقاً لتلك القوانين. فوجود مثيرات مناسبة تجعل من المتوقع أن تحدث استجابات مناسبة. و تعزيز السلوك الجيد يحتاج إلى مثيرات جاءت أصلاً بسلوك صحيح.

أثر هذه القوانين على تعلم اللغة

-استخدام تدريبات الأنماط والتي منها تدريبات التكرار، حيث يقوم المتعلم بالإعادة فقط، ومنها تدريبات التحويل، حيث يقوم المتعلم بدور محدود في عملية التصريف أو المطابقة بين العدد و الفعل و الصفة و الموصوف وغيرها التي شاعت في كتب تعليم اللغات الأجنبية. هذه التدريبات ليست سوى عملية آلية لاتستند إلى فهم المتعلم لما يقول.

- ضرورة الإعادة و التكرار لتحسين النطق و تعزيز ذلك التكرار.

- اعتماد الحوارات المصنوعة مسبقاً و التي يقوم المتعلم بتكرارها وحفظها.

نقد الطريقة السمعية- الشفهية

من الواضح من الاستعراض السريع لأهم ملامح هذه الطريقة أن لها تأثير كبيراً على مجمل عملية التعلم و الأدوار التي يقوم بها كل من المعلم و المتعلم و المنهاج.

فالمعلم يقوم بدور المقدم للمثيرات التي ستتبعها استجابات من المتعلمين. فالمعلم يقرأ حواراً ودور المتعلمين هو الترديد والحفظ. كما أن تصميم المادة التعليمية يخضع للقوانين السابقة. النصوص مصنوعة وليست أصيلة، وتعتمد التكرار ليقوم المتعلم بدوره بالتدرب عليها من خلال التكرار و الحفظ. والتدريبات مصممة ليقوم المتعلم بدور سلبي لا يعتمد الإنتاج بقدر ما يعتمد التكرار. صحيح أن هذه الطريقة بتركيزها على النطق و الحفظ ساعدت الطلاب على تحسين مهارة الكلام، إلا أن النصوص التي كانت تقدم لم تكن ذات بعد معنوي، ولا تتصل كثيراً بالمواقف الحياتية الحقيقية التي سيؤديها المتعلم. فضلاً عن غياب التفاعل و عدم وجود معايير محددة لقياس الكفاءة اللغوية.

رابعاً: الطريقة الاتصالية

جاءت هذه الطريقة ردة فعل على الطريقة السابقة. وقد جاءت نتيجة التطور الكبير في ميدان علوم اللغة و الثورة التي احدثتها النظرية التحويلية- التوليدية لشومسكي، وكذلك البحوث الكثيرة في علم النفس المعرفي. فضلاً عن التوسع في مفهوم الكفاءة ليشمل أنواعاً مختلفة من الكفاءات سبق أن اشرنا إليه في الرسم رقم (1) هذه الطريقة أو المنهج كما يسميها ريتشاردز و روجرز تميزت بالتالي:

- أولوية المعنى على التركيب، وللسياق أولوية قصوى.

- الاهتمام بالتواصل و استخدام اللغة الجديدة منذ البداية، من خلال التفاعل المباشر.

- هناك معايير لتقديم المادة بشكل تسلسلي، كالمحتوى، الوظيفة، والمعنى الذي يبقي على اهتمام المتعلم.

- استخدام استراتيجيات متعددة و متنوعة لتلبي احتياجات المتعلمين.

- التركيز على الكفاءة الاتصالية من خلال الاهتمام بالسلامة والسلاسة. (أوماجيو 104).

- اتبعت تلك الطريقة أو المنهج الشمولي في تعلم اللغة، الإجراءات التالية في تصميم الدرس:

- الاهتمام بالأنشطة التفاعلية، الاهتمام بالعمل التعاوني الجمعي

- الاهتمام بالأنشطة اللغوية ذات الدلالات المعنوية و المثيرة لاهتمام المتعلمين.

- استخدام التمثيل و المواد الأصيلة.

- استخدام الأناشيد و الأغاني.

- الألعاب اللغوية.

- تصميم المادة التعليمية لتعكس العالم الحقيقي.

وفي الجدول رقم (3) ما يفيد المعلم في استخدام طرق تدريس تصلح لتعليم اللغات والمواد الأخرى.

وفيما يلي أهم الفروق بين الطريقة التقليدية في التعليم والطريقة الاتصالية:

جدول (2)

التعليم	التقليدية	الاتصالية
نظرية اللغة	اللغة نظام محكوم بالقواعد ومرتب اللغة .	تعبير عن المعنى ، وهدفها الأساس هو التفاعل .
نظرية التعلم	التعلم هو تكوين عادات ، تتعلم المهارات بشكل أفضل عندما يسبق التدرب الشفوي التدرب الكتابي . القياس و ليس التحليل هو الأساس .	المهمات لها وظائف معنوية ، تتضمن الأنشطة ومواقف اتصالية حقيقية
الأهداف	التحكم و السيطرة على التراكيب ، التركيب والنظام ، التحكم برموز اللغة ، الهدف : الطلاقة كابن اللغة	تعكس الأهداف حاجات المتعلم ، تتضمن الأهداف مهارات وظيفية وأهداف لغوية .
المقرر (المنهج)	منهج متدرج من النحو الصرف والأصوات والتحليل المقارن .	يتضمن التالي أو بعضه : تراكيب ، وظائف ، أفكار ، محاور ، ومهمات . حاجات المتعلم هي التي تحكم
الأنشطة :	حوارات و تدريبات ، تكرار وحفظ ، تدريبات نمطية .	العمل على وضع المتعلم في مواقف اتصالية يتبادل فيها المعلومات والتفاوض و التفاعل مع الآخرين
دور المتعلم	يمكن توجيهه بالتدريب المنتج لاستجابات صحيحة .	مفاوض ، متفاعل ، يأخذ و يعطي
دور المعلم:	أساسي وإيجابي ، المدرس محور وأساس . قدوة ونموذج يحتذى به .	ميسر ومسهل للعملية التعلمية ، مدير ، محلل ، مستشار .
دور المواد التعليمية	موجهة من قبل المعلم ، أشرطة ومواد بصرية ، مختبر اللغة يستخدم بشكل كبير .	كبير المادة تهتم بالاتصال والاستخدام اللغوي ، مادة مصممة على أساس المهمات ، ومواد أصيلة .

جدول 2 نقلاً عن(ديفيد نونان 1996، ص 14.).

وقد ظهرت مفاهيم وأساليب كثيرة تتعلق باكتساب اللغات وفيما يلي تفصيل لتلك المفاهيم و الأساليب:

مفهوم الكفاءة اللغوية ومدى الحاجة إليه في تعليم العربية للناطقين بغيرها:

أثار موضوع تعليم اللغات الأجنبية جدلاً واسعاً بين العلماء. وقد كان الجدل يدور حول حل قضايا كثيرة أهمها ما سمي بالكفاءة والأداء. وقد أشرنا في مكان آخر إلى أن الكفاءة اللغوية لا تنحصر في الكفاءة النحوية. أي قدرة المتعلم على إدراك العلاقات النحوية واستيعاب تلك القواعد واستخدامها في الوقت المطلوب. بل تعدت ذلك لتشمل عدداً من الكفاءات مثل: الكفاءة الخطابية و الكفاءة الاجتماع- لغوية، و الكفاءة الاستراتيجية. هذه الكفاءات الأربع تمثل تكاملاً و تنطلق بالمتعلم من التمكن من النحو إلى التمكن من اللغة نحواً وصرفاً ومستويات لغوية متعددة، فضلاً عن الاستخدام الأمثل لقدراته الشخصية في تعلم اللغة.

وقد أشارت أوماجيو(1993) إلى أن حركة الكفاءة ليست نظرية في اكتساب اللغة، أو طريقة في تعليم اللغة أو منهجاً تدريسياً، بل توجهاً عاما يصف القدرات اللغوية للمتعلم في المستويات المختلفة. فهي بمثابة دليل يساعد المعلمين على قياس وتقويم أداء متعلمي اللغات الأجنبية.

ولهذا فقد قام المجلس الأمريكي لتعليم اللغات الأجنبية بوضع إرشادات عامة تحكم المستويات التعليمية المختلفة للمهارات الاربع. حيث تم تقسيم المتعلمين إلى مستويات هي: المبتدئ، المتوسط، المتقدم، المتفوق. وكل من المستويين الأول و الثاني من هذه المستويات ينقسم بدوره إلى مبتدئ ومتوسط ومتقدم. أما المستوى المتقدم فينقسم إلى متقدم ومتقدم أعلى، والمتفوق مستوى واحد فقط. وليس من الممكن وضع كل تلك المعايير هنا، لكننا سنقدم نماذج لتلك المعاييرعند مناقشة كل مهارة لغوية في الفصول اللاحقة.

المدخلات nputI

من الضروري أن يهيئ المدرس الظروف المناسبة لتقديم مادة كافية من قراءة واستماع وفرص محادثة كافية للمتعلمين داخل الصف وخارجه. والمقصود بالمدخلات أن تكون من تلك المستويات التي تناسب قدرات المتعلمين. وهذا النوع من المدخلات يجب أن يختار

بعناية، بحيث لا يؤدي إلى خسارة الطالب عنصر التشويق للاستماع أو القراءة أو الحديث باللـغة الثانيـة. وهو ما أسمـاه كراشن بالمدخـلات سهـلة الاستيعاب Comprehensible Input .

أما النوع الثاني من المدخلات فهو تلك المدخلات التي تتجاوز قدرات الطالب بمرحلة بسيطة و لا تتعدى المتوقع من الطالب إلا أن يقوم المدرس بمساعدة المتعلمين على الاستفادة من تلك المدخلات. وهنا يشترك كل من كراشن وفايغوتسكي في هذا المفهوم. حيث يرى كراشن أن المدخلات التي تتجاوز حالة المتعلم ومستواه لا تؤدي إلى الإحباط، خصوصاً مع وجود مساعدة دائمة من المعلم أو المحيط. وهي فكرة سبق كراشن إليها العالم الروسي فايغوتسكي عندما تحدث عما أسماه ب "منطقة النمو المتوقع."Zone of Proximal Development حيث يقوم المعلم أو المراقب أو من يتولى رعاية المتعلم بمساعدته لتجاوز منطقة القدرة الموجودة بالفعل إلى منطقة القدرات الممكنة. ولا تتم عملية المساعدة بقيام المعلم أو المساعد بدور المتعلم، بل يقوم على تنبيه المتعلم لأمور يمكنه فعلها من خلال طرح أسئلة أو تقديم كلمات أو إشارات تعين المتعلم على تجاوز تلك المنطقة.

استخدام مواد اللغة الأصيلة

ومفهوم المواد الأصيلة عند الكثيرين هو تلك المواد التي يستخدمها ابن اللغة وفي مقدور المتعلم أن يستخدمها كونها مصممة بشكل طبيعي وتلقائي و تفتقد التكلف و الصنعة التي تميز الكثير من المواد المؤلفة لتعليم اللغة الثانية. وعندر راجي راموني(1993:219) تشمل المواد الأصيلة " نصوصاً عربية أصيلة ومواد سمعية وبصرية تشتمل على موضوعات تمثل الواقع العربي المعاصر بجميع نواحيه الأدبية و العلمية و الجغرافية والتاريخية و الاجتماعية و لاقتصادية و السياسية و الدينية".

وقد جربت تلك الطريقة من خلال منهج تعليمي متكامل قدمته جامعة متشغن في آن اربر. والهدف من ذلك هو أن يستخدم المتعلم اللغة الثانية استخداماً طبيعياً بعيداً عن التكلف. وهذه النظرة هي امتداد للطريقة الطبيعية التي قدمها كل من كراشن وتيلر في ثمانينيات القرن الماضي.

السياق

ونعني هنا أن يوفر المعلم للمتعليمن سياقات مناسبة للمادة التعليمية. فالمفردات اللغوية والتراكيب النحوية لا يجوز عرضها منفصلة عن سياقاتها، كون السياق في كثير من الحالات يغير المعنى المراد. و السياقات هنا لا تقتصر على السياق اللغوي، بل من المهم جداً للمتعلمين أن يدركوا السياقات الاجتماعية والثقافية والحضارية للغة.

ويتم ذلك من خلال تقديم مواد سمعية أو بصرية، ثم يطرح المدرس أسئلة عن تلك المواد والظروف التي تمت فيها المحادثة أو كتابة النص، والتفسيرات الثقافية والاجتماعية لتلك النصوص.

فلو قدم مدرس قطعة شعرية تتحدث عن نضال الشعب الفلسطيني، فإن المتعلم بحاجة للتعرف على الكثير من الظروف التي أحاطت بظهور هذا الشعر والحالة التي مر ويمر بها شعب محتل والمعاني التي ترمز إليها المفردات والصور الشعرية التي تحملها تلك الأبيات، كذلك الحال لو قدم المدرس شريطاً مرئياً لاحتفال بعيد وطني أو عيد قومي أو حتى حدث اجتماعي.

وفي هذا المقام تعني القواميس الخاصة بالتعابير الاصطلاحية و التي أعدت من قبل بعض المتخصصين في تعليم اللغة العربية بتعريف المتعلمين بالمعاني المتعددة لمفردة أو تعبير لغوي.

تصميم أنشطة لغوية هادفة

يعتمد كثير من المعلمين على الأنشطة التعليمية التي تزوده بها الكتب المقررة لتعليم اللغة. و للاسف الشديد أن الكثير من تلك الكتب تقتصر على تدريبات لغوية محضة لا تتجاوزها إلى أنشطة حقيقة يمكن للمتعلم أن يستفيد منها لاحقاً. ولحسن الحظ أن بعض مؤلفي كتب تعليم اللغة العربية لغير العرب أدركوا فقر الكتب لتلك الأنشطة فزودوها بأنشطة تعليمية هادفة. والمدرس الكفؤ يستطيع أن يوسع خياله ويصمم أنشطة تحددها أمور كثيرة منها:

- المستوى اللغوي للمتعلمين: حيث من المتوقع أن تكون الأنشطة مناسبة للمستوى العام للطلبة و لا تتجاوزه كثيرا أو تقل عنه.

- وجود هدف اتصالي: حيث إن هدف النشاط هو تحقيق االهدف العام للغة وهو الاتصال، فقد تتم أنشطة تتعلق بملئ طلب عمل أو رد على طلب عمل أو محادثة هاتفية مناسبة أو استماع إلى نشرة عن الطقس أو غير ذلك.

- اعتماد التعاون بين المتعلمين بحيث يتم تصميم النشاط بشكل عام لخلق جو من التعاون، حيث إن التعاون المطلوب والمتوقع يؤدي إلى تحسن العلاقات بين المتعلمين بالإضافة إلى تبادل المنافع والخبرات.

رفع درجة الوعي بثقافة الأمة

من الضروري لمعلم اللغة العربية لغير العرب أن يقدم نماذج ومعلومات وأنشطة تؤدي إلى رفع درجة وعي المتعلمين بالدور الحضاري للأمة العربية والتاريخ المشرق لتفاعل الأمة مع الحضارات والأمم. وقد ثبت لدى االباحثين أن معرفة المتعلم بتاريخ الأمة وثقافتها يؤدي إلى تعاطف و إقبال أكثر على تعلم اللغة الأجنبية.

طرق التدريس العامة و تقديم المادة

وقد رأينا أن نضع بين يدي المعلم النماذج التالية لطرق التدريس العامة و التي ستعينه في الاختيار الأنسب لطلابه.

لكل طريقة من طرق التدريس مزاياها وسلبياتها. ولطرق التدريس ثلاثة مظاهر هي: كلام المدرس، كلام الطلبة، التفاعل بين المدرس وطلبته. وتخضع عملية استخدام طريقة ما لعدة أمور منها: طبيعة الطلبة من حيث المستوى الأكاديمي و المادة المقدمة من حيث جدتها على الطلبة أو معرفتها من قبلهم، أهداف المعلم من تقديم مادة ما، المحتوى، وتوفر تلك المادة والوسائل المعينة على تقديمها. كما أن أسلوب التعلم عند الدارسين يحتم استخدام طريقة دون أخرى. فالمتعلمون الذين يفضلون رؤية المادة مقدمة على السبورة الضوئية ورؤية شريط فيديو عن المادة يتم التعامل معهم بطريقة مختلفة عن الطلبة الذين يفضلون الاستماع وهكذا. الطرق المقدمة لا تعني أنها الوحيدة، فهناك طرق كثيرة ولكن على المدرس اختيار ما يناسب طلبته والمادة التي يعلمها. وفيما يلي عرض لأهم طرق تقديم المادة العلمية وسنبين سلبياتها ومزاياها وطرق إعدادها.

جدول (3) الطريقة المباشرة

الإعداد	السلبيات	المزايا
يجب إعداد المادة مسبقاً. يجب أن تكون لدى المعلم معلومات حول استعداد الطلبة.	تحد من إبداع المدرس. تتطلب إعداداً جيداً و مهارات عالية في الحديث. يجب اتباع الخطوات بطريقة منظمة. لا تناسب تدريس المهارات العليا.	أهداف تعلمية محددة. يعرف الطلبة بأهمية المادة. فتوضح لهم الأهداف الخاصة بتقديم المادة. من السهل قياس ما تعلمه الطلبة. طريقة تلاقي قبولاً لدى الكثيرين. مناسبة لتعليم الحقائق و المهارات الأساسية.

التعلم التعاوني

الإعداد	السلبيات	المزايا
قرر نوعية المهارات التي سيتم تعليمها. تتطلب وقتاً للإعداد. إعداد الطلبة للعمل مع المجموع.	بعض الطلبة لا يحسنون هنا النوع من العمل. لا تناسب الانطوائيين. قد يحاول الطلبة البارزون السيطرة على العمل. الطلبة المتقدمون يتميزون عند العمل بهذه الطريقة.	تساعد على غرس المسؤولية الجماعية. أظهرت البحوث العلمية جدوى هذه الطريقة. يتعلم الطلبة الصبر، قلة النقد، و التعاطف مع الآخرين.

المزايا	السلبيات	الإعداد
المادة العلمية يتم تقديمها بأسلوب منطقي و مباشر . قد تكون مشجعة لبعض الطلاب ومحبطة لآخرين .	يجب أن يكون لدى المدرس مهارات كلامية ممتازة . يحب قياس التعلم . الخطاب مباشر و من المعلم فقط . لا تناسب الطلبة دون الصف الرابع الابتدائي .	تحتاج إلى مقدمة مناسبة وخاتمة جيدة . تحتاج وقتاً للإعداد . يجب أن تحتوي الأمثلة والطرائف .

المحاضرة مع المناقشة

المزايا	السلبيات	الإعداد
إشراك الطلبة . يستطيع الطلبة طلب استيضاحات ، طرح الأسئلة ، مناقشة قضايا .	قد يحد الوقت من المناقشة . تعتمد على جودة الأسئلة والقضايا التي تتم مناقشتها .	يجب على المدرس أن يكون مستعداً للإجابة عن الأسئلة بشكل مناسب .

منبر الخبراء

المزايا	السلبيات	الإعداد
يتيح للخبراء تقديم آراء مختلفة . يستثير السامعين فتحدث المناقشات . تغير المتحدثين يشد انتباه الحضور .	قد لا يكون الخبراء متحدثين جيدين . قد تؤثر شخصية المتحدث على المحتوى . قد لا يقدم المحتوى بطريقة منطقية . لا تناسب المراحل الابتدائية .	يقوم المدرس بدور المنسق بحيث يقدم و يلخص المناقشات .

المزايا	السلبيات	الإعداد
تدريب يتيح ظهور أفكار جديدة. يشجع على المشاركة من الجميع. يجمع أفكار كل المشاركين ومعلوماتهم. ينمي روح التعاون. قد تؤدي فكرة ما إلى أفكار أخرى.	قد تفقد التركيز. يجب تحديدها بزمن قصير نسبيا. عندما تفقد المدير الجيد. قيمة الطلبة تعتمد على مستوى سنهم.	يختار المعلم موضوع العصف. يجب توفير بعض الأفكار لاستثارة الطلبة.

عرض الأشرطة المرئية و الشرائح

المزايا	السلبيات	الإعداد
طريقة مسلية لعرض القضايا. تساعد على التركيز. تبدو أكثر مهنية. تثير النقاش.	قد تثير قضايا متعددة خارج الموضوع. قد لا يشارك كل طالب في المناقشة. أكثر ايجابية عند إتاحة الفرصة للجميع للمشاركة.	إعداد الأجهزة مسبقاً. تكون فعالة عندما يعد المدرس أسئلة المناقشة مسبقا.

المناقشة

المزايا	السلبيات	الإعداد
تجميع أفكار مناسبة للمشاركين بعد تقديم المحاضرات أو عروض الفيديو والشرائح. تتيح للجميع فرصة المناقشة مناسبة عندما تكون في مجموعات صغيرة تتيح الاتفاق على النقاط الأساسية.	ليست مناسبة للصفوف كبيرة الحجم. قد يسيطر بعض الطلبة على المناقشة مما يمنع الآخرين من المشاركة. قد تستهلك الكثير من الوقت. قد تخرج عن الفكرة الأساسية للمناقشة.	تتطلب إعداداً جيداً من قبل المدرس تتطلب إعداد أسئلة ومهمات تعليمية مناسبة.

الطرق المذكورة أعلاه لا تخص موضوعاً بعينه، ولكن لمعلم اللغة أن يختار من تلك الطرق ما يناسب طلابه من حيث المستوى و الخلفية الثقافية و الإمكانات العلمية.

أنشطة وتدريبات

- قم بتدريس موضوع نحوي واحد وليكن " العدد" لصفين مختلفين (المستوى المتقدم أ و المتقدم ب) مستخدماً مرة الطريقة التقليدية " النحو و الترجمة" ومرة الطريقة الاتصالية. أكتب ملاحظاتك على: تفاعل الطلبة، دور الطلبة، دورك، النتائج.

- أنت معلم للغة العربية في بلد أجنبي ولذلك تقل فرص المتعلمين للتفاعل مع أبناء اللغة، أو التعرض إلى مدخلات كافية تعينهم على التعلم. ما الأنشطة التي تنفذها لتعويض النقص الحاصل هنا؟.

- اختر موضوعاً حيوياً ترى أن الطلبة يحبونه ثم أدر نقاشاً حول هذا الموضوع. أدع زميلاً لك لزيارة الصف واطلب منه كتابة تقرير عن : دور الطلبة، تفاعل وحماس الطلبة، دورك كمعلم، الجو العام للصف. ناقش ما كتبه زميلك مع بقية الزملاء مدرسي العربية في المدرسة.

- يقوم المفهوم الذي قدمه فايغوتسكي " منطقة النمو المتوقع" على تقديم مساعدة غير مباشرة من قبل المعلم لطلابه، أو الأب لابنائه في التعلم بشكل عام. صمم نشاطاً يبين تطبيقك لهذا المفهوم.

- ما الآثار المترتبة على تعليم العربية وفق معايير محددة.

2

الفصل الثاني

معلم اللغة العربية : إعداده وتأهيله

مقدمة:

بقي تعلم وتعليم اللغات يسير في نفس الاتجاه حتى العصر الحديث إلى أن تقدم علم اللغة وعلم النفس. عندها أصبح التعلم يعتمد على نتائج البحوث و الدراسات المبنية على التجربة. وقد تقدم هذا العلم تقدماً ملحوظاً خلال العقدين الأخيرين من القرن العشرين.

هذا التقدم الكبير في هذا المجال يعود بالدرجة الأولى إلى التقدم الحاصل في ميدان الاكتشافات العلمية المتعلقة بطرق التعلم و معالجة المعلومات. فتلك الاكتشافات و التي تقيم تماثلاً في عملية معالجة المعلومات بين العقل الإنساني و الحاسوب نقلت الاهتمام التقليدي بالمعلم إلى مرحلة جديدة وهي الاهتمام بالمتعلم.فالمتعلم يأخذ المثيرات من العالم الخارجي من خلال حواسه ثم ينقلها إلى الذاكرة التي تقوم بمعالجتها من خلال التحليل والمقارنة مستفيدة من المعلومات السابقة المخزونة في ذاكرته بعيدة المدى.

ومن نتائج البحوث النفسية أصبح المتعلم لا المعلم محور العملية التعليمية. حيث انتقل المعلم من دور المسيطر و المتحكم بالعملية التعليمية من خلال وجوده في الفصل الدراسي كخبير، إلى مسهل و ميسر للعملية التعليمية. فهو يراقب المتعلمين و يساعدهم بطريقة مباشرة أحيانا و غير مباشرة في أغلب الأحيان لاجتياز العقبات التي تواجههم بحيث يتعاملون مع المعلومات الجديدة من خلال معارفهم السابقة و خبراتهم بالحياة(شرم، 1994). كما أن المعلم يقدم إشارات للمتعلمين بحيث يقوم المتعلمون بإكمال مسيرة التعلم تلقائياً. كما أن دور المتعلم أصبح مركزيا من خلال استخدام المهارات الدراسية التي تمكنه من التعامل مع المادة العلمية بطريقة منظمة.

إن الأدوار الجديدة جعلت العملية التعليمية أكثر تشويقاً و إثارة. فالمتعلم فاعل ومتفاعل. فهو الذي يقوم بالتخطيط لعمله ويستشار في وضع البرامج التي يستطيع القيام بها ضمن قدراته الخاصة. كما لم يعد المتعلم مجرد وعاء يقوم المعلم بإيداع المعلومات فيه، بل يشارك و يحاور و يناقش و يعمل من خلال فريق و جماعة. هذا العمل الجماعي ينمي في المتعلم روح المبادرة و تقديم الحلول للمشكلات و يؤدي بالتالي إلى خلق شخصية متفاعلة نامية تقدر عمل الآخرين و مساهماتهم و آرائهم . هذا النوع من التعليم هو الذي يضمن تخريج طلبة مبدعين.

هذا الوضع الجديد للمعلم يمكن تلخيصه بالتالي:

1- المعلم مسهل و ميسر لعملية التعلم.

2- المعلم يمارس دور المشرف على العملية التعليمية و يترك للطلبة اختيار الطرق والوسائل التي تناسبهم من خلال تقديم خيارات للعمل.

3- المعلم لا يمارس دور الخبير المودع للمعلومات في أذهان الطلبة من خلال أسلوب المحاضرة.

4- يغير المعلم في أساليب التعليم و طرائقه ليناسب أساليب التعلم المختلفة عند طلبته.

5- ينقل المتعلمين إلى مراحل جديدة متوقعة ولا يكتفي بالمتاح و الممكن، و يتأتى ذلك من خلال أنشطة أعلى قليلاً من مستوى الطلبة و يساعد الطلبة في تنفيذ الأنشطة من خلال توقعات واقعية لا تؤدي إلى الإحباط.

6- يمارس عملية تقويم الأداء العام للطلبة من خلال وسائل متعددة و ليس فقط من خلال الاختبارات و المشروعات، بل يحتفظ المدرس بملف التقدم الخاص بكل متعلم.

7- يستطيع المدرس و المتعلم أن يلاحظا التقدم الناتج عن العملية التعليمية.

الأدوار الجديدة للمعلم ومتطلبات تلك الأدوار:

أولاً:

- وعي بالعملية التعليمية وهذا يعني أن يكون المعلم مدركاً لتفاصيل العملية التعليمية من حيث النظريات و الأسس التربوية و النفسية التي تشكل الاساس النظري لتلك العملية. كما أن من المهم للمعلم أن يكون واعياً وعلى معرفة بالحلول التي تقدمها البحوث و الدراسات الحديثة لمشاكل التعلم و التعليم. فلا يمكن لمعلم أن يقدم على التعليم دون معرفة النظريات التربوية و النفسية قديمها و حديثها، ذلك أن تلك النظريات تمكنه من رؤية الصورة الكلية لعملية التعلم، فضلاً عن الاستفادة من تلك النظريات في تبني طرائق وأساليب تناسب المعلم و الظروف المختلفة التي تحيط به.

- الأسئلة:
- هل أنا معد جيداً لمهنة التعليم؟ وإلى أي مدى؟
- ما جوانب النقص التي أحتاج إلى تجاوزها؟
- إلى أي مدى أستفيد من الخلفية النظرية للعلوم التربوية و النفسية؟
- كيف لي أن أحول الافكار النظرية التي قرأت عنها إلى اسلوب عمل وطريقة تدريس؟

ثانياً:

- معرفة الخصائص النفسية و العقلية للمتعلمين

و المعرفة من هذا النوع ضرورية،بل لازمة للمعلم. حيث إن المعرفة الشاملة بخصائص المتعلمين في كل مرحلة عمرية تعني أن يتفهم المعلم تلك الخصائص بحيث يقدم تعليماً مناسباً لتلك المرحلة العمرية والخصائص المرافقة لها. فمن غير المعقول أن يكون المعلم لايعرف أن المحسوسات مقدمة على المجردات في المراحل التعليمية الأولى، وأن التمثيل واستخدام الإشارات و الموسيقى و لغة الجسد من الأساليب التي تشد الطلاب للتعلم.

ثالثاً:

- معرفة طرق تصميم المنهاج

من الضروري أن يعرف المعلم الذي سيعمل في المدارس المستقلة أن المنهاج مفهوم شامل يختلف عن الكتاب. فكثير إن لم نقل كل المعلمين الذين سيأتون إلى المدارس المستقلة وهي كما هو معروف تبني تعليماً قائماً على المعايير، كانوا يستخدمون الكتاب المدرسي و يقرنونه بمفهوم المنهاج. فالمنهاج في النظرة التقليدية يقتصر على الخبرات والمعلومات المقدمة في الكتاب المدرسي.

أما في التعليم المبني على المعايير، فإن الكتاب ليس أكثر من مصدر واحد من مصادر التعلم. وعلى هذا فإن تهيئة معلم قادر على مواجهة الموقف الجديد بتحمل مسؤوليته و التعاون مع زملائه و منسقي المواد لتصميم أنشطة ومواد تعليمية مبنية على المعايير أمر لابد

منه، وإلا فإن المدرس سيشعر بالضياع و يفقد الحماس الذي أبداه عند التحاقه بالمدرسة. ولهذا فإن تدريبه على وضع الأهداف التربوية وربط الأهداف بالمعايير واستخدام مواد تعليمية تعكس تلك المعايير و استخدام الإجراءات و الطرق المناسبة لتدريب الطلاب على الخبرات والمهارات الجديدة سيعطي المعلم ثقة عالية بالنفس وتمكنه من تجاوز العقبات التي ستواجهه.

رابعاً:

- تنويع أساليب وطرق التعليم المناسبة لأساليب التعلم المختلفة

إن الناظر في البحث التربوي يجد أن علماء التربية قد بذلوا جهوداً مضنية في تطوير اساليب و طرق تدريس كثيرة. وقد خضعت طرق التدريس عبر سنوات كثيرة إلى التعديل و التغيير كي تحقق أهداف الطلاب و المتعلمين. كما أن الطرق الحديثة قد بنيت على أساس مهم وهو أن الطلاب يتعلمون بشكل افضل كلما كانت الطرق المستخدمة في التعليم تتناسب و أساليب التعلم لدى هؤلاء الطلاب. وأساليب التعلم مفهوم حديث نسبياً يتضمن فهماً للعمليات العقلية التي تقوم على معالجة المعلومات والاستفادة من الخبرات المقدمة إليهم من معلميهم على أحسن وجه. فمن المعروف لدى علماء النفس أن كل طالب هو نسيج وحده ولذلك لا يمكن التعامل مع الطلاب بنفس الطريقة و الاسلوب.

فمن الطلاب من يفضل الأنشطة التي يفضلها الطلاب " البصريون" أي أولئك الطلاب الذي يستمتعون برؤية الأشياء ، فاستخدام التقنيات الحديثة من فيديو وأقراص مدمجة وأفلام و عروض مسرحية وتمثيليات وغيرها من الوسائل البصرية وسائل ذات فعالية لهؤلاء الطلاب.

أما "السمعيون" فهم يفضلون الاستماع كوسيلة للتعلم. فهم يفضلون المحاضرة و النقاش المسموع وغير ذلك من الاساليب. وفريق ثالث وهم"الحركيون" الذين يفضلون العمل اليدوي و تنفيذ العروض و التمثيليات و لعب الأدوار. إضافة إلى أن بعض الطلاب أكثر نشاطاً من الآخرين، فهم يحبون التفاعل و المشاركة في المشروعات و التقارير الجماعية والعمل التعاوني، حين يفضل آخرون التأمل و التفكير واستخدام المنطق و الاستنتاجات التي يستخرجونها من القراءة والمطالعة. هذا التنويع ضروري و مهم جداً.

الاسئلة:

- هل أعرف أن الطلاب يستخدمون اساليب تعلم مختلفة؟ ماهي؟
- هل أستخدم طرقا مناسبة لتلك الاساليب؟ ماهي تلك الطرق؟
- إذا كنت لا أعرف كيف أستخدم الطرق المناسبة، ماذا علي أن أفعل؟
- هل تحقيق تلك الأساليب و الطرق نتائج إيجابية؟ ما هي المؤشرات؟
- هل أنوع في الاساليب في الحصة الواحدة أم اقتصر على نموذج واحد؟
- هل انفذ التعلم التعاوني بشكل فعال؟ كيف اتحقق من ذلك؟
- هل أزور زملائي للاستفادة منهم في ذلك؟

خامساً:

- القدرة على التعامل مع الطلاب الموهوبين و ذوي الاحتياجات الخاصة

هذه القدرة مهمة وضرورية للمعلمين و المتعلمين على حد سواء. فكما لا حظنا في النقطة السابقة اهتماماً بأساليب التعلم المختلفة، فإن مراعاة القدرات المختلفة للمتعلمين أمر مهم. فالطلاب ليسوا سواء في قدراتهم وإمكانياتهم. وقد خلقهم الـلـه سبحانه و تعالى كذلك. فمنهم الذكي اللماح و منهم المتوسط و منهم الضعيف. وكل واحد من هؤلاء يحتاج إلى استخدام اساليب مختلفة ومواد مختلفة. ولابد من التذكير بأهمية النظر إلى هذا الوضع على أنه ظاهرة طبيعية و أن التعامل مع هؤلاء الطلاب لا يعني استخدام اساليب تؤدي بهم إلى الإحباط أو التعامل معهم جملة. ولذلك على المعلم الفعال أن يسأل نفسه دائما و يتساءل عن الطرق الأمثل لتلبية احتياجات طلابه.

سادساً:

- القدرة على التقييم الذاتي من خلال التفكير في الأداء و كتابة مذكراته اليومية.

المعلم الفعال مراجع ومتأمل في أفعاله كمعلم وإنسان. هذه المراجعة الذاتية تعني أنه يرى في أفعاله و أعماله وأنشطته فرصة للتطوير و التحسين. هذه الفلسفة القائمة على المراجعة الذاتية تعني الكثير ، ذلك أن المعلم الفعال لايرى في أعماله كمالاً، بل عنده الرغبة الدائمة في الاستخدام الأمثل للموارد المتاحة وخلق الفرص للتطوير. ولذلك فهو دائم

التساؤل عن مدى نجاحه في تحقيق أهدا ف طلابه. لذلك فهو يطرح اسئلة على نفسه من مثل:

- ما المخرجات التعلمية التي اريد أن ينجزها الطلاب؟
- ما الاساليب وطرق التدريس المناسبة لتحقيق تلك المخرجات؟
- ما الأنشطة التقييمية المناسبة لتحقيق تلك المخرجات؟؟
- إلى اي مدى نجحت في مساعدة طلابي على تحقيق أهدافهم؟
- ما الأخطاء التي ارتكبتها؟ ما الاشياء الإيجابية التي فعتلها وساهمت في تحقيق النجاح؟ ولماذا؟

سابعاً:

- كفاءة في استخدام تقنيات التعليم

في عصر التقنيات و ثورة المعلومات، لا يصح أن يكون المعلم أمياً في تعامله مع التقنيات الحديثة. ولهذا فإن الكثير من الدول تجعل من إتقان الحاسوب و استخراج" الرخصة الدولية لقيادة الكمبيوتر" متطلباً للدخول إلى مهنة التعليم. واستخدام التقنيات ليست زينة و لا هدفاً بحد ذاته، بل وسيلة وأداة لتطوير التعلم وتقديم المعلومة أو الخبرة أو المهارة بطريقة ملائمة لاسلوب التعلم لدى الطالب.

الاسئلة:

- ما الوسائل و التقنيات التي تنسجم مع أهداف طلابي؟
- إلى اي مدى تحقق تلك الوسائل التقنية أهداف طلابي؟
- هل استطيع استخدامها بشكل فعال؟
- ما الأهداف التي اريد تحقيقها من استخدام التقنيات؟
- هل في السوق تقنيات جديدة و لا استخدمها ولماذا؟
- كيف لي أن اقنع الإدارة بتوفير تلك الوسائل؟
- هل يمكن ان يكون للاسرة دور في توفير تلك الوسائل؟ وكيف؟

ثامناً:

- قيادة حقيقية للتغيير

المعلم الفعال قائد نحو التغيير والتطوير، ولا يمكن للقائد أن يوجه دون أن يكون على قناعة أولاً بالتطوير و التغيير ثم يعرف اساليب التغيير و التطوير إضافة إلى معرفة بالوجهة التي يريد أن يتجه إليها في حركته هذه. ولذلك فإن المعلم الذي يود أن يعمل في المدارس المستقلة يجب أن يدرك تماماً أن التطوير جزء اساس في عمله. والقائد بطبيعته قادر على الإمساك بدفة السفينة والتغلب على التحديات التي تواجهه فضلاً عن القدرة على توجيه كل الموارد المتاحة له لتحقيق هدفه المنشود.

- هل أنا قائد؟

- ما هي رؤية مدرستي ورسالتها التربوية؟ وهل فهمتها؟ و كيف لي أن أنفذها؟

- هل وصلت إلى مستوى التأثير على طلابي؟

- هل استطيع توجيه طلابي لإدراك أهمية التغيير؟ كيف؟

- هل استخدم كل الموارد المتاحة لي لإحداث التغيير المناسب؟

- هل أجتهد في توفير الموارد لإحداث التغيير؟

تاسعاً

- إدارة فعالة للصف و موارده

تعد إدارة الصف بشكل فعال واحدة من الصفات الملازمة للمعلم الفعال. ذلك أن الفشل في إدارة الصف تعني أن يتحول الصف وهو مكان التعلم إلى فوضى. ولإدارة الصف هدف أساس وهو تمكين الطلاب من تحقيق أهدافهم وتعظيم إنجازهم بالمحافظة على الوقت وإشغال الطلاب خلال وقت الحصة بالمهمات التعليمية. والمدرس الفعال يدرك أمرين وهما :أن المحافظة على النظام ووقت الحصة لا يكون بالوعظ و تقديم النصح للطلبة، بل لابد من وجود قواعد واضحة تنظم إدارة وحركة الطلاب في الصف، وتدريب الطلاب على تلك القواعد. وهذا يعني أن المعلم هنا يضع الطلاب أمام مسؤولياتهم، فهم من جهة مسؤولون عن تطبيق تلك القواعد ومن جهة أخرى يتحملون نتائج و عواقب عدم تطبيقها.

الاسئلة:

- هل أدير الصف بنجاح؟ ما مؤشرات ذلك النجاح؟

- هل أتعامل مع طلابي بإنسانية واحترام؟ ما مؤشرات ذلك التعامل؟

- هل يدرك الطلاب في صفي ان التعلم الحقيقي يكون بالاستغراق و الانهماك في المهمة التعلمية؟

- هل اقدم لطلابي مهمات تعلم حقيقية؟

- هل أضيع وقت الحصة في أمور جانبية؟ كيف اتخلص من ذلك؟

- كيف أدرب طلابي على الاستفادة من وقت الحصة؟

عاشراً

- الوصول إلى مرحلة الاستقلالية والتعلم الذاتي

من الخصائص المميزة للمعلم الفعال الذي ينشد التغيير ويساهم فيه بفاعلية أن يكون قادراً على الوصول إلى مرحلة الاستقلالية و التوجيه الذاتي. فبعض المعلمين يعتمدون على الإدارة في كل شيء و ينتظرون تنفيذ كل ما يأتي من الإدارة. أما المعلم الفعال، فبالإضافة إلى التناغم مع الإدارة فهو قادر على اتخاذ قرارات وأخذ زمام المبادرة. فهو لا ينتظر الإدارة حتى توجهه ليكون مبدعاً ومنتجاً ونشيطاً، و لا ينتظر فرص النمو المهني و الوظيفي، بل يبادر إلى السؤال و اقتناص الفرص وخلقها لتطوير ذاته. فهو يزور زملاءه ويتبادل معهم المشورة و النصح، و يحضر الدورات ويقرأ في تخصصه ولا يتردد في سؤال المختصين، واخيراً يخلق مع زملاء ثقات له مجتمعاً تعلمياً. ومن المهم للمعلم الفعال أن يكون محفزاً و مساعداً لغيره على النمو. حيث نجد أحيانا بعض المدرسين المثبطين لزملائهم متذرعين بأوهام لا تليق بمرب سيكون محرك التنمية و التطوير في بلده.

الاسئلة:

- ما الوسائل التي تعينني على الوصول إلى مرحلة التوجيه الذاتي؟

- كيف تبدو خطة النمو الذاتي لهذا العام؟ ملامحها، أهدافها ووسائل تحقيقها.

- هل تلك الوسائل متوفرة في المحيط الذي أعيش فيه؟ وإذا لم تتوفر كيف لي ان أوفرها؟

- هل أتعاون مع زملائي لتحقيق أهدافي في التوجيه الذاتي؟ كيف؟
- هل أستفيد من الفرص المتاحة وإلى اي مدى؟
- هل استمع إلى المثبطين و المرجفين من المعلمين؟ كيف لي أن أغير من آرائهم؟
- هل أنا مبادر؟ ما مؤشرات ذلك؟

حادي عشر

- قدرات عالية في تقييم الطلاب

من الصفات المميزة ايضاً للمعلم الفعال القدرة على تقييم طلابه. و التقييم هنا يعني قدرة المعلم على تقديم التغذية الراجعة للطلاب و اختيار الأدوات الخاصة بالتقييم و التي تناسب الطلاب جميعاً. فتقديم التغذية الراجعة تعني أن المعلم متابع لتقدم طلابه، و لا ينفك يقدم لهم النصح العملي و التوجيه التدريبي. ويعرف متى يقدم التغذية الراجعة والتوقعات المناسبة لتلك التغذية.

كما أن المعلم في ظل نظام المعايير يدرك تماماً أن تحقيق المعايير يعني التقييم الجيد والواقعي. فلا يقتصر على الاختبارات كأداة للتقييم. ويربط التقييم بالتدريس و الرؤية الشاملة للتغيير. فالمعلم الفعال يعمل على تقديم العون لطلابه ليتمكنوا من الإنجاز، ولا يعتبر التقييم فرصة للانتقام من الطلاب كما يفعل البعض، بل يرى فيه أداة لتطوير قدرات الطلاب ومراجعة للتأكد من تحقيق الأهداف. إضافة إلى ذلك، يقدم المعلم الفعال للطلاب تقييماً يشمل كل المهارات المطلوبة في المعايير. فالتقييم لا يقتصر على مهارة الحفظ و التذكر، بل لابد وأن يصل بالطالب إلى مرحلة التفكير الناقد، فيتمكن من التحليل و التركيب و الاستنتاج و الربط و التعليل. فهو يستخدم المشروعات المختلفة من بحوث وأعمال فنية وإبداعية و سجل الإنجاز الأكاديمي أدوات لتقييم طلابه.

الأسئلة:

- هل أدرك أهمية التقييم المستمر؟
- ما الفلسفة التي اتبناها في مجال التقييم؟
- هل تنسجم فلسفتي مع التغيرات الحاصلة في ميدان التعليم؟

- كيف استخدام التقييم الواقعي؟

- هل استطيع تقييم الانشطة المختلفة لطلابي؟ ما الادوات المناسبة؟

- هل أعتبر الاختبارات نهاية المطاف واداة التقييم الأكثر أهمية؟ لماذا؟

- هل يعرف طلابي معايير التقييم عندي؟ كيف أفعل ذلك؟

ثاني عشر

- قدرات عالية في الاتصال بالأسرة وتقديم التقارير الخاصة بأداء الطلاب.

إن نتائج البحوث في العلاقة بين النجاح ودور الأسرة في متابعة تعلم أبنائهم، تشير إلى فروقات واضحة لصالح الأسر التي تتفاعل مع التعلم و تتواصل مع المدرسة. والمدرس هو حلقة الوصل في العلاقة بين الأسرة و المدرسة. فالمدرس الفعال على وعي بأهمية العلاقة الإيجابية بينه وبين أسرة الطالب. فهو على تواصل جيد معهم من خلال اللقاءات المباشرة و غير المباشرة. وهو مدرب ايضاً على إدارة اللقاءات و الاجتماعات مع أسر الطلبة. فمن حيث المبدأ يستطيع المعلم الفعال أن ينبه الاسرة الغافلة عن دورها هذا إلى أهمية التواصل مع المدرسة عموماً و مدرسي ابنائها خصوصاً. فحضور الانشطة اللاصفية واللقاءات السنوية و اللقاءات الفصلية و المتابعة المستمرة لاداء الطلاب، إنما يتعزز عند الاسرة بوجود معلم إيجابي وفعال ويتقن فن الإتصال. ولذلك فإن تدريب المعلم على تلك المهارات أمر ضروري. وفي النظام الجديد " التعليم المبني على المعايير" لا يحتاج الأهل فقط للاطلاع على نتائج الطالب، بل لابد من توعيتهم بالتغييرات الحاصلة في التعليم. فعدم وجود كتاب مقرر والتوسع في استخدام موارد التعلم المختلفة و تنشئة الطلاب على استخدام مهارات التنظيم للمصادر التعليمية لا يتم إلا بتعاون كامل بين الاسرة و المعلم.

المتعلم

من الضروري أن يكون المتعلم في التعلم المبني على المعايير مدركاً للنقلة الجديدة في الدور الذي سيقوم به. فعليه أن يدرك أن مساهماته في التعلم اساسية بل وضرورية لنجاح التعلم وتحقيق المخرجات التعلمية المطلوبة. فالمتعلم في هذا النوع من التعلم يجب أن يكون إيجابياً ونعني بالإيجابية أن تكون لديه نظرة واقعية وطموحة للتعلم. فالمتعلم الإيجابي

يدرك أن دوره لم يعد يقتصر على التلقي و المذاكرة وتقديم الاختبار. بل لابد أن يدرب على استخدام الاستراتيجيات التي تساعد على تعظيم التعلم لديه وتحقيق أهدافه ولهذا فعليه ان يسأل نفسه:

- ما دوري الحقيقي في عملية التعلم؟ وكيف لي ان أحققه؟
- ماهي استراتيجيات التعلم؟
- كيف يمكن لي أن استخدمها استخداماً سليما يحقق أعلى النتائج؟
- هل أخطط لعملي؟ وكيف؟
- هل أنا طموح؟ ما مؤشرات الطموح لدي؟
- هل أعد نفسي لأكون مواطناًً فاعلاً في مجتمعي؟
- ما المهارات التي يجب ان اتقنها لاحقق هدف المواطنة الصالحة؟
- هل استفيد من فرص التعلم المتاحة لدي في المدرسة وخارجها؟ و كيف؟
- كيف يمكن لي ان أشرك أسرتي في التخطيط لمستقبلي؟
- كيف لي ان أنظم وقتي للاستفادة منه في تطوير مهاراتي وقدراتي؟
- كيف لي ان استفيد من التقنيات المتوفرة لي كالانترنت و غيرها لتحقيق أهدافي؟

إعداد معلم اللغة العربية قبل الخدمة وأثناءها

من الضروري أن نتحدث عن ضرورة الإعداد الجيد للمعلم بشكل عام ولمعلم العربية بشكل خاص. فالمعلم اليوم اختلف دوره عن معلم الأمس، من حيث إن معلم اليوم لم يعد الإنسان الذي يقتصر دوره على تلقين الطالب المعلومات التي يقررها المنهاج التدريسي، ثم تقويم ذلك العمل باستخدام الاختبارات المختلفة. هذا الاختلاف أملته ظروف كثيرة استجدت على العملية التعليمية برمتها. فالبحوث الكثيرة و المتزايدة يوماً بعد يوم، أوجدت نظرة مختلفة لدور المعلم، وهذا بالتالي يعني أن الكفايات و القدرات المطلوبة من المعلم لابد وأن تختلف، على أن أموراً مشتركة بين معلم اليوم ومعلم الأمس لاتزال شروطاً أساسية لقبول المعلم في مهنة التدريس.

صفات المعلم الجيد

تنقسم صفات المعلم الجيد إلى :

أولاً: صفات تتعلق بالشخصية

1- الإعداد النفسي للدخول في مهنة التعليم: وهذه الصفة ضرورية لأن مثل هذا المعلم سيجد متعة حقيقية في هذه المهنة. والمعلم المعد نفسياً لن يفرض نفسه على هذه المهنة. ولذلك فإن أعداداً لابأس بها من المدرسين لا يتميزون بهذه الصفة لأن ظروفاً معينة قذفت بهم إلى هذا الميدان. والمعلم المعد نفسياً لدخول مهنة التعليم، يتميز بأمور منها: أنه محفز داخلياً للقيام بهذا العمل. و المعلم المحفز يعني أنه سيبحث عن كل وسيلة صالحة لمهنته. فهو يحاول التغلب على الصعوبات التي تواجهه في الصف و خارجه. و لا يمكن أن يتغلب المعلم على تلك الصعوبات ما لم يتعرف إلى إمكانياته و قدراته، فإذا وجد المدرس أنه لا يستطيع تصميم نشاط مناسب لدرس معين، بحث عن زميل أو خبير يساعده في ذلك، فإن لم يجد الزميل أو الصديق بحث في الإنترنت و غير ذلك. المهم ليس تصميم نشاط مبهر بل تنفيذ نشاط تتوفر فيه فرص النجاح.

2- القدرة على التعامل مع الناس بشكل عام و الطلبة بشكل خاص: وهذه مزية لا توجد لدى كل المعلمين. فالمعلم لن يكون حبيس غرفة الدراسة. بل سيتعامل مع الإدارة و المشرفين التربويين وزملاء المهنة و أهم من ذلك الآباء و الأمهات. فقد يكون المعلم صعب الطباع، تغلب عليه صفات الغلظة وعدم التسامح فينفر منه الطلاب و يضع بينه وبين طلابه حاجزاً يمنعهم من الاستفادة منه. والبعض الآخر قد يكون ليناً سهلاً وهذا النوع من المدرسين يمكن أن يكونوا لقمة سائغة لبعض الطلاب الذين يرون في هذا اللين وتلك السهولة ضعفاً فيجترؤون عليه ويضعونه في مواقف محرجة تؤدي في كثير من الأحيان إلى تعطيل العملية التعليمية. ولذلك لابد من التوسط بين الأمرين، فيحزم عند الضرورة ويكون ليناً سهلاً عند الحاجة لذلك.

3- العدل: من الضروري أن يتحلى المعلم بهذه الصفة. أما ضرورتها فلأن العدل يعني القدرة على التمييز بين المواقف المختلفة و الحكم عليها حكماً سليما، فضلاً

عن تجاوز الاختلافات الشخصية و الحب و الكره. فالمعلم الذي يعايش الطلبة فترة من الزمن لابد وأن يكون قدوة لطلابه في عدم التمييز بينهم على أي اساس و لأي سبب كان. فيعدل بين طلبته في المعاملة، فلا يكون فظاً مع البعض متسامحاً مع آخرين. كما أن العدل في التقويم مهم جداً، لأن ذلك سيؤثر على مستقبل الطالب وعلاقته بالمادة المتعلمة.

4- التنظيم : من الضروري أن يكون المعلم منظماً في صفه. و التنظيم يعني أن المعلم يعرف ماذا يريد أن يعلم، وكيف يعلم. فهو يضع الخطط المناسبة لطلابه، ويقدم لهم المعلومات الخاصة بالاختبارات و الأنشطة و المشروعات في أوقات مناسبة وقبل وقت كاف. فضلاً عن تنظيمه لصفه ووضعه الأمور المناسبة في مكانها المناسب. وصف اللغة يختلف عن الصفوف الأخرى. فصف اللغة يجب أن يحوي مواد سمعية وبصرية، ولوحات فنية من عمل الطلبة، ومواد ثقافية تتعلق باللغة العربية وثقافات الشعوب العربية المختلفة، فضلاً عن التوزيع الجيد للطلبة في الأنشطة المختلفة.

5- حب الاستطلاع و التنمية الذاتية: فالمدرس لا يجوز بحال أن يقف عند حدود ما تعلمه في الجامعة أو الكلية. حيث إن المعلومات تتقادم، و الحياة تتطور وهذه طبيعة الأشياء. أما الوقوف و الاستغناء بما تعلمه في أيام دراسته الأولى، فهذا يعني أن المدرس لا يستفيد من خبراته، ولا يحاول توسيع نطاقها. ولذلك فالقراءة والاطلاع ضروايان للمدرس الجيد.

ثانياً: صفات تتعلق بالمهنة

1- القدرة على تقديم المادة وربطها بالواقع الحياتي المعاش. فمن الضروري أن يكون المعلم مدرباً على تقديم المادة تقديماً جيداً وبطريقة مناسبة لطلبة. وهذا الإعداد المهني سنفصل الحديث عنه لاحقاً. أما ربط اللغة العربية بالحياة فهذا أمر له أهمية بالغة في إقبال الطلبة أو إدبارهم عن اللغة. فاللغة العربية كما قد يتوهم البعض لغة تتعامل مع النص الديني فقط: القرآن الكريم و الحديث الشريف. ولذلك فهي في نظر هؤلاء لغة مساجد ومصليات لا لغة حياة. وهذا خطأ جسيم

يجب أن يتجنبه معلم اللغة العربية. فالعربية لغة أمة يزيد عدد المتحدثين بها على الثلاثمائة مليون، يستخدمونها في كل شأن من شؤون الحياة اليومية. ولذلك فمن الضروري أن ينقل المدرس لطلابه هذه النظرة عبر ما يقوم به من أنشطة وفعاليات تعليمية.

2- القدرة على النمو وهذه مزية مهمة جداً. فالمعلم كغيره من اصحاب المهن الأخرى بحاجة إلى تنمية مواهبه وقدراته المهنية. وهذا الأمر لا يتأتى من خلال القراءة و الاطلاع فقط، بل إن حضور الدورات والمؤتمرات العلمية و الاستفادة من الخبراء والتواصل مع الآخرين يتيح له فرصة مواكبة ما يحدث من تطورات على صعيد مهنته.

3- استخدام التقنية الحديثة: لقد تطور تعليم اللغات تطوراً مذهلاً في العقدين الأخيرين. وأصبحت التقنيات الحديثة خادمة للمعلم والطالب. و المعلم الكفؤ هو الذي يواكب تلك التطورات. فإذا كان المعلم اليوم غير قادر على استخدام الحاسوب و البرامج الحاسوبية الكثيرة والاطلاع على الانترنت التي تحوي الكثير مما لا يتوقعه المعلم، هذا المعلم لن يستطيع أن يقدم المطلوب منه في قاعة الدراسة. كما أن قدرة المعلم على استخدام الوسائل السمعية و البصرية الحديثة أمر ضروري. فاستخدام الاقراص المدمجة، و الفيديو و الفيديو الرقمي DVD والوسائل السمعية الأخرى اصبح جزءاً من أية خطة لتعليم اللغات.

4-الاستخدام الأمثل لوقت الصف: وهذه مزية في المعلم الجيد. فبعض المعلمين ممن لا يعتقدون بضرورة التخطيط أو أنهم يضعون خططاً وهمية! ليراهم المدير أو المشرف، لا يستطيعون استغلال الوقت المتاح للتدريس بالشكل الأمثل. فمثل هؤلاء المعلمين من السهل أن يحولهم سؤال طالب أو عبث آخر عن أهداف الدرس. كما أن البعض يمضي الكثير من الوقت في إنجاز مهمة لا تحتاج إلا إلى وقت قصير. فتحديد الزمن المناسب لكل نشاط وتوزيع الوقت توزيعاً مناسباً على الحصة أمر ضروري. فضلاً عن أن البعض يترك الطلبة يقومون بنشاط ما وهو لا ه عنهم. ولذلك نكرر ونؤكد على أهمية ربط الطلبة بالوقت المناسب والتأكد من أن الزمن المتاح للتعليم قد استفيد منه بالشكل المطلوب.

الكفايات والمهارات الضرورية لمعلم اللغة العربية

- ممارسة جيدة للغة العربية : وهذه يعني أن يكون المعلم مؤهلاً للحديث بالعربية الفصيحة، قادراً على التعبير عن ذاته كتابة ومشافهة. كما أن المعلم محتاج إلى المعرفة المعمقة باللغة العربية وآدابها. فمعلم العربية يجب عليه أن يكون متمكناً من نحو اللغة العربية وصرفها وتاريخها الطويل و المدارس النحوية المختلفة و الاختلافات فيما بينها، فضلاً عن القدرة على التذوق البلاغي.

- المعرفة الجيدة بتاريخ الأمة العربية (خاص بمدرس العربية للناطقين بغيرها). فقد يكون مدرس العربية من غير أبنائها الذين يعرفون هذا التاريخ. ومدرس اللغة العربية يجب أن يعرف ذلك التاريخ و الظروف المختلفة التي مرت بها هذه الأمة. كما أن معرفة السمات الخاصة بالشخصية العربية و سبل العيش و العادات و التقاليد المختلفة جزء لا يتجزأ من تكوين المدرس وإعداده. وهذه المعرفة لا يجوز أن تقتصر على التاريخ، بل لابد من متابعة مايجري على الساحة العربية من تطورات.

- المعرفة الجيدة بالتطورات في ميدان تعليم اللغات. فمدرس العربية يجب أن يكون على معرفة بالمدراس اللغوية المختلفة والتي كان لها دور كبير في تطوير أساليب وطرق التدريس. فليس من المعقول الا يعرف مدرس العربية المدرسة التركيبية و المدرسة التحويلية والمدرسة الاتصالية. أما معرفة التطورات في علوم التعلم خصوصاً علم النفس بشقيه العام و التعليمي، فأمر ضروري.

- المعرفة المتعمقة بتاريخ تدريس اللغات الأجنبية و طرق التدريس المختلفة و الاسس التي بنيت عليها تلك الطرق: وهذه المعرفة ليست معرفة ذهنية فكرية ، بل معرفة تفصيلية بحيث يكون قادراً على تطبيق تلك الطرق و الاستفادة منها.

إعداد معلم العربية قبل الخدمة

من الضروري أن يكون معلم اللغة قد أعد إعداداً جيداً خلال مراحل الدراسة الجامعية. هذا الإعداد يعني أن يكون المعلم مؤهلاً للقيام بالأدوار المطلوبة منه مستقبلاً. وقد مرت فترة من الزمن، لا يتلقى الطالب في قسم اللغة العربية سوى المواد المتخصصة

كالنحو والصرف وتاريخ الأدب العربي في عصوره المختلفة. إضافة إلى بعض المواد المطلوبة من طلبة كلية الآداب. أما الطلبة المبتعثون ليكونوا مدرسي لغة عربية في المستقبل، فقد كان الحصول على دراسات فرعية في التربية جزء لا يتجزأ من إعدادهم. ولكن بالرغم من ذلك، فإن هؤلاء الطلبة لم يحصلوا على فرصة التدريب الصفي.، غير أن بعض الجامعات العربية جعلت التدريب جزءاً من التكوين والتأهيل، وهو أمر ضروري.

ولذلك، فإن تدريب الطالب ومعرفته بطرق التدريس و دراسته لعلم النفس العام و التربوي أمر لابد منه. ولابد أن يكون الطلبة على معرفة ودراية بالمدارس اللغوية الحديثة و الجوانب التطبيقية لعلم اللغة.

أما مرحلة الإعداد المتخصص في الدراسات العليا، فإن بعض الجامعات كجامعة متشغن في الولايات المتحدة الأمريكية والتي تعد المدرسين لتعليم العربية لغير أبنائها، قد أحسنت عندما وضعت برنامجاً متكاملاً يجعل المواد العملية التي تؤهل المعلم ليكون مدرساً ناجحاًمكوناً اساسياً إلى جانب المواد النظرية من نحو وصرف وأدب وغيره.

و البرنامج المثالي يمكن أن يكون على النحو التالي:

- النحو والصرف
- الأدب العربي
- علم الدلالة
- علم الأصوات
- علم النفس التربوي/ المعرفي
- علم اللغة العام/ المدارس اللغوية: التركيبية، التوليدية، التحويلية- الوظيفية
- الاختبارات و التقويم
- طرق تدريس اللغات الأجنبية/ اللغة العربية
- تدريب عملي
- مناهج البحث في اللغة
- اكتساب اللغة الثانية/ اللغويات التطبيقية

- البحث في القراءة

- استخدام التقنيات الحديثة في تعليم اللغات الأجنبية

هذه المقررات لا تكفي لتأهيل معلم جيد، مالم يقم المدرس المتدرب بتنفيذ دروس عملية بإشراف أستاذه. وقد لاحظت أن هذا التدريب العملي هو الأكثر أهمية، إذ إن التوصية التي يقدمها الأستاذ هي التي تمكنه من الحصول على الإجازة في التدريس. فحصول الطالب على درجة الماجستير لا تكفي ليصبح مدرساً بشكل تلقائي.

التدريب أثناء الخدمة

هذا النوع من التدريب هو الذي يمكن المدرس من متابعة ما يجري في ميدان التعليم بشكل عام وتعليم اللغات بشكل خاص. وضرورته تأتي من أن بعض المعلمين يركنون إلى معارفهم ومعلوماتهم التي حصلوا عليها أثناء الدراسة، ويعتقدون بإن التدريب مضيعة للوقت. وقد يكون الأمر صحيحاً بالنسبة للجزء الأخير من هذا الاعتقاد، خصوصاً عندما يكون التدريب أمراً مفروضاً دون وجود حوافز تتعلق بالمهنة نفسها، أو يكون التدريب أمراً روتينياً لا يؤخذ جدياً من قبل الإدارات التعليمية. ولهذا فإن ربط التدريب بتجديد إجازة التدريس أو الإرتقاء في السلم الوظيفي أو الحصول على منح للدراسات العليا، ستجعل للتدريب مذاقاً آخر لدى المدرسين.

- جوانب التدريب أثناء الخدمة

- دورات اختيارية

- دورات إجبارية

- الدورات الاختيارية هي التي يرى المعلم أنها ضرورية لنموه المهني، ويقبل عليها طوعاً. أما الدورات الإجبارية فهي التي تكون جزءاً من التأهيل المستمر لتجديد إجازة التدريس.

يمكن القول بأن التدريب يأخذ أشكالاً مختلفة منها:

1- الدورات نصف الفصلية و التي تقام في نهاية الربع الدراسي، يمكن أن ينفذها المدير أو المدرسون أنفسهم.

2- الدورات الفصلية و التي تقام في نهاية كل فصل دراسي، تنفذها الإدارة التعليمية.

3- الدورات الخاصة بمهارات محددة يوصي بها المشرف التربوي الذي يقوم بزيارة المدرس ومتابعة تنفيذه للتدريب الذي حصل عليه.

4- المؤتمرات العلمية المتعلقة بالمهنة.

6- حلقات النقاش و التي يمكن أن تعقد بشكل شهري في المدرسة.

أما ما يمكن أن يدرب عليه المدرس فكثير هذه الأيام، ولذلك فإن الإدرات التعليمية توزع كراسة في بداية كل عام دراسي تحوي الدورات التدريبية و يقوم المدرسون باختيار الدورات المناسبة لهم.

دورات مناسبة لمعلم العربية أثناء الخدمة

- إدارة الصف وتنظيمه.
- تدريس مهارات اللغة المختلفة: القراءة، الكتابة، المحادثة، الاستماع.
- طرق التدريس العامة.
- اساليب التعلم .
- استراتيجيات التعلم.
- مشاكل تواجه معلم اللغة العربية.
- تصميم الأنشطة الصفية/ اللاصفية.
- القراءة لذوي الاحتياجات الخاصة.
- استخدام الحاسوب في التدريس.
- القياس و التقويم.
- الدافعية.
- تصميم وحدة تدريسية.
- كيفية الاستفادة من البحوث العلمية الخاصة بتعليم اللغات.

وقد يقوم المشرف التربوي لمجموعة من المدارس أو المدير بتوزيع استبانة على المدرسين للتعرف على احتياجاتهم التدريبية.

مبادئ أساسية في فعالية المعلم

في دراسة نشرت في أبريل 1999 في مجلة البحوث التربوية، بعنوان نماذج متعددة من فعالية المعلم: تطبيقات للبحث، طرح شينغ و تسو فكرة تقوم على أن فعالية المعلم ليست قضية أحادية الجانب، بل عملية متشابكة و تقوم على أسس سبعة، وقد رأيت أن أتوسع في مناقشتها والاستفادة منها عند الحديث عن فعالية المعلم. هذه الأسس السبعة هي:

1- التركيز على تنفيذ الأهداف و المهمات التعليمية.

2- الاستخدام الأمثل للموارد - التقنية و مصادر التعلم-.

3- مساهمة المعلم الفعالة في تفعيل دور المدرسة.

4- إرضاء الجهات المسؤولة عن أداء المعلم (المدير، الوزارة ...الخ).

5- المحاسبية.

6- غياب المشكلات، فالمعلم الفعال يتجنب إحداث مشكلات و إذا وجدت فهو قادر على التعامل معها و حلها.

7- التعلم المستمر من خلال وعي المدرس بالتطور الحاصل في بيئته وبلده و عالم التربية و التعليم من حوله.

ويمكننا أن نضيف نموذجين نرى أنهما من الأهمية بمكان وهما:

1- فلسفة المعلم ورؤيته للعملية التعليمية.

2- وضوح أهداف المؤسسة التربوية في ذهن المعلم.

ولقناعتنا بأن هذه الأسس تشكل منطلقاً جيداً للحديث عن فعالية المعلم فقد رأينا أن نناقش موضوع فعالية المعلم في ضوء تلك الأسس. على أن هناك قضية مهمة تتعلق بمعرفة المعلم بالمادة التي يدرسها، لكننا لن نتناولها هنا لأنها من الأمور الأساسية التي لا تحتاج -في ظني-إلى نقاش.

أولاً: التركيز على الأهداف و المهمات التعليمية:

من المعروف أن التخطيط للأهداف من المزايا الحسنة التي تجعل من الفرد شخصاً مسؤولاً و هادفاً. فكل فرد لا يخطط لعمله فإن الفشل سيكون حليفه لا محالة. والتخطيط

ليس عملية روتينية تقوم على كتابة الأهداف بأشكالها المختلفة من حيث الزمن(قصيرة المدى أو طويلة المدى) أو النوع (معرفية ووجدانية وسلوكية). بل التخطيط عملية حقيقية تهدف إلى إنجاز المهمات الموكلة للمدرس على أكمل وجه. ومن هنا نستطيع القول إن المدرس الذي يكتب أهدافه في دفتر التحضير إرضاء للمدير أو الموجه دون وجود رغبة حقيقية في إنجازها، لن يحقق الكثير أو المتوقع منه. والأهداف التي تتمتع بالمزايا التالية قابلة للتحقق وهي: الوضوح والدقة، يمكن ملاحظة نتائجها، و يمكن قياس تلك النتائج. أما الأهداف العمومية، الصياغة الفضفاضة وغير القابلة للقياس فهي ليست إلا أحلام أو أماني لا داعي لوجودها ابتداءً. ووضوح الأهداف و القدرة على قياسها يتيح للمدرسة التعرف على شكل الإنجاز الذي يقوم به المدرس و ملاحظة النتائج على سلوك الطلبة ودرجاتهم الحقيقية وليست المتوهمة. ويجب أن يكون المدرس مدركاً لنوع المهمة أو الوظيفة التي سيؤديها الطلبة لإنجاز نشاط معين. فكون الأهداف واضحة والمهمات والوظائف التي تحيل الأهداف إلى واقع حقيقي غير موجودة أو غائمة، فمعناه أن تلك الأهداف لا سبيل لتحقيقها أو أنها لم توضع بهدف الإنجاز.

ثانياً: الاستخدام الأمثل للموارد المتاحة

من العسير القول إن مدارسنا تضم بين جنباتها كل ما يحتاجه المدرس من تقنيات و موارد تعليمية. هذا الوضع قد يضع المدرس بين أن يستخدم الموجود بشكل جيد أو أن ينتحل الأعذار لعدم استخدامه. فمدرس اللغة الذي يحتاج إلى تعليم تلاميذه النطق السليم للغة أجنبية ما ولكن المؤسسة التعليمية لا تضم مختبراً حديثا، يستطيع أن يستفيد من وجود المسجلات السمعية و البصرية، وقد يوجه الطلبة إلى أماكن وجودها خارج مؤسسته أو أن يتبادل مع زملائه من مؤسسات مختلفة المواد السمعية و البصرية المتاحة لديهم أو أن يشجع الطلبة على حث أولياء أمورهم على التعاون مع المدرسة لتقديم هدايا قيمة للمدرسة مثل أجهزة الكمبيوتر أو المسجلات الحديثة أو غير ذلك. كما أن حث المدرسة على التعاون مع المؤسسات التجارية ذات الاهتمام بالتعليم قد يتيح للمدرسة تحديث مواردها التعليمية دون تكلفة تذكر. إن الكثير من المدرسين تعييهم الحيلة و لا يهمهم وجود مثل هذه الموارد في المدرسة لأنها تتيح لهم فرصة الاستراحة. فالمعلم الفعال في واقع الأمر شعلة من النشاط لا

يهدأ له بال حتى يوفر لطلبته كل ما يستطيع. كما أن عدم قدرة المعلم على استخدام بعض الأجهزة الحديثة لا يشكل عائقاً أمام المعلم النشط، بل يسعى دائماً للاستفادة من المتاح من الدورات التدريبية حتى ولو كلفه ذلك أن يدفع من جيبه الخاص. على أن وجود دورات أثناء الخدمة يساعد المعلم على تحقيق أهدافه بشكل يسير. ذلك أن من يستطيع القيام بالأمور السابقة هم قلة قليلة، و نحن بحاجة لأن يكون عامة المدرسين من الذين يمكن القول بأنهم فعالون و نشطون.

ثالثاً: مساهمة في تفعيل دور المدرسة:

هذا المبدأ من القضايا المتعلقة بالسياسة التعليمية التي تخضع لها مؤسساتنا التعليمية. وكثيراً ما يجد المعلم نفسه إزاء وضع معين لا يستطيع معه تقديم خبراته و قدراته لتحسين أداء المدرسة. هذه هي الصورة التي يتوقع سماعها من المدرسين بشكل عام. لكن الواقع يختلف تماماً. حيث إن الكثرة الكاثرة من المديرين والمسؤولين يشجعون المدرس الإيجابي الفعال الذي لا يبخل بنصح على زملائه أو الذي يقدم لهم من آن لآخر، آخر ما قرأه في ميدان تخصصه. وقد يلقى المدرس نوعاً من المقاومة من قبل الزملاء الذين يرون فيما يقدم نوعاً من الأعباء الإضافية. ولذلك تجد أحياناً الهمس حول نشاط مدرس ما. هذا الهمس و عدم التجاوب من البعض لا يقعد بالمعلم الفعال عن الاستمرار في تحسين أداء مؤسسته. وقد يلقى نوعا من الإحباط من المؤسسة نفسها ممثلة بالإدارة التي تعيش واقعاً تقليدياً يقوم على حصر دور المدرس في الدخول إلى الصف و إلقاء ما في جعبته على التلاميذ ثم الانصراف دون مساهمة تذكر في التخطيط أو التنفيذ أو المشاركة في اتخاذ قرارات حاسمة. كل تلك المعوقات يستطيع المدرس بصبره وحسن تفهمه لطبيعة البيئة التعليمية أن يحيلها إلى أوضاع إيجابية. إن المعلم الفعال يعرف أن التغيير في سلوك المدرسين الذين عاشوا و يعيشون على أساليب تقليدية عتيقة أمر صعب، ولذلك قد يتوجه إلى المدرسين الجدد أصحاب المواهب و الطموحين للتعاون في تحسين أداء المؤسسة و السير بها نحو التقدم.

رابعاً: إرضاء الجهات المسؤولة عن العملية التعليمية:

دون الخوض في حساسيات هذه القضية أو جرح مشاعر البعض أستطيع القول إن غالبية المدرسين يولون هذا الأمر أهمية قد تكون أكبر من العملية التعليمية نفسها. و لذلك

فهم ينشطون عندما يعلمون أن تلك النشاطات ستكون في منظور المسؤولين، أو أن الموجه سيأتي في يوم ما فتجد أنهم يستعدون استعداداً غير طبيعي مما يثير أحياناً تساؤل التلاميذ عن فورة الحماس المفاجئة التي دهمت مدرسهم أو مدرستهم. بل إن سلوك المدرس مع التلاميذ يتغير تغيراً جذرياً في مثل هذه الحالات.

إن المقصود من هذا الأساس التربوي أن يقوم المعلمون بتنفيذ مهماتهم التعليمية بحيث يحققون الأهداف التي يسعى إليها المسؤولون. هذه العملية لا تتوقف على حالة أو وضع معين، بل هي عملية مستمرة بحث تصبح طبعاً في المدرس. و يمكن القول أن إرضاء المدرس لمسؤوليه بتحقيق أهداف العملية التعليمية يجب أن يكون أولوية للمدرس الفعال. إذ إن ذلك يعني ببساطة أن المؤسسة المسؤولة عن السياسة التعليمية في منطقة ما يجب أن تقتنع من خلال النتائج الحقيقية أن أداء المدرسين وعطاءهم منسجم مع أهداف المؤسسة وغاياتها العليا. إن تذكر المدرس بثقل الأمانة التي حملها و هي تربية الأجيال و السعي بهم نحو التميز من أجل تحقيق الغايات العليا للأمة أمر لازب. يقول الدكتور ستيفن يلون في كتابه القيم "مبادئ متينة وقوية للتدريس" "إن المدرس الذي يجعل لمهنته بعداً دينيا أكثر الناس قدرة على الفعالية الحقة". وقد أمرنا ديننا أن نتقن أعمالنا "إن الله يحب إذا عمل أحكم عملاً أن يتقنه".

خامساً: المحاسبية

وهي عملية التحقق من إنجاز أهداف المؤسسة التربوية بشكل مرض. وهو أمر مهم لمتابعة الإنجاز و التأكد من أن المدرس يقوم بواجبه ويسعى لتحقيق أهداف المؤسسة. وعملية المحاسبة تتم عن طريق الجهات المسؤولة مباشرة عن المعلم. و من هذه الجهات الإدارة المباشرة. أما كيف يتم ذلك فمن خلال النتائج التي يصل إليها الطلبة في آخر العام. و في هذا الصدد، فإن هناك قضية مهمة و هي ما يمكن أن يسمى بخدعة الأرقام.

فالدرجات التي يحصل عليها الطلبة لا تعني بالضرورة تمكنهم من المهارات اللازمة. و لذلك قد يحصل الطلبة على درجات عالية و لكن المهارات لم يتم التمكن منها. و السؤال الذي يتبادر إلى الذهن هو كيف يمكن التحقق من أن المهارات الواجب إتقانها قد تمت السيطرة عليها بالفعل. إن الإجابة عن هذا السؤال ليس بالأمر العسير ولكنه في نفس الوقت ليس أمراً

هيناً. فالمؤسسة التربوية لن تنتظر حتى يتخرج الطالب و يذهب إلى سوق العمل للتأكد من سلامة التعليم. و لذلك فالاختبارات التي تعقد خلال العام الدراسي يجب أن تتحلى بصفتي الصدق و الثبات. فتقيس المهارات التي يجب أن تقيسها، أي تلك المهارات التي تم تعليمها و كذلك ثبات الاختبار في حالة تكراره. وفي حالة عدم التمكن من المهارات فالمدرس الفعال هو الذي يقوم بعملية مراجعة شاملة للتأكد من سيطرة طلابه على المهارات و عمل دورات علاجية خاصة لمن لم يتمكن من ذلك.

سادساً: غياب المشكلات أو قلتها:

من العسير القول إن وجود مدرس فعال سيقضي على المشكلات التعليمية التي تواجه المؤسسة التعليمية و العملية التعليمية برمتها. فقد تكون بعض المشكلات من النوع الذي يحتاج حلها إلى قرارات من جهات عليا ليست في متناول يد المعلم. و المشكلات التي نتحدث عنها هي تلك المشكلات التي تدخل في نطاق عمل المدرس. فقد تحدث مشكلات تتعلق بسلوك الطلبة أو علاقات الطلبة بعضهم ببعض أو المقرر الدراسي أو غير ذلك من المشكلات. و المعلم الفعال يستطيع من خلال التدريب الناجح أن يتعامل مع مشكلات الطلبة و المقررات بشكل يقلل من آثار تلك المشكلات على أداء المتعلمين. و المعروف أن المشكلات التعليمية تتنوع و تختلف من مكان لآخر. فقد تكون مشكلة السلوك التربوي ظاهرة في مدرسة أو منطقة تعليمية تبعاً لظروف الطلبة في حين تكون مشكلات منطقة أخرى تتعلق مثلاً بالتسرب أو عدم وجود دافعية للتعلم أو غير ذلك من المشكلات. فمشكلات المدن غير المشكلات التي تواجه المعلم في الأرياف ومشكلات المرحلة الابتدائية غير مشكلات المرحلة الإعدادية أو الثانوية. ومن هنا فإن إعداد المدرس لحل المشكلات والتعامل معها بواقعية أمر في غاية الأهمية. قد يرى البعض أن حل المشكلات هي مهمة الإدارة التعليمية ولذلك نجد بعض المدرسين لا يحاول حل المشكلة ليس لعدم رغبته في حلها بل لعدم تدربه على حلها، و لذلك يعتمد اعتماداً كاملاً على الإدارة لحل المشكلات صغيرها و كبيرها. و هذا أمر يتعلق بقضية أخرى وهي عملية اتخاذ القرار المناسب والصلاحيات الممنوحة للمدرس. كل هذه القضايا لا تعيق المعلم الفعال عن أداء مهمته في حل المشكلات بل إن هذا النوع من المدرسين يكون مصدراً مهماً يرفد المدرسة والزملاء بقدراتهم على التعامل مع الأوضاع غير المرغوب بها.

سابعاً : التحسين المستمر للأداء

يتميز المعلم الفعال بأنه دائم البحث عن كل ما يمكن أن يفيده في تحسين أدائه و تطوير قدراته. وهذا عكس المعلم الذي يقتنع من الغنيمة بالإياب. بمعنى أن المدرس الفعال لا يترك مصدراً من المصادر أو فرصة للتقدم إلا و اقتنصها. فهو دائم السؤال والبحث، لا يجد غضاضة في سؤال من هو أكثر منه خبرة أو حتى الجديد من زملائه. وهو دائم الزيارات للمكتبات يحاول قدر الإمكان التعرف على كل جديد في ميدان تخصصه. و لا يفوت فرصة اللقاء بالأعلام من أصحاب التخصص. فسعادته في أن يجد شيئاً جديداً يضيفه إلى مخزونه المعرفي. و المدرس الذي يتحلى بهذه الروح العالية المتواضعة سيكون بالتأكيد موضع احترام و تقدير المؤسسة التربوية و الإدارة. و هو أمر لا يبحث عنه و لا يهمه كثيراً. فهمه أن يقدم كل جديد و نافع لطلابه. وفي كل يوم يفاجئ طلابه بأنشطة ومعارف و معلومات ووسائل و أساليب تعليم جديدة، فيبقى على حماسة طلابه ودافعيتهم. هذا التحسن المستمر لابد و أن يظهر على أداء طلابه. و المعلم الفعال لا ينتظر من المؤسسة حتى تطلب منه أن يحضر دورة أو أن يقرأ كتاباً، بل يبادر إلى العمل و إن لم يطلب منه ذلك، لا ينتظر ترقية أو كتاب شكر، بل سعادته الحقيقية في أداء متميز لطلابه و جزاء من عند الله. فالتميز أمر يحبه الله ورسوله صلى الله عليه وسلم وهو سر نجاحه عليه السلام في دعوته.

هذه المبادئ التي عرضنا لها لا تكتمل في اعتقادي إلا بإضافة مبدأين آخرين هما: فلسفة واضحة للتعلم و التعليم، وفهم سليم لأهداف المؤسسة و تطلعاتها. أما فيما يتعلق بفلسفة التعليم فإن المدرس الفعال يعرف تماماً ماذا يريد من عمله، و ماذا يريد إنجازه و ماذا يريد من طلابه و له فلسفته في التعامل مع طلابه وزملائه والمؤسسة التي يعمل بها. هذه الأمور من الأهمية بمكان، ذلك أن المعلم الذي لم يكوّن فلسفة خاصة به عن التعليم و التعلم و عن طبيعة المتعلمين يصعب عليه الانطلاق. فتجد عدم الوضوح في غاياته و أهدافه والوسائل التي يستخدمها لتحقيق تلك الأهداف. و يرتبط بهذا أيضاً فهم لأهداف المؤسسة التعليمية التي يعمل بها. فالمدرسة أو الجامعة أو حتى الروضة لها فلسفة خاصة و لها أهداف تريد تحقيقها. و معرفة المدرس بها فضيلة. و المدرس الفعال هو الذي يسأل عن هذه الأهداف و يجعلها غايات التعليم عنده. ففي كل درس و نشاط تكون أهداف المؤسسة و غاياتها واضحة فيه.

من العرض نستطيع القول بأن المبادئ التي تم عرضها تستحق من المدرسين الوقوف عندها و النظر في إمكانية تحققها. كما إن المؤسسات التعليمية مدعوة لأن تأخذ بيد هذا النوع من المعلمين الذين هم في واقع الأمر رصيد كبير للوطن و الأمة.

ثامنا: فلسفة المعلم ورؤيته التربوية

وهذا الأساس مهم جداً، إذ إنه يعبر عن فهم المدرس للمتعلمين وظروفهم، وللمواد المستخدمة في التعليم و كذلك لدوره في عملية التعليم برمتها. فالمعلم الذي يعرف أن المتعلمين يمرون بمراحل عمرية مختلفة ولكل مرحلة ظروفها وقدراتها وإمكانياتها، سيكون قادراً على تطوير فلسفة شاملة تتفهم طبيعة المتعلم وظروفه.فقد يرى المعلم أن طلابه ليسوا قادرين على التعلم، وأن إصلاح أمرهم بعيد المنال، ولذلك لا يهتم بتطوير ذاته و لا تنمية مواهبه. أما المعلم الذي يعتقد أن طلابه قادرون على التعلم، وإمكانياتهم متوفرة، ومهمته أن يساعد هؤلاء الطلاب على معرفة قدراتهم و الاستفادة منها، فمثل هذا المعلم سيحاول جاهداً أن ينمي ذاته ويطور من أساليبه ويلبي حاجات طلابه.

تاسعاً: وضوح الفلسفة التربوية للمؤسسة في ذهن المعلم

من الضروري أن يكون المعلم مدركاً للفلسفة التربوية التي تتبناها المؤسسة التي يعمل فيها. وأهمية ذلك أن المعلم سينفذ المهمات التعلميمية و التربوية بما يخدم أهداف المؤسسة. كما أن نشاطاته و أعماله وكل ما سينفذه سيتطابق مع تلك الفلسفة ويخدمها.

المعلم الفعال: صفات وخصائص وقدرات

المعلم الإنسان

ماهي الصفات الشخصية للمعلم الفعال؟	- أثبت العديد من الدراسات أهمية تحلي المعلم بصفة الاهتمام والرعاية (الإشفاق) لمن يعلم. - ينظر المشرفون التربويون باهتمام للمدرس الذي يتحلى بصفة الاهتمام و الرعاية (الإشفاق) لطلابه. - من صفات المعلم المشفق حسن الإستماع لطلابه، الود، الدفء، حب الاطفال، التشجيع، و الحماس.
مادور العدل و الاحترام في العملية التعلمية كما يراها الطلاب؟	- مهمة في كل المراحل التعليمية - لايستخدم المدرس العقاب الجماعي في حال الإخلال بالانضباط في الصف. - احترام ثقافات الطلاب وخلفياتهم العرقية و اللغوية. - يقدم فرصاً للجميع للمشاركة والتقدم بنجاح.

كيف يتفاعل المعلمون الفعالون مع طلابهم؟	- يمكن الوصول إليهم من خلال معرفة الأوقات المناسبة للقائهم. - حميمون ويبدون وداً لطلابهم، مع الإحتفاظ بمكانتهم كمعلمين. - يحترمون طلابهم ويقدرونهم كأفراد مسؤولين. - يسألون عن احوالهم ويبدون اهتماماً بحياتهم خارج الصف: كأن يسال عن أحوال اسرته خصوصاً في حال وجود طوارئ. - لديهم إحساس عميق بقدرات الطلاب وإمكانياتهم للوصول إلى أهدافهم. - لديهم قدرة على الإمتاع والتشويق.	

موقف المعلم من مهنة التعليم .	- يتحملون مسؤولية مباشرة عن إنجاز وتحصيل طلابهم ، ولا يكثرون من لوم الأسرة أو النظام التعليمي أو المدرسة . - يطورون من أنفسهم من خلال خطة نمو مهني واضحة . - يعتقدون بذواتهم وإمكانياتهم دون تكبر أو غرور .	
دور التفكير و التأمل في التعليم الفعال .	- يعطون أوقاتاً كافية للتفكير فيما فعلوه في يومهم الدراسي . - يجلسون كمجموعات للتفكير الجماعي بأعمالهم .	
إدارة الصف وتنظيمه المهارات الاساسية لإدارة الصف وتنظيمه .	- يقدمون للطلاب القواعد السلوكية والنتائج المترتبة على خرق تلك القواعد من اليوم الأول للدراسة . - لديهم نظام معين في إدارة الصف : يأخذون الحضور في وقت معين ، يخرجون في الوقت ، يدخلون الصف بطريقة معينة ، يخرجون الطلاب من الصفوف بنظام معين . - يحافظون على زخم الدروس و لا يقطعون الوقت في أمور جانبية : توجيه الطلاب ، الملاسنة مع طلاب بعينهم ، الخ . - يعرفون طلابهم بنوعية العمل الذي يقبلونه منهم ، نوعية المهمات المطلوبة . - لايجمدون على نمط حركي في الصف بل كثيرو الحركة بطريقة تشد انتباه الطلاب و لا تقلقهم . - يتوقعون مشكلات معينة و يضعون خططاً استباقية لحلها : لو حصل كذا سأفعل كذا . .	

كيف ينظم المعلمون الفعالون صفوفهم؟	يجهزون المواد التعليمية، الاقلام، القرطاسية، الاجهزة والتقنيات مسبقاً إرشاداتهم وتعليماتهم واضحة بحيث لا يستدعي عملهم كثرة التكرار ينظمون مساحة الصف بطريقة تفي باحتياجات الطلاب	

مهارات تهم معلم اللغة العربية

كتابة الخطة الدراسية

ضرورة التخطيط للمدرس

من المهارات التي يجب على المعلم إتقانها مهارة التخطيط. فالمعلم في واقع الأمر ينفذ خطة خاصة بالمؤسسة التعليمية التي ينتمي إليها. و هذا يعني أن خطته هي في الواقع جزء من الخطة العامة لمؤسسته. وقد تضع المؤسسة معايير خاصة تنبع من تلك الأهداف و تكون تلك المعايير في متناول يد المعلم ليضع خطته على أساس تلك المعايير. فالمعلم إذن يضع المعايير التي حددتها مؤسسته في خطة عمل يومية أو فصلية أو سنوية.

والتخطيط ضروري للمدرس كمهارة لأنها تعبير عن فهم المدرس لدوره. فعندما يضع المدرس خطته، فهو يضع في الواقع التوقعات التي سيقوم الطلبة بتنفيذها. فهو يضع في الاعتبار المستوى الذي يريد أن يصل إليه الطلبة في تعلمهم لمهارة ما. كما أن الخطة عبارة عن مرشد منظور يتبعه المدرس في تعليمه. كما أنه في الخطة يتحسس جوانب الخلل في تعليمه. فعندما يضع المعلم خطته، فهو يضعها بناء على أساس المهارات التي سيتقنها المتعلم.

فقد لا يكون المدرس على معرفة بالمعايير التي حددتها المؤسسة لنجاح الطلبة. وفي هذه الحالة يجب على المدرس قراءة تلك المعايير وتعلم تحويل تلك المعايير إلى خطة عمل واضحة.

وقد يكون المدرس مبتدءاً لا يعرف الكثير عن مهارات التعليم. وفي هذه الحالة سيعرف جوانب النقص عنده.

فالتخطيط يعني أن يتقن المعلم التخطيط للأنشطة و

تصميمها وتنفيذها في عملية التعليم. وقد يرى المدرس بعد فترة حاجته لإتقان مهارة الكتابة على الحاسوب أو إتقان مهارة استخدام الشبكة العنكبوتية أو بعض الوسائل التعليمية .

أما الجانب الآخر، فإن التخطيط يعطي الطالب فرصة ليمنح مدرسه الثقة المناسبة. فالمدرس الذي يدخل صفه و لا يعرف بالضبط ماذا سيفعل، فإنه يفقد ثقة طلابه وبالتالي حماسهم للتعلم.

نماذج الأهداف التعليمية

يقدم ريتشارد (1990) ثلاثة نماذج للتخطيط وهي:

أولاً: الأهداف المبنية على أساس المهارة. ففي مهارة مثل القراءة، تكون الأهداف من مثل:

1- قراءة النصوص المكتوبة قراءة سليمة.

2- إتقان مهارة استخراج الأفكار الرئيسية من النص.

3- إتقان مهارة استخدام السياق لفهم النص.

ثانياً: الأهداف المبنية على أساس المحتوى: وتكون الأهداف لدرس عن البيئة في تلك الحالة على النحو التالي:

- وصف البيئة المحيطة.

- وصف الصفات الخاصة بالظواهر الطبيعية المحيطة.

- تقديم معلومات عن طرق الحفاظ على البيئة.

أما النموذج الثالث للأهداف فهو على أساس الكفاية. وقد تكون خاصة بالمستوى التعليمي للمتعلم. ففي المستوى المبتدئ قد تكون الأهداف هي:

- طرح أسئلة و الإجابة عن أسئلة خاصة به.

- المشاركة في حوارات قصيرة تشمل عبارات التعريف و المجاملة.

- تنفيذ بعض المهمات الخاصة بالمواقف غير المعقدة في الثقافة الجديدة.

كتابة الأهداف التعليمية/ السلوكية

من الضروري أن يتقن المدرس كتابة الأهداف التعليمية. فبعض المدرسين لا يولون كتابة الأهداف الأهمية المطلوبة. وذلك إما لأنهم لا يعرفون كتابة أهداف جيدة، أو لأنهم يعتقدون أنهم ماداموا يعرفون مايريدون، فلا داعي لكتابتها. وهذا وضع غير سليم، فالمعلم الذي لا يتقن كتابة الأهداف يجب عليه أن يتعلم ذلك. أما الاعتقاد الموجود لدى البعض بأن وجود الأهداف في عقولهم يكفي، فهذا خطأ جسيم لا بد من تصويبه، وذلك بالاهتمام بكتابة الأهداف على كراسة الخطط. فضلاً عن أن البعض يرى ضرورة كتابتها على السبورة ليعرف الطلبة ماذا تعلموا في كل درس. والأهداف الجيدة هي تلك الأهداف التي تحقق شروطاً أربعة هي:

1- تحديد الهدف، بحيث يخص مهارة ما أو جزءاً من مهارة. ولا يجوز أن يكون الهدف عاماً فضفاضاً. فليس من المتوقع أن يتقن المتعلم مهارة القراءة في حصة أو من خلال وحدة تعليمية.

2- القياس: فالهدف الذي لا يقاس ليس أكثر من عبارة مطاطة لا تستحق أن تسمى هدفاً. فالهدف التعلمي يجب أن يكون له مقياس محدد بحيث إذا اختبر المتعلم فيه أمكن معرفة مستوى النجاح و الفشل.

3- الوضوح: وهذا يشير إلى نسبة تحقيق الهدف من قبل المتعلمين.

4- تحديد الوقت: فقد يتم تحقيق هدف ما في حصة واحدة، وبعض الأهداف تحتاج إلى وقت أطول وهكذا.

ربط الخطة بمعاير التعلم:

في عصر المعايير ينبغي للمعلم أن يتمكن من وضع الأهداف التعليمية المناسبة للمعايير. حيث إن لكل صف دراسي معاييره الخاصة به. والتخطيط ينبغي أن يبنى على اساس تحقيق المعايير. فاختيار المعيار المناسب وتوزيع تعليمه على الدروس المناسبة مهارة ليست سهلة وتحتاج إلى دربة حقيقة. وقد أحسن واضعوا معايير اللغة العربية بدولة قطر عندما قدموا نماذج لخطط الدروس والخطط السنوية.

أنظر إلى الهدف التالي:

في نهاية الدرس سيكون الطلاب قادرين على استخدام الجملة الاسمية استخداماً صحيحاً بنسبة 60%.

فمثل هذا الهدف يمكن قياسه بسهولة. حيث يمكن أن يقدم المدرس نشاطاً للكتابة ثم يتعرف على مستوى الاستخدام في نهاية الحصة. فإذا نجح 60% من الطلاب في استخدام الجملة الاسمية، فقد تحقق الهدف.

نموذج خطة لتقديم درس في التلوث البيئي

في نهاية الدرس سيكون الطلاب قادرين على تحقيق الأهداف التالية بنسة 70%.

الموضوع: التلوث البيئي

الأهداف:

- أن يتعرف الطلاب على مشاكل البيئة المحلية.

- أن يتعرف الطلاب على أنماط التلوث و أنواعه.

- أن يحدد الطلاب أثر السلوك البشري على البيئة.

اللغة:

- أنشطة لغوية.

- الاستماع و التحدث.

- استمع إلى حوار بين شخصين حول أثر التلوث البيئي على حياة الإنسان.

- ناقش في مجموعات قضايا/ قضية حول التلوث.

- قم بعمل مقابلة مع شخصية مهتمة بالبيئة.

- انقل ذلك للمجموعة شفوياً.

- القراءة و الكتابة.

- صمم استبانة حول البيئة.

- اكتب أسئلة حول موضوع البيئة.

- أكمل لوحة حول الموضوع.
- اكتب مفكرة يومية.

طريقة التنفيذ: طرح أسئلة

مهارات تفكير

1- تحليل مشكلة.
2- بحث عن حلول.
3- استنتاجات.

عبارات أو كلمات يمكن استخدامها

- قمامة، فوضى، نظافة، أسباب، حل، مشكلة، مسؤول. الخ.
- المادة.
- حوار من تصميم و إعداد المدرس.
- لوحة.
- مواد مثل علب صودا، أكواب بلاستيكية، الخ.
- تحفيز الطلبة.

قبل البدء بتنفيذ هذا النشاط علق على الحائط لوحة حول البيئة وليكن منظراً لتأثر الطيور أو الحيوانات نتيجة حادثة تلوث بحري. سيكون هذا النشاط فرصة للطلبة لطرح الأسئلة إما على بعضهم البعض أو على المدرس. كل يوم علق على اللوحة علبة صودا أو كوباً أو طبقاً من الورق.

بدء النشاط:

خذ اللوحة ثم أسال الطلبة عنها وماذا تمثل. ثم بين وبطريقة غير مباشرة عن طريق الأسئلة و إجابات الطلاب كيف أن مكاناً جميلاً كشاطئ جميل أو منطقة ما مثلاً قد دمرت بسبب التلوث.

تحدث عن البيئة المحلية أيضاً من خلال أسئلة تطرح على الطلبة. قدم مجموعة من العبارات الجديدة. دع الطلبة يكتبون ما يرونه مناسباً من تعليقات على السبورة. ويمكن تنفيذ هذا العمل من خلال مجموعات.

العرض

أطلب من طالبين أن يقوما بتنفيذ الحوار التالي:

لا تطرح هذه الأوراق على الأرض.

وماذا في ذلك؟

ستبدو مدرستنا (صفنا) كمكب قمامة.

هذا ليس من شأنك، اطلب من طالب صغير أن ينظف الغرفة.

كل الطلبة يفعلون ذلك حتى المدرسين. هذه مدرستنا جميعاً.

هل تعرف كيف ستكون مدرستنا إذا استمر الوضع على هذا الحال؟

على لوحة كبيرة ضع:

المشكلة	السبب	الحل
رمي القمامة عدم نظافة المكان		

يمكنك بعد ذلك كتابة بعض الاسئلة لتعليم الطلبة طريقة طرح الأسئلة

أين كان هؤلاء الطلبة؟

من المتحدث؟

لماذا شعر الطالب الأول بالقلق؟

كيف تقيم سلوك الطالب الأول؟

كيف تقيم سلوك الطالب الثاني؟

هل يحدث مثل هذا في مدرستنا؟

يمكن للطلبة إضافة أسئلة حول هذا الموضوع.

أنشطة أخرى

كما يمكنك أن تقيم حوارات أخرى بين الطلبة مستخدمين نفس الكلمات ولكن بطرق مختلفة، حول اساب تلك المشكلة و الحلول المتوقعة. أذكر أهمية النظافة في الإسلام والآيات والأحاديث التي تحدثت عن نظافة الفرد ونظافة البيئة.

واجب: أطلب من الطلبة كتابة عدد من الجمل تصف ما يرونه في الطريق. وكيف يمكن لهم أن يساهموا في نظافة البيئة المحلية. في مستويات عليا يمكن عمل مقابلات و استبانات توزع على عدد محدود من الطلبة ومسؤولي المدرسة ثم يتم تحليلها.

تصميم الأنشطة التعليمية

أهمية الأنشطة التعليمية

إن التغير الحاصل في نظرة المربين لدور المعلم و المتعلم فرض طرق تدريس تختلف عن الطرق التقليدية. ففي حين كان التعليم منصباً على دور المعلم الذي يقوم بدور الخبير الملقن، أكدت التربية الحديثة على دور المتعلم. حيث إن الدور الجديد للمتعلم فرض على المعلم و المتعلم أموراً جديدة. فعلى صعيد المعلم، أصبح لزاماً عليه أن يبحث عن الطرق و الوسائل التي تلبي حاجات الدارسين المختلفة. كما أصبح من الضروري أن تلائم أساليب التدريس اختلاف الطلبة في طرائق و أساليب تعلمهم، فضلاً عن توفير بيئة تعليمية صحية ومناسبة. فالطلاب اليوم أكثر انشغالاً بالأمور الأخرى التي تبعدهم عن جو الدراسة و المدرسة. ولذلك فإن المدرسين مطالبون بخلق بيئة تعليمية تنافس العالم الواقعي خارج المدرسة. ولا يمكن خلق مثل تلك البيئة بأسلحة تقليدية لا تتجاوز كم المعلومات التي يتوفر عليها المدرس. ولهذا فقد ظهرت أفكار كثيرة أعطت للطالب دوراً أكبر من الدور التقليدي. ومن ذلك فكرة العمل التعاوني و التعلم الذاتي والاستقلال وغيرها من الأفكار. إن الوفاء بمتطلبات هذه المرحلة الجديدة يعني أن يكون المدرس مؤهلاً لأدوار أكثر فاعلية من الدور السابق.

ما المقصود بالنشاطات التعليمية

يقصد بالنشاطات التعليمية تلك الأعمال التي ترافق المنهاج الأساسي. وقد تكون على شكل لعبة جماعية أو من خلال مجموعات أو حل لمشكلة أو تعاون على مشروع أو تنفيذ بحث علمي أو كتابة تقرير أو عمل مسح أو ملحق لدرس أصيل في المنهاج المقرر.

أهداف الأنشطة التعليمية

تهدف الأنشطة التعليمية إلى:

1- تنمية قدرات الطالب الفردية

2- تنمية روح العمل التعاوني

3- تمكين الطالب من استغلال وقته داخل الصف وخارجه بما يعود عليه بالنفع

4- إشغال الطلاب داخل الصف بالنافع من الأنشطة و المهارات

5- مساعدة المدرس على ضبط أفضل للطلبة، حيث إن جلوس الطلاب مجرد متلقين يشعرهم بالملل من الدرس.

6- الاستفادة من الدرس الواحد في تعليم مهارات مختلفة

الإجراءات الخاصة بتصميم و تنفيذ الأنشطة التعليمية

أولاً:

1- حدد الأهداف المتوخاة من النشاط. فقد تهدف إلى تحقيق عدد من الأهداف الاجتماعية و التعليمية و المهارية في نشاط واحد. وقد تهدف إلى تحقيق واحد من تلك الأهداف. ففي لعبة قد تهدف إلى إزالة جو الملل عن الطلبة. وإذا تم تحقيق اللعبة من خلال نشاط تعاوني فقد أضفت هدفاً آخر و هو الهدف الاجتماعي. أما إذا أردت تحقيق مهارة من المهارات فقد أضفت هدفاً ثالثاً وهو الهدف الأكاديمي.

2- حدد المستوى المطلوب الوصول إليه من خلال النشاط. و المقصود هو هل المطلوب أن ينفذ الطلبة النشاط بنسبة 50% أو أكثر؟

3- حدد الطريقة التي سينفذ بها النشاط. فردياً أو من خلال مجموعات أو الصف بأكمله.

4- حدد المهارة المطلوب إتقانها. فهل ستطلب من الطالب عمل مقارنة بين شخصيتين أو موضوعين، تحليل نص قرائي، كتابة رسالة وظيفية، إجابة عن أسئلة محددة من نص، عمل تعميمات، تنمية مهارة الحوار، تنمية مهارة التخمين ...الخ. تجنب أن يكون هدف النشاط إعادة للتقويم الموجود في الكتاب. ففي هذه الحالة لا داعي لهذا النشاط، إذ هو تكرار لما هو موجود في الكتاب.

نموذج تطبيقي

الدرس: المبني للمجهول

الأهداف

في نهاية الحصة سيكون الطالب قادراً على:

1- صياغة المبني للمجهول من الفعل الثلاثي.

2- استخدام المبني للمجهول في كتابة فقرة قصيرة

3- استيعاب نص يتضمن مجموعة من الأفعال المبنية للمجهول.

الوسائل

1- جهاز العرض

2- السبورة

3- جهاز تسجيل

4- ورقة عمل (أسئلة استيعاب)

المحتوى

يتعاون مدرسان على تسجيل حوار بين شخصين يتضمن الحوار عدداً من الأفعال التي بنيت للمجهول. وقد يتضمن التسجيل تعليقاً أو استفهاماً.(يصاحب التسجيل بعض المؤثرات الصوتية المسجلة من تلفاز أو راديو).

ففي الحوار مثلاً نقول

سامر: ألم تسمع يا علي عن الحادث؟

علي: أي حادث تقصد؟

سامر: لقد صدمت سيارتي أمس أمام البيت؟

علي: ومن صدمها؟

سامر: لا أعرف.

علي: وما هي الأضرار؟

سامر: لقد كسرت النوافذ و حطمت الأبواب ؟

علي: وهل أحضرت الشرطة؟

سامر: نعم.

المقصود من هذا المثال البسيط هو إذكاء الحماس في نفوس الطلبة خصوصاً في المراحل الابتدائية للاستماع الجيد وتمكينهم من فهم و استيعاب القواعد من خلال استخدام حقيقي لها.

إجراءات الدرس:

1- أدر المسجل كي يستمع الطلبة للحوار. يمكن أن يعاد الحوار بقدر كاف.

2- أطرح بعض الأسئلة حول النص بحيث يفهم الطلبة من تلك الأسئلة أن الدرس سيدور حول موضوع " المبني للمجهول". و لتكن الأسئلة من مثل:

1- أين أوقفت السيارة؟

2- متى صدمت سيارة سامر؟

3- من صدمها؟

4- هل أحضرت الشرطة؟

5- من أحضرها؟

6- ماذا حصل لزجاج السيارة؟

7- ماذا حصل للدهان؟

8- هل كان بإمكانك تجنب الحادث؟

9- صف لنا الحادث.

3- بعد إجابة الطلبة عن الأسئلة، ضع النص على جهاز العرض ثم قم بوضع خطوط تحت الأفعال المبنية للمجهول. اطرح أسئلة عن تلك الأفعال و سبب استخدام هذا الأسلوب في بناء الفعل.
4- اختر طالبين لقراءة النص من على جهاز العرض.
5- اختر طالباً ليتحدث عن حدث مماثل مستخدماً أفعالاً مبنية للمجهول. ساعد الطالب على اختيار الموضوع أو الأفعال. لا تترد في تشجيع الطالب. و لا تتوقع أن ينفذ الأمر دون أخطاء.
6- بعد الانتهاء من هذا كله، وزع على الطلبة ورقة تتضمن عملاً تعاونياً لمجموعات صغيرة من الطلبة مثل كتابة نص أو حوار مماثل للحوار الأصلي يتضمن أفعالاً مبنية للمجهول.
ما المهارات التي تعلمها الطالب في هذا الدرس؟
1- مهارة الاستماع الجيد.
2- مهارة الحوار و المناقشة .
3- مهارة الكتابة الإبداعية .
4- مهارة العمل التعاوني .
5- مهارة التفكير المنطقي (تعليل أسباب اختيارنا للمبني للمجهول).
6- مهارة كتابة الاسئلة .
ثالثاً: تنظيم الصف المتعدد المستويات
يلاقي بعض المدرسين عنتاً في تحديد مستويات طلبتهم وعنتاً أكبر في تحديد المهمات التعليمية في الفصل. فعندما يواجه بعض المدرسين وضعاً معينا، كأن يكون في الصف الواحد أكثر من مستوى، يجد المدرس نفسه في حيرة. ولذلك من الضروري أن يتقن المدرس مهارة تقسيم الصف إلى عدد من المجموعات حسب عوامل كثيرة مثل: المستويات، الاهتمامات، الصداقات، العمل التعاوني ..الخ.

يمكن تقسيم الصف حسب الظروف المختلفة إلى الأقسام التالية:

1- العمل الفردي: وهذا النوع من العمل مفيد لتطوير مهارة العمل الاستقلالي أو ما يسمى بالتعلم الذاتي.

2- العمل على مستوى الفصل: وهذا مفيد للابتداء بالحصة و الانتهاء منها. حيث يتم خلال هذا العمل تقديم الواجبات البيتية، التعليمات، مراجعة الأعمال، التقويم. هذا النوع من العمل يساعد في تنمية الشعور بالانتماء للصف كمجموع.

3- العمل الجماعي: وهذا يساعد في تنمية المهارات اللغوية الاجتماعية. فعند تنفيذ عمل يتطلب نوعاً من التعاون و المساندة من قبل الطلبة تجاه زملائهم، فإن هذا النوع من العمل مفيد جداً.

ولهذا يمكن تحديد أربعة أنواع من طرق تنظيم الفصل:

1- المجموعة المستهدفة: عند تحديد مهمة ما، فقد يضع المدرس مجموعة من الطلبة في ذهنه، و عندئذ، لابد من أن يضع تلك المجموعة معاً لتنفيذ المهمة المطلوبة.

2- المجموعات المتعاونة: حيث يجلس مجموعة من الطلبة معاً حول طاولة لتنفيذ مهمة لغوية. مثل حل لعبة لغوية، قراءة نص معاً، حل مشكلة ...الخ.

3- الطلبة ككل:حيث يمكن الطلب من مجموعة من الطلبة الجلوس حول طاولة فيستطيع الطلبة العمل بشكل فردي عند الضرورة و كذلك التعاون عند الحاجة.

4- عند وجود مجموعات متجانسة عمرياً يفضل وضعها معاً أو مجموعات حسب الجنس.

5- مجموعات الاهتمامات المشتركة: فقد نجد بعض الطلبة الذين يفضلون أنواعاً معينة من المهارات، فبعض الطلبة يفضلون التمثيل، وآخرون يفضلون الكلام والمشاركة في عمل يتطلب مهارة الحديث، وفئة ثالثة تحب الرسم أو التصميم وهكذا.

6- مجموعة الأصدقاء: حيث يفضل الأصدقاء الجلوس معاً،. ويخشى بعض المدرسين من أن تتحول تلك المجموعات عن العمل إلى إضاعة الوقت في الكلام أو العمل غير المفيد ويتغلب عليها بتحديد المهمة التي يتفق على إنجازها.

إن تنظيم الصف تبعاً للنشاط أو الهدف له مزايا عديدة منها:

1- التغلب على مشكلة الإدارة الصفية، فيجد الطلبة عملاً ينشغلون به بدلاً من إضاعة الوقت في تبادل الأحاديث الجانبية.

2- التغلب على حالة الإحباط التي ترافق العمل الروتيني الممل.

3- يبعث الحيوية و النشاط في الصف.

4- ينمي حب التلاميذ للمادة المتعلمة.

تدريبات وأنشطة

- المعلم الفعال ينمو مهنياً بشكل مستمر، كيف يستطيع المعلم أن يحقق ذلك مع كثرة أعبائه و مشاغله؟

- ضع خطة سنوية تمثل مايجب عليك تحقيقه من أهداف لنموك الشخصي.

- لك زميل/زميلة تعلم العربية وفي ذات الوقت تذهب إلى الجامعة لتدرس في برنامج إعداد مدرس اللغة العربية لغير العرب. كيف تستفيد من زميلك/ زميلتك في تطوير ذاتك مهنياً؟

- أنت مدرس للعربية وتتلقى الكتب المقررة من الإدارة مع تنبيه بضرورة الانتهاء من الدروس المقررة في نهاية الفصل الدراسي. تعتقد أن الكتاب المقرر لايلبي كل حاجات الدارسين عندك، كيف تستطيع تحقيق حاجات الدارسين دون الوقوع في خلاف مع الإدارة؟

زميلك يدرس العربية منذ عشرين عاماً. طلبت منه أن تزوره في فصله للاستفادة من خبرته. هالك ما رأيت من أنه مازال يستخدم طرقاً تقليدية و لا يؤمن بالتحديث أو استخدام التقنيات في التعليم. قررت أن تعينه على الاستفادة من الطرق الحديثة و التقنيات في التعليم، فماذا تفعل دون أن تشعره بالحرج؟

- أنت مدرس متخصص في تدريس المرحلة الأولية من تعليم اللغة. وكماقرأت في صفحات سابقة، عليك استخدام مواد أصيلة في تعليم العربية، صمم درساً من واقع مادة أصيلة و يناسب مستوى طلابك.

3

<hr>

الفصل الثالث

المتعلم: خصائصه، أساليب تعلمه، استراتيجيات يستخدمها للتعلم

أهداف الفصل:

في نهاية ها الفصل يتوقع من القارئ

- تعرف الأسس النفسية للتعلم
- المتعلم في نظر مدارس علم النفس المختلفة: خصائصه النفسية ، العقلية، الجسدية
- الآثار التي تركتها بحوث علماء النفس المعرفي على متعلم اللغة الأجنبية

مقدمة:

سنناقش في هذا الفصل عددا من المفاهيم التربوية الحديثة التي غدت جزءاً من عملية تعليم اللغة. هذه المفاهيم ترتبط ارتباطاً وثيقا بالنظرة الجديدة في التعليم والتي تجعل المتعلم محور العملية التعليمية وتنقله إلى آفاق جديدة تثمر متعلماً مبدعاً خلاقاً. ومن هذه المفاهيم: المهارات الدراسية،استراتيجيات التعلم، التعلم الذاتي، الاستقلالية، التعلم التعاوني.

الأسس النفسية والمعرفية للتعلم

مدارس علم النفس والتعلم

نظريات التعلم عند علماء النفس:

- دور السلوك.

- دور البيئة.

- دور العقل.

المدرسة السلوكية

لعل المدرسة السلوكية المرتبطة بالمنهج الحسي القائم على الملاحظة المباشرة تعد واحدة من أكثر المدارس اهتماماً بالتعلم الإنساني. وقد حظيت هذه المدرسة بالاهتمام الكبير من علماء اللغة كونها اعتبرت اللغة سلوكاً إنسانياً يمكن ملاحظته والتعامل معه.اعتمدت المدرسة السلوكية الفلسفة الوضعية القائمة على التجريب وسيلة للبحث.فقد كان للعالم السلوكي واطسن دوراً ملحوظاً في الإعلاء من شأن التجربة الفردية متجاوزاً الفهم السابق المعتمد على أن علم النفس يعتمد الدراسة الاستبطانية للتجربة الواعية أي أن الإنسان يعبر عن تجربته من خلال الاستبطان. فواطسن أكد أهمية تحديد السلوك بالتجربة والملاحظة (أليس هيدلي، ص 45).

فعند واطسن يعد السلوك الإنساني استجابة لمؤثر خارجي. فالسلوك في نظر هذه المدرسة يتم من خلال سلسلة من الارتباطات أي العادات السلوكية التي تتكرر نتيجة ارتباط الاستجابة السلوكية بالمؤثر الخارجي.أي أن السلوك مشروط بوجود مؤثر خارجي.

والمؤثرات التي سيستجيب لها الفرد ستأتي من البيئة المحيطة. ولذلك فيمكن استنتاج أن البيئة الفقيرة لا تقدم مثيرات كافية للفرد وبالتالي فإن فرص الاستجابة ستقل. وهذا معناه إلغاء أي دور للعقل في تحديد الاختيارات السلوكية للفرد. وقد كانت هذه المدرسة المعروفة بالمدرسة السلوكية الإشراطية مقدمة لظهور الإشراط .....

وقد خطت المدرسة السلوكية خطوات كبيرة في مجال العلوم السلوكية خصوصاً مع تجارب سكنر. والذي أخذ قانون الأثر الذي ابتدعه عالم النفس ثورندايك وخلاصته أن الأثر الإيجابي أو السلبي للسلوك مدعاة للتكرار أو الانطفاء. قام سكنر بعمل تجارب كثيرة على أنواع مختلفة من الحيوانات وتوصل إلى أن التعزيز عامل مهم جداً في تكرار السلوك الملائم. وفي حالة وجود سلوك غير إيجابي فإن المطلوب إيجاد بديل لذلك السلوك. فالمعلم الذي يرى أن الطالب ينطق صوتاً بطريقة غير صحيحة أو ينتج جملة خاطئة، فإن المطلوب هو تقديم بديل من خلال إنتاج السلوك - الجملة أو الصوت، ثم تعزيز ذلك السلوك. .

وبما أن اللغة سلوك إنساني ينطبق عليه ما ينطبق على أنواع السلوك الأخرى، فإن اللغة تنشأ عن وجود بيئة محفزة مليئة بالمثيرات التي تستدعي استجابات مناسبة. ولذلك خلص سكنر إلى أن اللغة ما هي إلا تكوين عادات سلوكية. هذه الخلاصة ألغت العامل الداخلي أو وجود علاقة بين العقل الإنساني والسلوك.

العقلانية (النمو العقلي)

من المفيد أن نتحدث عن إحدى أبرز النظريات التي تناولت التعلم من زاوية تختلف عن النظرية السلوكية. هذه النظرية قدمها عالم النفس السويسري بياجيه. اهتم بياجيه بملاحظة السلوك عند الأطفال. وقد انصب اهتمامه على الطريقة التي يتناول فيها الأطفال مشكلة ما ثم يتقدمون لحلها. وقد رأى أن ملاحظته الطويلة للأطفال قد أدت إلى الاهتمام بجانب مهم وهو النمو العقلي وعلاقته بالسلوك. ولذلك فإن اهتمامه لم ينصب على السلوك الظاهري بل على دور النمو العقلي للإنسان في تغيير سلوكه.

تتلخص نظرية بياجيه في أن التغيير في السلوك يحدث نتيجة تطور الملكات العقلية عند الإنسان، أو القدرة على التفكير. ولذلك فقد اعتقد بأن النمو العقلي يتزامن مع النمو

الجسدي. والنمو الحاصل في طريقة التفكير يمكن الفرد من التأقلم مع البيئة المحيطة. فالطفل يفكر بطريقة حسية لأن ملكاته العقلية لم تنم بدرجة تمكنه من التجريد. فالطفل يتعرف على العالم من حوله من خلال حواسه. وكلما تقدم الفرد في السن كلما تقدم نحو التجريد والرمزية. فالمراهق مثلاً ينظر إلى العالم نظرة أكثر تجريداً من الطفل. والملكة العقلية لا تختلف عن أي جهاز في الإنسان. ويضرب لذلك مثلاً بالجهاز الهضمي الذي يمكن الفرد من استخلاص العناصر المفيدة وطرد ما لا يستفاد منه، وكذلك الجهاز" العقلي"، فهو يمكن الفرد من استخلاص المعرفة من البيئة المحيطة به(هاملتون وغاثالا).

التعلم المعنوي (أوزبل)

رغم أن المدرسة السلوكية سيطرت على الجو العام لعلم النفس ونظريات التعلم، إلاّ أنها لم تكن محصنة ضد النقد الذي أتى من علماء كثيرين من أبرزهم عالم النفس التربوي أوزبل. تتلخص نظرية أوزبل في ربط التعلم بالمعرفة السابقة. فالإنسان -في نظر أوزبل- لا يتعلم في فراغ، ولكنه يبني معرفته بناء على ما عنده من معلومات. وتختلف معارف الفرد ومعلوماته لأسباب عديدة أهمها الخبرة الفردية والاطلاع وغير ذلك. ولذلك فهو في هذا يناقض سكنر الذي يعتقد أن التعلم لا يتأتى إلا من خلال المثيرات الموجودة في البيئة المحيطة. ويضيف أوزبل مفهوماً جديداً للتعلم وهو التعلم المعنوي. ويقصد به التعلم الذي لا يبنى على أساس التعلم المبني على الحفظ أو ما يشار إليه أحياناً بآلية التعليم. فالتعلم الآلي يتم بمعزل عن خبرات الفرد ومعارفه السابقة، كما أنه يتطور بطريقة لا ترتبط بخبرة الفرد وبمعزل عن الربط المعنوي عند الفرد. يقول أوزبل " إن التعلم المعزول الذي يتم في سياقات منفصلة عن بعضها البعض يتم بطريقة اعتباطية وحفظ دقيق، بحيث أنه لا يسمح بإقامة علاقات معنوية بين المادة المتعلمة والبنية الإدراكية للفرد".(أوزبل 1968:108) أي أنه يتم عبر عملية حشو معلومات وتخزينها ثم استدعائها عند الحاجة. وكثيراً ما تُنسى تلك المعلومات نظراً لكونها لا ترتبط بحياة الفرد ولا معنى لها. وهي طريقة لا تزال بعض المدارس التقليدية تعاني منها، حيث يتم التعليم بقصد حشو أكبر كمية من المعلومات في ذهن المتعلم دون وجود رابطة بينها وبين عالم المتعلم وخبرته.

خصائص المتعلم في مراحله العمرية المختلفة

من المعروف أن المتعلمين يمرون بمراحل عمرية مختلفة. هذه المراحل العمرية لها خصائص تميزها عن المراحل الأخرى ولذلك كان من الضروري للمعلم أن يتعرف على هذه المراحل لما لها من أهمية بالغة في تحديد أمور كثيرة تتعلق بالطريقة التي يتعلم بها الفرد، والمواد والطرق المناسبة له.

المتعلم في المرحلة الابتدائية

من المعروف لدى علماء النفس أن المتعلمين في هذه المرحلة لديهم قدرات متميزة في الحفظ والتعلم بشكل عام. فالأطفال لديهم معدلات في النجاح عند تعلمهم اللغة الأجنبية أكثر من الراشدين وذلك لقدرتهم على المحاكاة والتقليد من جهة والرغبة في إشباع الفضول (شرم، ص 57). كما أن المتعلمين الذين يتعرضون لمواقف تعلمية في سن مبكرة يستطيعون الدخول في محادثة وتطوير قدراتهم الاستماعية.

وقد كانت دراسة العالم السويسري جان بياجيه رائدة في تحديد خصائص المراحل العمرية المختلفة ومنها ما يخص الأطفال:

- المرحلة قبل العمليات(3-7) ينظر الأطفال إلى أنفسهم على أنهم مركز الكون، اي يجب أن يكونوا محل الاهتمام من قبل الآباء والمربين من حولهم. ولذلك فهم بحاجة إلى خبرات محسوسة لتطوير قدراتهم التعلمية.

- المرحلة المحسوسة: (7-10) في هذه المرحلة لا يزال الأطفال بحاجة إلى خبرات محسوسة، ولكن لديهم قدرات محدودة للتعامل مع المشاكل بشكل منطقي، ويخرجون من إطار التفكير بالذات.

أما التربوي الكندي:يرن ايغن فهو يرى أن الأطفال يستجيبون للعالم من حولهم من خلال الحب والكره والمتعة والخوف والتعامل مع الأشياء بطريقة أحادية. ولذلك من الضروري أن تكون خطة التدريس مبنية على أسا س العناصر التالية:

- تفسير التعلم من خلال عواطفهم.

- بناء الخبرات من خلال المقارنات مثل: كبير/صغير، جميل/ قبيح وهكذا.

- تقديم معان واضحة لا تحتمل التأويل: خير/ شر ، اسود/ ابيض. (شرم ص 58).

خصائص النمو في سن 5-10

السن	جسدياً	عقلياً	اجتماعيا
6/5	المهارات الحركية الصغيرة والكبيرة في تطور نشط جداً قصر مدة التركيز يتعب بسرعة	يحتاج إلى اشياء محسوسة لبناء الخبرة مازال يتعلم الكثير من اللغة محصور في الوسط يفكر من خلال ربط الكلمات بالمعاني	أناني ، ذاتي التركيز صعب المراس صديق يمكنه تصنيف الأشياء وفق بعد واحد يحتاج إلى تنظيم ينظر إلى نفسه من خلال خصائصه الجسدية يتفاعل مع زملائه كاصدقاء يستمتع باللعب الخيالي
8/7	تبدأ المهارات الكبيرة والصغيرة بالتركز تطول مدة التركيز أكثر تركيزاً على المهمة التي يقوم بها	أكثر قدرة على التفكير أكثر اهتماماً بالعلاقات المبنية على الكيف و السبب تبدأ القراءة و الكتابة اللغة قبل المفاهيم يمكنه بناء سلاسل من الصغير إلى الكبير يمكنه تصنيف الأشياء بشكل هرمي مازال يحتاج إلى خبرات محسوسة	أكثر إحساساً بالبعد عن الذات أكثر تفكيراً يفهم القواعد السلوكية أكثر ألفه
10/9	تتطور المهارات بشكل أكبر	مهارتا القراءة و الكتابة أكثر تأسيساً يمكنه تصنيف الاشياء مستخدماً أكثر من بعد واحد يمكنه التفكير بشكل أكثر منطقية يمكنه الاقتصاد يحلل الأعمال بشكل نقدي مازال يحتاج إلى خبرات مادية محسوسة	أكثر استقلالية حساس للفروق الأصدقاء من جنسه أكثر اهمية يحكم على الآخرين

شرم ص (59) نقلاً عن رودس ، كرتن وهاس (1990) .

هذه الخصائص العمرية المختلفة والتي مر بها المتعلم ضرورية لأن المعلم الذي سيقوم بالدور المطلوب منه على أكمل وجه يحتاج إلى معرفتها وبناء خططه التدريسية وتعامله مع الطفل في ضوء تلك الخصائص. فمن الضروري للمدرس في هذه المرحلة أن يقدم اللغة للمتعلمين بطريقة فيها الكثير من الإجراءات من مثل:

1- الإكثار من الأعمال الحركية التي تلبي رغبة الطفل، فيستخدم طريقة الاستجابة الجسدية الكاملة، والتي تقوم أساساً على الحركة.

2- الإكثار من تقديم المواد المحسوسة سواء أثناء تعليم الحروف أو الأصوات. فالصور والأشكال المختلفة ضرورية في هذه المرحلة.

3- الإكثار من الأناشيد والأغاني ذات المعاني القريبة من مستوى إدراك المتعلمين.

4- الإكثار من الأنشطة التفاعلية.

5- الإكثار من استخدام عبارات المديح مع الأخذ بعين الإعتبار عدم تجاوز الحدود في ذلك المديح.

6- تقديم اللغة في صورة مقارنات ذات بعد واحد أو اثنين: كبير/ صغير، كبير/ صغير/ متوسط الخ.

أهداف برنامج اللغة الأجنبية في المرحلة الابتدائية

من المعروف أن اللغة العربية التي تدرس في المدارس الابتدائية ضمن برنامج اللغات الأجنبية يأخذ وقتاً أقل من المواد الأخرى. والوقت القصير هذا يجب أن يستغل الى الحد الاقصى، ذلك أن فرص المتعلمين في التعرض لمواد اللغة الأجنبية قليلة. ولذلك فالحصة الدراسية رغم قصرها، إلا أنها مهمة جداً.

وفي الجدول التالي سنستعرض أنواعاً مختلفة من البرامج منها الذي يستغرق وقتاً طويلاً من الوقت المخصص للدراسة ليصل إلى 100% ومنها ما هو أقل وهكذا.

نوع البرنامج	نسبة الوقت المخصص للغة الأجنبية في الأسبوع	الأهداف
تعليم اللغة في كل المواد الدراسية (الروضة- السادس الابتدائي) .	50-100%(الوقت مخصص لتعلم المواد كلها باللغة الأجنبية) وهذا البرنامج معمول به في عدد محدد من المدارس الإسلامية في أمريكا) .	أن يصبح المتعلم قادراً على استخدام اللغة وظيفياً (فاللغة متضمنة في المواد جميعها تقريباً) . أن يتمكن من فهم المواد باللغة الأجنبية أن يتمكن من فهم و تقدير الثقافة الجديدة .
تعليم اللغة بشكل جزئي (اللغة متضمنة في المواد التعليمية بشكل جزئي) .	50% تقريباً .	أن يصبح قادراً على استخدام اللغة وظيفياً (فاللغة متضمنة في المواد جميعها تقريباً) . أن يتمكن من فهم المواد باللغة الأجنبية أن يتمكن من فهم و تقدير الثقافة الجديدة .
محتوى المواد غني باللغة الأجنبية .	15-50% الوقت المستخدم في تعلم اللغة الأجنبية والمواد المعلمة باللغة الأجنبية .	أن يصبح قادراً على الاستماع و التحدث و القراءة و الكتابة باللغة الأجنبية . أن أن يتمكن من المادة المعلمة باللغة الأجنبية . فهم وتقدير الثقافة الجديدة.
برنامج تعليم اللغة الأجنبية في المرحلة الإبتدائية .	5- 15% وهو الوقت المخصص لتعلم اللغة فقط .	أن يتمكن من مهارتي المحادثة والاستماع بشكل مناسب . فهم وتقدير الثقافة الجديدة. التمكن بشكل نسبي من مهارتي القراءة و الكتابة .
برنامج اكتشاف اللغة الأجنبية .	5% تقريباً (الوقت المخصص لتعلم اللغة الأجنبية مع مزجها باللغة الأم) .	أن ينمي اهتمامه باللغة الأجنبية أملاً في تعلمها في المستقبل . تعلم الكلمات و التعابير الأساسية بلغة أجنبية أو أكثر . تنمية مهارات استماع . تنمية الوعي بالثقافة الجدية .

كيف يمكن الاستفادة من البرنامج أعلاه في تعليم العربية في المدارس الإسلامية في المرحلة الابتدائية؟

من المعروف أن معظم المدارس الإسلامية في أمريكا مثلاً تخصص من خمس إلى سبع حصص اسبوعية للغة العربية من أصل خمس وثلاثين حصة هو مجموع الحصص الأسبوعية. هذه النسبة لا تساوي أكثر من 20-25%. هذه النسبة لا يمكن أن تستخدم لتعليم المواد الأخرى كالعلوم والرياضيات والاجتماعيات باللغة العربية وليس مطلوباً منها ذلك. هذه النسبة القلية لا تهيئ المتلعم ولا تمكنه من تعلم اللغة العربية بشكل يمكنه من استخدامها وظيفياً في حياته. حيث رأينا نماذج للكثير من الطلبة الذي قضوا مدة أكثر من عشر سنوات في تعلم العربية لا يستطيعون استخدام اللغة بمستوى المبتدئ وذلك راجع لعوامل كثيرة من أهمها: قلة الفرص المتاحة للطالب لاستخدام اللغة في الحياة اليومية، تعليم اللغة بشكل منعزل عن الحياة بحيث أن الطالب يدخل في روعه أنه يتعلم العربية لقراءة القرآن الكريم وشيئ بسيط من العلوم الإسلامية. أما مهارتا الاستماع والكتابة فحظهما أقل من المعتاد. ولذلك قلّ أن يرتقي الطلبة بهاتين المهارتين. ثالث الأسباب، أن الكثير من الكتب المستخدمة هي كتب ألفت لتعليم العربية لابنائها ضمن الثقافات المحددة في البلاد العربية. ولذلك نجد انصرافاً حتى عن مهارة أساسية كالقراءة لاحتوائها موضوعات لا تتعلق بحياة الطالب ولا تتضمن موضوعات ترتقي إلى طبيعة التفكيرفي البيئة الغربية عموماً والتي تختلف كثيراً عنها في البلاد العربية. اضف إلى أن التدريبات والأنشطة تقليدية ولا تنمي مهارة التفكير النقدي أو التحليل وغيره من المهارات التي يتمكن منها الطالب في المواد الأخرى.

الخصائص العمرية للمرحلة المتوسطة والثانوية

في هذه المرحلة تطرأ تغييرات كبيرة : نفسية، عقلية، جسدية،عاطفية واجتماعية على المتعلم في المرحلة المتوسطة وما بعدها. وهذه التغييرات تطرأ بسرعة كبيرة. ولذلك فالطالب في هذه المرحلة أكثر رغبة في الحديث عن هذه التغييرات وآثارها عليه، فضلاً عن أن اهتمامه بذاته وشكله والصورة التي يتلقاها الآخرون عنه مهمة جداً. ويوصف هؤلاء المتعلمون أحياناً ب" المتعلم الرومانسي" الذي يتعلم لذات العلم، كما أنهم يتنافسون في

إظهار قدراتهم ومهاراتهم. إضافة إلى أنهم ينتقلون من مرحلة حسية مباشرة إلى مرحلة أكثر تجريداً مع أن بعض الدراسات أشارت إلى أن نمو مخ الافراد في هذه المرحلة ابطا من سابقتها، ولذلك فإن اكتساب مهارات التفكير ومعالجة المعلومات تصبح بطيئة نسبياً. وقد أشارت دراسات قام بها عدد من علماء النفس إلى أن المتعلمين في هذه المرحلة يشعرون بأهمية العدل والعمل من أجل هدف سام. وهذا مرده إلى تقسيم العالم الخارجي إلى صنفين: اسود أو ابيض، خير أو شر ولا توسط بينهما. (جونسون، 1984،إيغن، 1979، هنت وبدويل، 1986) في شرم ص 78.

طبيعة الأساليب المتبعة في تعليم العربية للطلبة في هذه المرحلة

من نظرتنا في الخصائص العمرية السابقة، نجد أن تعليم اللغة العربية للطلبة يجب أن يختلف في محتواه واساليبه عما هو مستخدم في المرحلة السابقة. وقد وضعت شرم عدداً من الأساليب منها:

1- أن يكون المتعلم محور العملية التعليمية، فيشجع الطالب على المفاوضة، النقاش، تجاوز حاجز الخوف من اللغة، التفاعل مع الزملاء والشعور بالإنجاز

2- يجب أن يكون المنهاج مبنياً بطريقة تخدم وظائف لغوية واجتماعية يرى الطالب ضرورتها له كمتعلم للغة العربية.

3- أن تقدم المادة المعلمة بطريقة حلزونية، أن يعاد تقديم ما قدم من آن لآخر. فلا يقدم الموضوع مرة واحدة وينسى، بل لابد من تضمين الدروس اللاحقة شيئاً مما تم تقديمه، فيبنى اللاحق على السابق.كما أن المواد المقدمة، يجب أن تلائم اساليب التعلم لدى الطلبة من حيث تقديمها بطريقة شفوية أحياناً وسمعية وبصرية أو حركية في أحايين أخرى.

4- أن تلبي حاجة الفضول لدى المتعلم مستخدمة القصص الدرامية والخيالية التي يهتم بها المتعلمون في هذه المرحلة. ولذلك من الضروري الإكثار من القصص الخيالية، الفلكلور الشعبي في الأمثال، الخ.

5- الاهتمام بالجانب الثقافي بحيث تكثر الدروس التي تتحدث عن جغرافية وتاريخ البلاد العربية والإسلامية مع توزيعها بشكل لا تمييز فيه.

6- الاهتمام بنقل المتعلم من مرحلة التمكن النظري من المهارة إلى الاستخدام الحقيقي لها. (شرم، 78-79).

مراحل تقديم الدرس

- المقدمة: 5-7 دقائق تهيئة بحيث يتم استعادة المعلومات التي تمت دراستها مسبقاً في شكل تدريب عملي، كتابي، أو قرائي أو حديث.

- المدخلات (التمثيل) 10-15 دقيقة فيستخدم المعلم هذه الفترة لتقديم اللغة من خلال مواد أصيلة مع الأخذ بعين الاعتبار ما تم تعليمه مسبقاً . ويستحسن استخدام المحتوى المناسب للطالب، كالقصة القصيرة، الشعر المناسب، الطرائف، قصص المغامرات، الخ.

- التفاعل: 10 دقائق وهي مرحلة مهمة من مراحل الدرس، حيث يأخذ المتعلمون أدوراهم بالعمل، فيتفاعلون من خلال أنشطة زوجية أو جماعية.

- التضمين (متابعة) 8-10 دقائق وتتضمن نشاطاً أو اثنين،يتضمنان تدريبات تربط ما تم تعلمه في هذه الحصة بما تم تعلمه مسبقاً. ويفضل ان يقوم المتعلمون بأدوار مثل التمثيل أو الألعاب اللغوية أو الأنشطة المناسبة. (شرم، 79)

- نموذج خطة درس

الوحدة :الرياضة .

الدرس الأول: فوائد الرياضة.

الهدف: سيكون الطالب قادراً على تحديد الفوائد الجسمية والنفسية والاجتماعية للرياضة.

المادة التعليمية المساندة: شريط فيديو عن أهمية الرياضة، ورقة للتدريبات تملأها من قبل الطلاب.

التهيئة والاستعداد: أسئلة مبنية على معلومات سابقة عند المتعلمين.

1-لماذا يمارس الناس الرياضة؟

هل هناك فروق بين ممارسة الشباب والمتقدمين في السن للرياض؟ ماهي تلك الفروق؟

2- ممارسة الرياضة بشكل مستمر أمر ضروري، لماذا برأيك؟

3- مانوع الرياضة التي تمارسها؟ ولماذا اخترت هذا النوع ؟

يكتب المدرس الإجابات على السبورة أو على شفوي ليتيح للجميع الاستفادة منها، خاصة وأن بعض الإجابات قد تكون ناقصة أو غير صحيحة لغوياً أو معنوياً بالكامل.

المدخلات

يعرض المدرس شريطاً مصوراً عن أهمية الرياضة في حياة الإنسان. ويتابع الطلاب مستخدماً نموذج مشاهدة الاشرطة المصورة على أن يتأكد المدرس أن كتابة بعض المعلومات في النموذج لا تصرف الطلبة عن مشاهدة الشريط.

بعد مشاهدة الشريط، يطرح المدرس اسئلة تتناول موضوع الشريط، وبطريقة تختلف عن الأسئلة السابقة. ويمكن للمدرس تقسيم الصف إلى عدة مجموعات، بحيث تتولى كل مجموعة الاهتمام بجانب من الشريط.

التفاعل

تقدم كل مجموعة تقريراً لبقية أعضاء الصف عن الجانب المسؤولة عنه. وهذا يتيح لكل فرد من أفراد الصف طرح الأسئلة أو الاستيضاح عن أمر ما، كما أن أفراد كل مجموعة مكلفة بالعمل يمكن له أن يقدم الجواب للسائل.

وقد يطلب المدرس من كل طالب مقابلة زميل له وطرح اسئلة عليه تتعلق بممارسة الرياضة.فإذا كان الهدف تعليم العدد مثلاً يمكن استخدام اسئلة تتعلق بعدد الأيام التي يمارس فيها الزميل الرياضة وأنواع الرياضات التي يمارسها، يحب مشاهدتها، عدد الرياضات المهمة للإنسان، عدد الساعات التي يمارس فيها الرياضة الخ.

الخاتمة

يختار المدرس عدداً من الطلبة لتقديم نتائج مقابلاتهم لبقية افراد الصف. وبعد ذلك يقدم لهم ورقة التدريبات التي تعزز ما تعلمه الطلبة من مفردات وتراكيب وتعابير جديدة.

طبيعة المعرفة في نظر علماء النفس المعرفي

نظرا للتقدم الكبير الذي حصل في العقدين السابقين في البحوث والدراسات التي تتعلق بعلم النفس المعرفي، فقد استطاع الكثير من الباحثين تقديم نظرة جديدة للتعليم تتلخص في أن العملية التعلمية ليست سوى إدراك الفرد للمثيرات البيئية التي يتلقاها من خلال الحواس ثم يقوم بمعالجتها من خلال عمليات معرفية معقدة. وقد عرف العلماء الإدراك بأنه"العمليات العقلية التي يقوم بها الفرد بقصد إنجاز عمل عقلي كالتذكر واستعادة المعلومات وغيرها" (هاملتون وغاثالا، 1994) وفي هذا الصدد يمكن الإشارة إلى عدد من النظريات التي قدمها علماء النفس واللغة والحاسوب. وأبرز تلك النظريات النظرية التي قدمها أندرسون (1980، 1983، 1985) من جامعة كارنيجي ميلون في الولايات المتحدة الأمريكية. وتتلخص النظرية في أن المعرفة الإنسانية نوعان: معرفة ساكنة، أي المعرفة الموجودة بالفعل في الذاكرة والمعرفة النشطة والتي تتركز على الجانب الإجرائي من المعرفة، فالمعرفة الساكنة هي كل معرفة نظرية ولا تتعدى ذلك ولكن تلك المعرفة يمكن استخدامها في الوقت المناسب خصوصاً إذا أتيح للمتعلم مدرس يستطيع الإفادة من تلك المعرفة. وتتمثل المعرفة الساكنة في معرفة التعريفات كقولنا " التيمم هو القصد" ومعرفة الحقائق الثابتة كقولنا {الله واحد لا شريك له}. وكذلك معرفة القواعد النحوية من مثل " الصفة تتبع الموصوف تذكيراً وتأنيثاً ، إفراداً وتثنية وجمعاً". وهذه المعلومات يمكن التعبير عنها لفظياً. وقد فصل أندرسون وغيره في هذا الموضوع ولا حاجة للتفصيل لكون الكتاب تطبيقياً أكثر من منه نظرياً.

النوع الثاني من المعرفة وهي الأهم عند علماء التعلم هو ما أطلقوا عليه اسم " المعرفة الإجرائية". وهذه المعرفة مهمة جداً لأنها تنقل المعرفة الساكنة إلى مرحلة التطبيق الفعلي. فمعرفة الطالب بالقواعد النحوية لا تفيد كثيراً إذا لم يتم توظيفها في المهارات اللغوية. فإذا كتب أو قرأ فلا بد أن تظهر تلك المعرفة. وهذه المعرفة هي التي يجب أن تكون محور اهتمام المدرسين لأن المقصود من المعرفة التطبيق لا الحفظ والتخزين. وقد أشارت الباحثة اللغوية المعروفة ويلغا ريفرز(1988) إلى أن مهمة المتعلم هي الانتقال من مرحلة اكتساب المهارة إلى مرحلة استخدامها.

الآثار التطبيقية للبحث في طبيعة التعلم والمتعلم

- الاستقلالية والقدرة على التعلم الذاتي
- أساليب التعلم
- استراتيجيات التعلم

أولاًً: الاستقلالية والقدرة على التعلم الذاتي

الاستقلالية أو التعلم الذاتي مصطلحان يترددان كثيراً في ميدان التعليم بشكل عام وتعليم اللغات بشكل خاص. وقد جاء الحديث عن هذ ين المصطلحين في سياق التطور الحاصل في ميدان تعليم اللغات. حيث تؤكد الدراسات الكثيرة التي نفذت، أن المتعلم هو محور العملية التعليمية وأن دوره في التعلم أمر مهم ولا يمكن التغاضي عنه. ولذلك فقد ظهرت اتجاهات تظهر أهمية المبادرة الفردية في التعلم. ومن تلك الاتجاهات ما سمي ب (مركزية المتعلم) Learner-Centered Approach.

ويعتقد الباحثون المؤمنون بهذا الاتجاه في التعلم أن المتعلم يجب أن يأخذ زمام المبادرة ويكون سيد نفسه، ولا يبقى عالة على المدرس. فهو انتقال من حالة الاعتماد الكلي على المدرس كما كان الحال في الطرق والاتجاهات التقليدية، إلى تمكين المتعلم من الوصول إلى مصادر التعلم المختلفة بنفسه. وقد ساعد التقدم التقني الكبير في ميدان تعليم اللغات على تبني هذا التوجه. فمصادر التعليم متوفرة للمتعلم أكثر من ذي قبل. وهو قادر على الوصول إليها بنفسه. فالمتعلم فاعل ومتفاعل مع الواقع، ولا يتوقع أن يبقى سلبياً تجاه عملية التعلم. ومن المهم الإشارة إلى أن التعلم الذاتي يعني أن التعلم على قدر من الحرية الفردية وأن الثقافة السائدة تشجع هذه الاستقلالية. وهو أمر يحتاج إلى الكثير من التدريب والممارسة للوصول إلى هذه المرحلة.

ولذلك سنناقش تالياً الأساليب والاستراتيجيات التي تساعد المتعلم على القيام بدور إيجابي في تعلمه.

ثانياً: أساليب التعلم Learning Styles

قبل الحديث عن أساليب التعلم، لابد من الإشارة إلى أن الارتباط المباشر بين هذه الأساليب ومحورية دور المتعلم تأتي من أمر مهم وهو أن يعرف المتعلم الطرق المثلى لتعلمه

ويتابع تلك الطرق مستخدماً الاستراتيجيات المناسبة. ولذلك، فالعلاقة واضحة بين الاستقلالية وأساليب التعلم ومن ثم استراتيجيات التعلم . وسنرى أن للمعلم دور أيضاً في هذا الاتجاه يقوم على معرفة أساليب التعلم لدى طلابه وتدريبهم على استخدام المناسب من الاستراتيجيات لتلبي حاجاتهم.

ماهي أساليب التعلم؟

أساليب التعلم هي خصائص وطرق تخص كل متعلم ويفضلها على غيرها من الأساليب عند تعرضه لموقف تعليمي.(هيج، ص 18). هذه الأساليب والطرق خاصة بكل متعلم كونها تشكل جزءاً من شخصيته وتكوينه العقلي والمعرفي. وهذه الطرق والأساليب ليست طارئة على المتعلم، كالاستراتيجيات التي يمكن تعلمها والاستفادة منها. حيث إن البعض يفضل الاستماع أو الحديث أو مشاهدة ما يريد تعلمه أو استخدام الحركة واليدين في التعلم.

وتختلف أساليب التعلم من ثقافة لأخرى. فقد ينشأ المتعلم في مجتمع يفضل الاستماع على الكلام. وثبت لدى بعض الباحثين أن الطالب الصيني مثلاً يفضل عند تعلمه الحروف الأبجدية أن يرى النمط ثم يحفظه. ووجد أحد الباحثين (ريد، 1987) أن الطلبة الكوريين يفضلون مشاهدة الاشياء عند تعلمها على عكس الطلبة اليابانيين أو الأمريكيين.

وقد ميز الباحثون بين طلبة يفضلون التحليل كما هو عند الطلبة الأمريكيين، وآخرين يفضلون النظرة الكلية للاشياء كما هو عند المصريين (هيج، ص19). فعندما يدرس معلم إنجليزي طلبة مصريين سيجد نفسه في صدام مع أساليب التعلم المفضلة لديهم. ولذلك من الضروري أن يقوم المدرس بعملية مسح أولي للأساليب التي يفضلها المتعلمون. كما أن عليه أن ينوع في الأساليب تعليميه لتناسب الجميع. فيستخدم الحوار أحياناً والمحاضرة أحياناً أخرى، كما أن استخدام عمل المشروعات الفردية والجماعية ستلبي حاجة المتعلمين.

ولهذا فإن على معلم العربية الذي يعلم طلبة من أصول أمريكية أن يستخدم التحليل المبني على استخدام خارطة المفاهيم التي تفيد في تحليل مفهوم معين .

وقد وضعت أكسفود وسكارسيلا خمسة عناصر ذات صلة بأساليب التعلم وهي:

- المتعلم التحليلي والمتعلم الشمولي الكلي: فالمتعلم التحليلي يفضل التفاصيل الدقيقة ولا يفضل المشاركة في المحادثات والأنشطة الإتصالية، عكس الطالب الشمولي الذي يفضل الوظائف التفاعلية.

- الحواس المفضلة: فالمتعلم الذي يفضل استخدام حاسة البصر يفضل القراءة ورؤية الأنشطة، أما المتعلم الذي يفضل الإستماع فإن من المتوقع أنه سيفضل الأنشطة التي تعتمد على الحوارات المسجلة والمسموعة ومناقشتها. والمتعلمون الذين يفضلون الحركة والعمل اليدوي من الضروري أن تُقدم لهم أنشطة حركية داخل الصف أو خارجه ومثل هؤلاء تنفع معهم طريقة الاستجابة الجسدية الكاملة التي تعتمد استخدام الأوامر مثل: قم وافتح الباب، ضع يدك على رأس زميلك ...الخ.

- الحدسي والتسسلسلي: المتعلم الحدسي يفضل أن تقدم المعلومات بطريقة مجردة لا نسق فيها، في حين أن التسلسلي يفضل التعلم مستخدماً طريقة الخطوة خطوة. حيث لا يستطيع رؤية الصورة الكلية للأشياء إلا من خلال خطوات محددة. وفي حالة المجموعة الأولى يمكن أن تقدم لهم أنشطة يستخدمون فيها قدراتهم على التخمين والحدس. اما الفريق الثاني فإن الأنشطة المناسبة لهم هي تلك التي تعتمدالسير مرحلياً. وقد لا حظت أن بعض المتعلمين من أصحاب التعلم الحدسي يشعرون بالقلق عندما يدور حديث لا يستطيعون متابعته، ولذلك يفضل أن تعطى لهم أدوراً محددة للقيام بها.

- المفضلون لمعرفة الخاتمة: وهؤلاء المتعلمون يفضلون أن تقدم لهم القواعد مرة واحدة. وهم جيدون في استخدام الاستراتيجيات التي تعتمد التنظيم والتخطيط. ولذلك فهم لا يشاركون في حوارات مفتوحة. أما الآخرون فهم يفضلون استخدام استراتيجيات وجدانية، ولذلك فهم يشاركون في حوارات تبني الثقة بالنفس لديهم، ولا يشعرون بخطورة الوقوع في الأخطاء نتيجة علمهم بأن الأمر طبيعي عند متعلم اللغة الأجنبية.

- التنافس والتعاون: بعض الطلبة يفضلون الدخول في أنشطة تنافسية تلبية لحاجة نفسية لديهم. في حين أن آخرين يفضلون التعاون على التنافس وذلك بالمشاركة في التعلم التعاوني. والتنافس يؤدي أحياناً إلى التوتر والخوف من الفشل

والشعور بالذنب. في حين أن التعاون يرفع درجة الثقة بالنفس والتحصيل. (شرم، ص 199-200).

كيف يستفيد معلم اللغة العربية من التدرب على معرفة أساليب التعلم لدى الطلبة؟

إن تدريب معلم اللغة على التمييز بين أساليب التعلم لدى طلابه أمر مهم جداً. وألاحظ ذلك عندما أقوم بتدريب معلمي العربية لغير أهلها. فبعض هؤلاء المدرسين الذين تخرجوا من أقسام اللغة العربية التي لا تعنى بالجانب التطبيقي أو لا تقدم للطلبة مواد دراسية معينة مثل التدرب على التعليم ومعرفة الوسائل والطرائق الحديثة، مثل هؤلاء المدرسين يعبرون عن سعادتهم بمعرفة هذا الأمر لأن الطرق التي يتبعونها في التدريس لا تميز بين الطلبة من هذا الجانب. فقد يعمد بعضهم إلى ستخدام أسلوب واحد مدة الدرس، كالقراءة وجعل الطلبة يستمعون، فيجد انصرافاً من بعض الطلبة، ولا يجد تفسيراً لذلك إلا اللامبالاة أو عدم الاهتمام، في حين أن الواقع يقول، إن هؤلاء الطلبة المنصرفين عن المدرسين هم ضحية لأسلوب تدريس أحادي لا يلبي حاجات المتعلمين. ولذلك فمن الضروري أن ينوع المدرس في طرق تدريسه وتخطيطه للأنشطة التعليمية وطرق التقويم كذلك. كما أن مصممي المناهج المخصصة لتعليم العربية لغير أهلها، لابد أن يضعوا في حسابهم تنويع الدروس والأنشطة والتدريبات بحيث تشمل الدروس حوارات ونصوصاً وأنشطة مثل المناظرة والنقاش الحر والكتابة الموجهة والحرة
.

ثالثاً: استراتيجيات التعلم

استراتيجيات التعلم عبارة عن مجموعة الأساليب والأعمال والأفكار التي يقوم بها المتعلم بقصد تحسين أدائه التعليمي والنجاح في حياته العملية والتعليمية (أوكسفورد1990: أو مالي وشامو 1990) وقد ظهرت العديد من التعريفات الخاصة بهذا المصطلح ومن هؤلاء العلماء الذين تقدمت أسماؤهم وسبقهم آخرون منهم بيلستوك، 1978، روبن1982، وغيرهم. وسنلاحظ في الجدول التالي تطور المفهوم خلال العشرين سنة الماضية.

الباحثون	التعريف
بيلستوك ، 1978	عرف مهارات التعلم بأنها وسائل اختيارية تستخدم للاستفادة من المعلومات المتوفرة بقصد تحسين التعلم . (ص ـ 71)
روبن ، ج ، 1982	مهارات التعلم هي تلك المهارات التي تساهم في تنمية النظام اللغوي الذي يبنيه المتعلم ويؤثر في عملية التعلم بشكل مباشر(ص ـ 23) .
شامو ، أ ، و : كبر 1989	مهارات التعلم عبارة عن أساليب وطرق وأعمال مقصودة يقوم بها المتعلم بقصد تسهيل التعلم وتذكر المعلومات اللغوية وغيرها من مواد التعلم (ص ـ 71) .
أو مالي ، ج ، شامو أ ، 1990	الأفكار والسلوكيات الخاصة التي يستخدمها المتعلمون لتعينهم في عملية الاستيعاب والتعلم واسترجاع المعلومات (ص ـ 1) .
أوكسفورد ، (1990)	مهارات التعلم عبارة عن أعمال أو سلوكيات مخصوصة يقوم بها المتعلم لجعل التعلم أكثر سهولة وسرعة ومتعة وذاتية وأكثر فعالية ويمكن نقلها إلى مواقف أخرى .

مناقشة التعريفات السابقة:

يمكن القول إن التعريفات السابقة تشير إلى أمرين رئيسيين هما: ماهية تلك الاستراتيجيات والغرض من استخدامها. فالمهارات إما أن تكون أفكاراً في ذهن المتعلم كما هو الحال بالنسبة لطريقته في استرجاع المعلومات أو الحفظ وهي أمور لا تلاحظ من قبل المدرس ولكن يمكن ملاحظة آثارها. أما النوع الثاني فهو الأفعال التي يقوم بها المتعلم وهي بطبيعتها ملاحظة كتدوين الملاحظات وقت الدرس أو تكرار المحفوظ بقصد تخزينه في الذاكرة طويلة المدى.

أما الغرض فيتلخص في تحسين التعلم من خلال تلك الاستراتيجيات. وتحسين التعلم يقصد به الوصول إلى أفضل النتائج في أسرع وقت. كما أن استخدام المهارات يجعل التعلم سهلاً وممتعاً لطبيعة الأنشطة التي تصاحب استخدام المهارات. فالعمل التعاوني مهارة يستخدمها البعض.

وخلاصة القول فإن استراتيجيات التعلم لا غنى عنها للمتعلم بغض النظر عن المادة التي يتعلمها. حيث يسعى المتعلمون عادة لجعل التعلم أكثر فائدة وإثارة ومتعة. كما أن المعلمين لا بد لهم من الاستفادة من معرفتهم بتدريب المتعلمين على استخدامها بشكل فعال وسنفرد إن شاء الـلـه فصلاً خاصاً بتدريب المعلمين على استخدام المهارات.

أنواع استراتيجيات التعلم

صنف الباحثون استراتيجيات التعلم إلى أربعة أصناف رئيسية هي:الاستراتيجيات المعرفية، الاستراتيجيات فوق المعرفية والاستراتيجيات الوجدانية (الاجتماعية والنفسية) واستراتيجيات الذاكرة. وسنعرض في هذا القسم الأنواع الاربعة بنوع من التفصيل كي يتسنى للمدرسين التعرف عليها وتدريب طلابهم عليها.

الاستراتيجيات المعرفية Cognitive Strategies

أشرنا سابقا إلى أن المعرفة الإنسانية تتم من خلال عمليات معقدة تتم في الدماغ. فالإنسان يتلقى المثيرات من العالم الخارجي عن طريق الحواس التي تقوم بنقلها إلى الذاكرة القصيرة المدى مباشرة وإذا استخدم الفرد بعض الاستراتيجيات فإنه سينقل تلك المعلومات إلى المخزن الدائم حيث يستطيع استرجاعها في الوقت المناسب. هذه المهارات المعرفية ستكون محل مناقشة وتفصيل في القسم القادم.

أنواع الاستراتيجيات المعرفية:

1- استراتيجية الإعادة والتكرار:

حيث تتضمن قيام المتعلم بإعادة المعلومات مرات عديدة بقصد تخزينها في الذاكرة بعيدة المدى لاستخدامها في الوقت المناسب. وكثيراً ما يستخدم المتعلمون هذه المهارة في حفظ القوالب الجاهزة والأرقام والشعر وغيره. ولتمكين الفرد من حفظ المعلومات فعليه

رقم هاتف ما، يمكن للفرد أن يربط الأرقام بعلاقات   أن يقوم بعملية ربط تلك المعلومات بشيء معنوي. فلحفظ معينة فرقم مثل 5066 يمكن ربطه برقم طريق يتكرر استخدامها من قبل الفرد أو حفظ مضاعفات الرقم وهكذا.

2- الإضافة:

حيث يقوم المتعلم بإضافة معلومات جديدة لمعلومات السابقة التي يخزنها في ذاكرته. والإضافة إما أن تكون صورة تعبر عن المفردة أو الكلمة أو بعض التفصيلات الضرورية. وعملية الإضافة والتي هي في الواقع ربط للمعلومات الجديدة بالمعلومات المتوفرة سابقاً يساعد المتعلم كثيراً في عملية التذكر.

مثال تدريبي:

هناك قائمة بأزواج من الكلمات المتفرقة،في دقيقتين حاول أن تحفظها بربط كل كلمة بالكلمة التي تجاورها في القائمة الأولى:

قائمة الحفظ

جرس-بقرة

شباك- مكتب

بطة-ورقة شجر

زرافة-ساعة

مدخنة-صخرة

مصباح-تفاحة

سجادة-سور

قرد-راعي

قائمة التذكر

زرافة ـــــــــــــــــــ

بطة ـــــــــــــــــــ

شباك ـــــــــــــــــــ

قلم ـــــــــــــــــــ

مدخنة ـــــــــــــــــــ

قرد ـــــــــــــــــــ

3- التنظيم:

تعد مهارة التنظيم من المهارات المهمة جداً في الحياة الإنسانية، ولذلك نرى الأشخاص المنظمين أكثر نجاحاً وفاعلية في حياتهم الشخصية. والتنظيم معناه أن يقوم المتعلم بتقسيم المادة إلى أجزاء صغيرة يسهل فهمها وكذلك ملاحظة العلاقات التي تربط تلك المادة.

فالطالب يستطيع بعد التدريب المتقن من قبل المدرس على التنظيم أن يزيد من فعالية التذكر لديه.

مثال تدريبي:

اقرأ الكلمات التالية ثم حاول استذكارها خلال دقيقة، الصلاة، النهار، الصوم، الربيع، المكتب، السيارة، العجلات، النور، الغرفة، ، الليل، الشتاء.

بعد هذه العملية قم باستذكار أزواج الكلمات التالية في دقيقة:

الصيف، الخريف

الكتاب، المكتبة

الفنجان، الإبريق

الرسول، أبو بكر

الحقيبة، القلم

الورقة، الطابعة

حاول أن تتعرف إلى الأسباب التي أدت إلى حفظ أكبر عدد من الكلمات في القائمة الثانية.

التلخيص واستخراج الافكار الرئيسة

من الأساليب المعروفة لدى الباحثين هو أسلوب استخراج الأفكار الرئيسة في النص من خلال ربطها بالجملة الرئيسة. فالمعلم الموهوب يستطيع أن يقدم لتلاميذه أمثلة متعددة تحقق تمكن المتعلم من هذه المهارة.

اقرأ النص التالي ثم استخرج الأفكار الرئيسة:

>في العام السابع من هجرة الرسول الكريم محمد صلى الله عليه وسلم وبعد عام من صلح الحديبية أخفقت قريش في الالتزام بتعهداتها بشروط الصلح. ومن تلك الشروط عدم تهديد الحلفاء للطرف الآخر. فقامت قريش بالإغارة على بني خزاعة حلفاء المسلمين. وتمشياً مع شروط الصلح قام الرسول الكريم بتلبية طلب حلفائه وتقديم النصرة لهم. وقد حاولت قريش التنصل من الفعل والتوسط لدى الرسول الكريم كما فعل أبو سفيان خلال رحلته إلى المدينة. ولم تيأس قريش من ذلك ففي الطريق إلى مكة حاول القرشيون ثانية إلا أنهم لم يتمكنوا من إقناع الرسول الكريم بالعدول عن فكرة الفتح فاستمر الرسول الكريم عليه الصلاة في خطته وتوجه إلى مكة وفتحها، وقد تميز الفتح بأمر مهم وهو التسامح الكبير الذي أبداه الرسول صلى الله عليه وسلم تجاه أعداء الأمس حيث عفا عنهم<.

كما يستخدم الباحثون أساليب مثل ما يطلق عليه اسم " خريطة المفاهيم" حيث يقوم المتعلم ببناء علاقات بين المفاهيم الأصلية الواردة في نص ما.

فلو أردنا أن نعمل خريطة لما ورد من مفاهيم في النص السابق فستكون على الشكل التالي:

ربط الأسماء بالمفاهيم الواردة

الرسول ________________ التسامح

قريش ________________ الغدر

خزاعة ________________ الحلف

مكة ________________ الفتح

المشركون ________________ التنصل من أفعالهم

الحديبية ________________ صلح

الاستراتيجيات فوق المعرفية Metacognitive Strategies

قدم الباحثون في علم النفس عدداً من التعريفات لمفهوم فوق المعرفي. وتتلخص تلك التعريفات في معرفة الفرد للمعرفة، بمعنى أن لا تقتصر المعرفة على النواحي الشكلية بل يتعمق الفهم بحيث يتجاوز السطح إلى العمق. ولذلك فالاستراتيجيات فوق المعرفية تعني تلك الاستراتيجيات التي تتجاوز الجانب المعرفي فقط. ومنها تركيز الانتباه على الوظيفة أو النشاط التعليمي، والتخطيط والترتيب بمعنى الإعداد وتقويم التعلم من قبل المتعلم.

استراتيجية التركيز:

ويقصد بها توجيه الانتباه إلى الوظيفة أو الحدث بحيث ينتج عنه استيعاب لتلك الوظيفة أو الحدث. وهذه المهارة ذات أهمية بالغة كونها تعين المتعلم على استذكار واسترجاع المعلومات. والمعروف أن التركيز مهارة عليا يحتاج المتعلم إلى توجيه قدر كبير من طاقته نحوها. وقد يختلف التركيز من موقف لآخر حسب الموقف التعليمي وطريقة عرض ذلك الموقف، كما أن الأفراد يختلفون أيضاً قي القدرة على التركيز. فالمتعلم الراشد يستطيع أن يركز لمدة أطول من المتعلم الناشئ. ولأسلوب المعلم في التدريس دور كبير في توجيه تركيز المتعلم. فأسلوب المحاضرة يقلل من مدة التركيز نظراً للحاجة إلى طاقة كبيرة، في حين أن أسلوب المناقشة والحوار وتنفيذ الأنشطة يمنح المتعلم قدرة أكبر على التركيز، ولهذا فإن تنويع أساليب التدريس حيوي في هذا الشأن. كما أن خطة المعلم يجب أن تحوي أنشطة عملية كثيرة. فعند تدريس موضوع جاف مثل الممنوع من الصرف أو عرض لتاريخ الأدب العربي فإن القيام بتوصيل المعلومات عن طريق المحاضرة وحده لن يحقق الهدف بل الملاحظ هو انشغال المتعلمين عن المعلم. فلو أحضر المدرس مثلاً وسيلة تعليمية مثل شريط مسجل واستمع المتعلمون في مجموعات لقطعة نثرية في العديد من الأمثلة على الممنوع من الصرف ثم قام المدرس بطرح أسئلة استيعاب على القطعة لكل مجموعة ثم قامت كل مجموعة بتقديم إجابات عن الأسئلة لبقية أفراد الصف، لكانت الجدوى أكبر. وبعد ذلك يدع المعلم كل مجموعة تقدم تفسيرها للممنوع من الصرف من خلال الأمثلة المطروحة. وقد يتساءل البعض كيف لهم أن يفعلوا ذلك وهم أي الطلاب لا يعرفون المقصود من الممنوع من الصرف. والجواب هو أن يوجه المعلم أنظار التلاميذ إلى الفروقات الموجودة في طريقة النطق. فالممنوع من الصرف لا ينون ولا يجر بالكسرة.ثم يدعهم يقارنون بينها وبين

الكلمات المصروفة. عندئذ سيلاحظ التلاميذ الفرق. ومن الأمور التي تساعد على التركيز توجيه أنظار المدرسين إلى الأمور التي تشغل المتعلم وتشتت الانتباه. وهناك نوعان من الأشياء التي تشغل المتعلم منها ما هو متعلق بالبيئة المحيطة ومنها ماهو متعلق بالحالة النفسية للمتعلم ومنها ما هو متعلق بالمادة المتعلمة وطريقة تقديمها، مثل الانشغال بالحديث مع الزملاء، أو الاستماع للمذياع أو مشاهدة التلفاز أثناء المذاكرة. وقد يجد البعض متعة بالاستماع للموسيقى أثناء الاستذكار وهذا الأمر طبيعي حيث يختلف الناس في أساليب التعلم.

التخطيط للتعلم:

من الاستراتيجيات التي ينبغي للمتعلم إتقانها استراتيجية التخطيط وتشمل أموراً عدة منها:

أ) التخطيط لتنفيذ وظيفة لغوية.

ب) التخطيط للأهداف التي يود تحقيقها.

ج) تخطيط الأساليب والمهارات واستخدامها لتنفيذ الوظيفة اللغوية.

التخطيط لتنفيذ وظيفة لغوية: ويكون بالتفكير العملي في الطريقة التي سيتم بها إنجاز الوظيفة. ومن ذلك أن يفكر المتعلم بنوعية الوظيفة، فمن الوظائف اللغوية ما يستدعي استخدام المعرفة السابقة، فإذا كانت الوظيفة قراءة نص ما فعلى المتعلم أن يتعرف على نوعية النص بقراءته أولاً ثم تحديد الأفكار الرئيسة والأفكار الثانوية والروابط اللغوية والتراكيب المستخدمة والمفردات وطريقة كتابة النص والعلاقات القائمة بين أجزائه. هذه العملية التفكيكية للنص تعرف المتعلم بتفاصيل النص وتساعده على الفهم الكامل للنص مما يسهل عملية الاستيعاب ومن ثم الإجابة عن الأسئلة المطلوبة سواء أكانت أسئلة من النوع المباشر أو الاستنتاجي أو الذي يتطلب تفكيرا نقديا يعتمد على معرفة التلميذ السابقة.

التخطيط للأهداف التي يود إنجازها:على المتعلم أن يتساءل ويقرر بناء على نتائج تساؤلاته نوعية الأهداف التي يود تحقيقها. وتقسم الأهداف من الناحية الزمنية إلى نوعين: أهداف قصيرة المدى وأهداف بعيدة المدى. والأهداف القصيرة المدى يمكن أن تتناول المقرر الدراسي الذي يدرسه المتعلم. فلو كان الطالب يريد دراسة مقرر في التاريخ الإسلامي فعليه وبمساعدة المدرس وضع أهدافه فعلى سبيل المثال يقول الطالب:

في نهاية الفصل الدراسي سأكون قادراً على:

1- دراسة الفترة الزمنية الممتدة من بداية البعثة النبوية إلى بداية عصر الخلفاء الراشدين. والتعرف على الوسائل التي اتخذها الرسول صلى الله عليه وسلم لإقامة الدولة الإسلامية وبناء المجتمع الإسلامي.

2- التعرف على المراحل التي مرت بها الدعوة الإسلامية.

3- معرفة الأسباب التي أدت إلى النجاح الذي حققه الرسول صلى الله عليه وسلم في هذه الفترة القياسية.

4- التعرف على الأسباب التي أدت إلى عدم استجابة قريش للدعوة الإسلامية.

5- استخلاص الدروس والعبر من الأحداث الكبرى في هذه المرحلة: الدعوة السرية، الدعوة الجهرية، بيعة العقبة الأولى والثانية، خطة الرسول الكريم في الهجرة، المعارك الكبرى، فتح مكة ....الخ.

و لو كان المقرر دراسة الأدب الإسلامي في عهد صدر الإسلام فستكون الأهداف القريبة على النحو التالي:

1- معرفة موقف الإسلام من الشعر والشعراء.

2- أثر الإسلام في الشعر، لغة وأسلوبا وموضوعات.

3- أثر الإسلام على النقلة النوعية في أهداف الشعراء.

4- التعرف على أبرز الشعراء الإسلاميين في تلك الفترة.

5- دراسة نصوص أدبية في النثر والشعر مثل: خطب الرسول الكريم، لامية كعب بن زهير، شعر حسان في الدفاع عن الإسلام.

وفي حالة دراسة مقرر في التحرير وأساليب الكتابة العربية فستكون الأهداف القريبة:

1- التعرف على كتابة الجملة العربية.

2- كتابة فقرة سليمة لغويا ومعنويا.

3- كتابة موضوع قصير من عدة فقرات باستخدام روابط لغوية مختلفة مثل أدوات العطف واستخدام الضمائر وغيرها.

4- كتابة بحث قصير باستخدام المصادر والمراجع.

5- التعرف على أساليب الصياغة اللغوية والاختصار والعزو وغيره.

6- التعرف على أساليب التوثيق والابتعاد عن السرقة من الآخرين.

أما الأهداف بعيدة المدى فتتمثل بالتخطيط للمستقبل بعد التخرج. ويمكن القول إن الأهداف البعيدة المدى ليست بالضرورة أهدافاً واقعية 100%، بل لا بد من إضافة عنصر الخيال، فلم لا يتخيل الطالب نفسه بعد عشر سنوات عالماً متميزاً أو أستاذاً جامعياً.

لقد بدأت العناية بهذه المهارات من خلال النظر في الدور الذي يمكن للمتعلم الجيد أن يقوم به. فقد أشارت الدراسات التي أجريت في عدد من دول العالم وعلى مجموعات مختلفة من الطلبة إلى أن المتعلم الجيد يتميز بعدد من المزايا. ومن هذه المزايا:

1- القدرة على التعامل مع المواقف المختلفة بأسلوب مناسب.

2- الاستخدام الأمثل لما يتوفر لديه من موارد.

3- الاستقلالية والحرية في اختيار الخيارات المتاحة.

4- التعامل مع العملية التعليمية بقدر من الثقة بالنفس والقدرة على الإنجاز.

هذه المزايا أغرت الباحثين بالبحث الحثيث عما يمكن للمتعلمين الجيدين أن يقدموه بهذا الخصوص. ولهذا نشط عدد كبير من الباحثين منذ أواخر السبعينيات في البحث عن تلك المزايا وتصنيفها بحيث يمكن تعميمها وتدريب المعلمين والدارسين على استخدامها. وقد قدمت العديد من المجموعات الخاصة بالمهارات ولكن جميع تلك المجموعات تتفق في عدة أمور:

لقد أثبتت الدراسات الحديثة والتي أجريت على مجموعات كبيرة ومختلفة في العديد من دول العالم أن الاستخدام الصحيح للمهارات الدراسية يوفر جهداً ومالاً بالإضافة إلى التحصيل العلمي الكبير في وقت سريع وجهد قليل. (نصيرات،1999،.....).

تعليم الاستراتيجيات

من المهم للمتعلم أن يدرب على استخدام الاستراتيجيات الخاصة بالتعلم. فقد اثبتت الدراسات التي أجرتها شاموا وأكسفورد ذلك، حيث بينت أن الطلبة الذين يدربون على

استخدام تلك الاستراتيجيات أكثر قدرة على التعلم وباستطاعتهم تحقيق أهدافهم بطريقة أفضل كماً ونوعاً. وقد اختارت طريقتين لتعليم الاستراتيجيات.

أولاً: الطريقة المباشرة

وتعتمد هذه الطريقة على الأمور التالية:

1- نبه التلاميذ إلى أنهم على وشك تعلم استراتيجية تعلمية، وذلك بشكل مباشر، حيث يوضح المدرس للتلاميذ أهمية الاستراتيجيات بعد أن يتعرف على مالديهم من استراتيجيات، حيث من المعروف أن لدى كل متعلم عدداً من الاستراتيجيات التي يستخدمها من آن لآخر بطريقة قد تكون منتظمة عند البعض وعشوائية عند الآخرين.

2- نبه إلى العلاقة الوثيقة بين تعلم الاستراتيجيات والأداء التعليمي. ويتم هذا بالإشارة المباشرة إلى أمثلة سريعة لأثر الاستراتيجيات على التعلم.

3- قدم نماذج عمليةً للاستراتيجية أمام التلاميذ. بعد أن يتحدث المدرس عن الاستراتيجيات وتقديم مثال يوضح ذلك، يقدم المدرس نماذج للاستراتيجيات بشكل عملي ويتوسع في استخدامها.

4- اطلب من التلاميذ تنفيذ الاستراتيجية وقدم لهم تغذية راجعة: في هذه المرحلة يقوم التلاميذ باستخدام استراتيجات معينة خلال القراءة أو الكتابة أو المحادثة ويقتصر دور المعلم على التوجيه والتصويب .

5- راقب استخدام الطلبة للاستراتيجية محل التدريب، في هذه المرحلة يقوم المدرس بمراقبة استخدام المتعلمين للاستراتيجيات أثناء أدائهم لوظيفة لغوية معينة. ودور المعلم يقوم على تعزيز ما يقوم به المتلعم من أفعال.

6- إذا لم يستخدم الطلبة الاستراتيجية بطريقة تلقائية بعد فترة من التدرب نبه الطلبة إلى استخدامها.

ثانياً: الطريقة التبادلية Reciprocal Approach

1- اختر وظيفة تعليمية مثل (فهم واستيعاب المقروء، حل مسألة رياضية) يعاني الطلبة من صعوبة في التعامل معها. حدد الاستراتيجيات التي يمكن للطلبة استخدامها. فمثلاً عند محاولة الطلبة فهم واستيعاب قطعة نثرية ركز النقاش على استراتيجيات مثل التنبؤ، التساؤل، التخليص واستخدام المعلومات السابقة.

2- اختر قائداً للنقاش، اطلب من كل عضو في المجموعة قراءة الوظيفة ودع القائد يلخص محتوى المادة وليسأل عن أهمية المادة للطلبة.

3- دع القائد يطلب من الطلبة تقديم استجابات محددة للمشكلة، وقم بتقديم التوضيح والشرح المناسبين، مثل تنفيذ الاستراتيجية أمام المجموعة.

4- بعد نقاش مستفيض، دع القائد يقدم إجابات عن الأسئلة المطروحة حول القصة أو القطعة الأدبية.

5- أعد هذا العمل مع بقية المجموعات.

أسئلة وتدريبات

- ما العناصر الأساسية في خطة لدرس في تعليم حوار عن البرنامج اليومي لطالب جامعي؟

- استراتيجيات التعلم ضرورية للطالب، ضع خطة لتعليم طلبتك استراتيجية وجدانية كرفع مستوى الثقة بالنفس؟

- كيف تزيل القلق عند متعلم لغة جديد لم يتعرض مسبقاً لمواقف تعلم لغوية؟

جون طالب يتعلم اللغة العربية بقصد التعرف على الثقافة العربية الإسلامية. وبعد انتهاء الفصل الدراسي الأول لم يسمع من مدرسه سوى اصوات يرددها من حين لآخر، ولم يشاهد شيئاً عن تلك الثقافة. قرر جون عدم العودة إلى الدراسة، ولكن قبل ذلك، جلس مع مدرسه يسأله عن اشياء يفعلها لتجاوز هذه المشكلة وللعودة إلى تعلم اللغة العربية.

أنت مدرس لغة، كيف تتصرف مع طالب كهذا؟ ما هي الأمور التي تفعلها أو تقولها لذلك الطالب؟ استعن بالحديث السابق عن الاستراتيجيات وأساليب التعلم.

مدرس اللغة العربية سامي يعمل في مدرسة ابتدائية ويعلم العربية لأطفال المسلمين في مدينة أمريكية. كان سامي شغوفاً بتعليم اللغة العربية خصوصاً وأنه يعتقد أن تعليم العربية واجب مقدس ولذلك سعى دائماً إلى الحديث للأطفال عن أهمية تعلم العربية والحديث بها

في البيت مع الأسرة. ومع مرور الأيام لم يجد الاستاذ سامي سوى الصدود والإعراض من هؤلاء الأطفال، ويلحظ كيف يستقبل الطلبة مدرسة اللغة الإنجليزية بشغف.

كيف يحل الأستاذ سامي هذه المشكلة؟ وما واجبه تجاه هؤلاء الأطفال؟

الأستاذة زين مدرسة العربية في إحدى المدارس الإسلامية تحب التعلم التعاوني. فهي تقوم بتوزيع الطلبة في مجموعات صغيرة وتتركهم وشأنهم مدة 15 دقيقة. وبعد انتهاء الوقت، تجد أن الطلاب لم ينجزوا المهمة التي أعطتهم إياها، وأن في كل مجموعة طالب على الأقل لا يتفاعل مع مجموعته، ولذلك فهو إما أنه ينشغل بالتشويش على مجموعته أو ينشغل بالرسم والحديث مع زميل آخر من مجموعة أخرى. ما الذي لم تفعله الأستاذة زين لجعل التعلم التعاوني جذاباً ومناسباً لهذا الطالب؟ وهل هذا الطالب لا يحب العمل التعاوني؟ وإذا كان كذلك، فما الذي على المدرسة أن تفعله؟

الاستاذ جعفر مدرس العربية في المدرسة العربية في باريس يدخل صفه كل يوم حاملاً الكتاب المقرر. وما أن يدخل الصف حتى يبدأ بالحديث عن الدرس الجديد الذي سيأخذه التلاميذ. وفي نهاية الحصة يطرح عدداً من الأسئلة حول موضوع الدرس، فلا يرى تجاوباً من الطلبة. من خلال قراءتك لموضوع التيهئة الحافزة، بم تنصح الأستاذ جعفر؟.

القسم الثاني: المهارات اللغوية

4

الفصل الرابع

مهارة القراءة والاستيعاب

في هذا الفصل سنتناول المهارات اللغوية من قراءة وكتابة واستماع وحديث. وسيكون ترتيب الفصل على النحو التالي:

أولاً: مهارة القراءة والاستيعاب:

وفيها سنتناول بالحديث الأسس النظرية والفلسفية التي تقوم عليها هذه المهارة، طبيعة القراءة من الناحيتين النفسية واللغوية، أنشطة يقوم بها المعلم لتحقيق الأهداف الموضوعة، حالات خاصة، القراءة من خلال المواد العامة غير الأصناف الأدبية المعروفة ومشكلات القراءة وطرق علاجها.

تعريف القراءة: القراءة عملية تفاعل بين القارئ والنص. فالقارئ يهدف من القراءة بشكل عام إلى فهم مقصد أو مقاصد الكاتب. هذا التعريف المختصر يشي بأمور مهمة جداً. أولها أن التفاعل يعني أن يكون كل من المشتركين في هذه العملية له من الخصائص والمزايا التي تمكنه من إتمام العملية والخروج بنتائج إيجابية.

وحتى يكون القارئ قادراً على القيام بهذا العمل، فإنه يحتاج إلى سبعة أنواع من المعارف:

- معرفة نحوية تركيبية.
- معرفة صرفية.
- معرفة بثقافة الأمة صاحبة اللغة.
- معرفة وخبرة بالحياة نفسها.
- معرفة اجتماعية وثقافية عامة.
- معرفة بأنواع الأساليب الإنشائية من قصة ورواية وشعر وكتابة عامة.
- معرفة بالموضوع المقروء. (أنظر هيدج، ص 189).

الأسس النظرية:

تعد القراءة من المهارات التي اهتم بها علماء النفس والفلاسفة من وقت طويل. وفي الجدول التالي توضيح لأهم الفلسفات والتطبيقات التربوية لها. على أننا يجب أن نشير هنا إلى أن هذا العرض ليس شاملاً لكل النظريات الفلسفية

البعد	الفلسفة		
الفلسفي	العقلانية	الظاهراتية	التجريبية
	ديكارت	كانت	جون لوك
النفسي	البنائية الراديكالية	البنائية الموجهة	السلوكية/ معالجة المعلومات
	فون جلاسرفيلد	بياجيه وفايغوتسكي	سكنر وغانييه
التربوي	الاكتشاف/الاستفهامية	اللغة الكلية/البنائية	النقل/ المهارات
			غانييه وهنتر

أولاً: الفلسفة العقلية

تعد الفلسفة العقلية من الفلسفات التي حاولت تفسير اكتساب المعرفة الإنسانية. تقول هذه الفلسفة بأن المعرفة تبدأ مع الولادة كأفكار مختزنة ومتوافقة مع نظام الحقيقة. لقد وجد علماء الفيزياء في القرن السابع عشر أن استخدام الرياضيات يمكّن من استخدام القوانين الكونية في تفسير العالم حيث يمكن تفسير تلك الظاهرة من خلال الفكر العقلاني المنطقي. بالنسبة للعقلانيين فإن المعرفة لا تظهر فجأة كفكرة ذاتية، بل كمقدمة وتأخذ

شكلها النهائي من خلال التفكير المنطقي. فنحن نملك مفهوم الشجرة حتى قبل رؤيتها. ومن خلال الاستقراء المنطقي نستطيع استخدام القوة العقلية، بعبارة أخرى نقوم باكتشاف المعرفة الجديدة من خلال التغيير أو الإضافة العقلية للملكات المختزنة عندنا.

ثانياً : الفلسفة التجريبية

كان فرانسيس بيكن الفيلسوف الفرنسي وجون لوك الإنجليزي من أوئل من تحدى الفلسفة العقلية. حيث إن مصدر المعرفة في هذه الفلسفة الملاحظة المباشرة وليس الملكات المختزنة. هذه الفلسفة التجريبية نمت مع الطريقة العلمية. كما يعتقد الفلاسفة التجريبيون بأن الحقيقة الملاحظة هي الصورة الكاملة للعالم. ولهذا فإن الخبرة والملاحظة. فمعرفتنا نتيجة مباشرة لما نجمعه من المعرفة تأتي من خلال الاستنتاج العقلي الناتج عن معلومات وملاحظات من العالم من حولنا.

ثالثاَ: الظواهرية/الظاهراتية

هذه الفلسفة رفضت الفلسفات السابقة. فقد قال كانت في كتابه " نقد العقل المحض" إن كلا الفلسفتين العقلية والتجريبية تقولان بأن الفرد يكتسب الحقيقة من العالم الخارجي. أما كانت فيرى أن هناك مستوى آخر من الحقيقة وهو كيف يظهر العالم للفرد. ولأن عقولنا تملك مفهومي الزمان والمكان، فإن الفرد يقوم بتقديم نظامه وفكره الموضوعي على خبراته. فنحن بكلمة أخرى نتفاعل مع الحقيقة، فنستخدم الأبعاد المكانية مثل تصنيف الأشياء، ووضعها في قوائم والمقارنات والتقابلات وكذلك الأبعاد الزمنية مثل السبب والنتيجة والتنسيق لنعطي خبراتنا معنى معين وبالتالي نقوم ببناء المعرفة.فنحن نعرف الشجرة من خلال خبراتنا المعرفية حيث يتناسب مفهوم الشجرة مع التراكيب العقلية مثل الصفات الأساسية للشجرة والتغييرات التي تطرأ عليها مع الزمن.

أثر الفلسفات السابقة على نظريات التعلم

ظهر علم النفس كعلم مستقل بعد صرف النظر عن الفلسفة وتفسيرات الفلاسفة للمعرفة وطرق اكتسابها. وقد كان ذلك في نهاية القرن التاسع عشر. وقد ظهرت ثلاث نظريات في التعلم متأثرة بالتفسيرات الفلسفية السابقة، وهي:

أولاً: البنائية الراديكالية:

يحدث التعلم في هذه المدرسة عندما يبدع الفرد معرفة مهمة من خلال خبراته الناتجة عن تفاعله مع العالم من حوله. ولهذا فالمعرفة متأثرة إلى حد بعيد بالسياق، بعبارة أخرى بالظروف المحيطة بتلك المعرفة. حيث تتفاعل الخبرات الفردية الجديدة مع معارفه السابقة.

ثانياً: السلوكية/ معالجة المعلومات

تعد النظرية السلوكية في التعلم تفسيراً أميناً للفلسفة التجريبية. فالتعلم في هذه المدرسة ناتج عن الربط، فعند حدوث أمرين معاً فإنهما يرتبطان عقلانياً. وقد ارتبطت هذه المدرسة بعدد من علماء النفس من أبرزهم بافلوف الروسي وسكنر الأمريكي. والتعلم في رأي منظري هذه المدرسة ينتج عن ارتباط الحدث بشرط ما الذي يستجلب استجابة من الفرد ثم تعزيز تلك الاستجابة إذا كانت إيجابيةً ونافعةً للفرد. ويظهر التعلم من خلال التغيير الحاصل في سلوك التعلم. حديثاً، اتخذت المدرسة اتجاهاً آخر، حيث ركزت على المعالجة الداخلية للمعلومات نتيجة لتطبيق ما توصل إليه الباحثون في الذكاء الاصطناعي على الإنسان . فخلال عمل تعليمي واحد هناك عدة مراحل للمعالجة والتي يتم إعدادها من خلال اشراطات خارجية. وبكلمة فالتعلم ينتج عما يقوم به المدرس لا ما يفعله الطالب.

ثالثاً: البنائية الموجهة:

لقد قام عالمان بتفسير الفلسفة الظاهراتية لتوضيح التعلم النفسي ودعيا ذلك التفسير بالبنائية. >فبياجيه< تجاوز >كانت< الفيلسوف المشهور بقوله إن التراكيب العقلية تتطور عبر الزمن وليست أموراً سابقة الوجود. ولهذا فحتى يحدث التعلم لابد من تفاعل المادة المجمعة عبر الحواس مع التراكيب العقلية تفاعلاً داخلياً. ولهذا فالتعلم ناتج عن تلك التفاعلات التي تؤدي بالفرد إلى تركيب (تصنيع) وتنظيم المعلومات وبهذا تنتج الحقيقة التي نمارسها بالفعل. وقد ادعى فيغو تسكي العالم الروسي المشهور بأن البنائية ناتجة عن التفاعل الاجتماعي وليس من خلال العمل داخل الفرد نفسه. فمن خلال التعاون الاجتماعي المعنوي يبني الفرد معنى جماعياً لفكرة معقدة لا يلبث بعد ذلك أن يجعلها خاصة به.

تبني التربويين للنظريات والفلسفات السابقة

التعلم بالاكتشاف

ظهرت البنائية الراديكالية في التعلم من خلال التعلم بالاكتشاف غير الموجه. فنقطة البدء هي الأسئلة التي يطرحها المتعلم نفسه. ودور المعلم هو غرس الاستنباط العقلي كاستراتيجية للتعلم من خلال توفير سياقات غنية توفر ملاحظة محسوسة للمتعلم. ويتعلم الفرد عن طريق الاستنباط والاستقراء العقليين حيث يقوم بربط معلوماته المجردة بالواقع المحسوس. وفي التعلم الاكتشافي يحدد القواعد ويقوم بعمل التعميمات ويكتشف المفاهيم. وقد تمت الاستفادة من هذه النظرية في المراحل ما قبل المدرسة من خلال نظرية مونتيسوري وكذلك في تعليم الرياضيات على المستوى الجامعي.

المهارات والنقل:

يعتمد دور المعلم في التصور التجريبي ومعالجة المعلومات على نقل الخبرات والمهارات للمتعلم. ولهذا فالتعلم ناتج عن أثر خارجي كالمعلم أو الكتاب أو برنامج تعليمي على جهاز الحاسوب. ودور هذا العامل الخارجي هو تقديم القواعد للمتعلم ومنحه فرصة التدرب عليها حتى يتمكن من السيطرة عليها. فمثلاً يتم تقديم مهارة القراءة بناء على النتائج التي يحصل عليها المتعلم من اختبار وما يؤدي إليه الاختبار من إبراز نقاط الضعف لدى المتعلمين. ويتم تعليم المهارات منعزلة أحياناً أو من خلال التدريس المباشر، ثم يتم اختبار المتعلمين ثانية لمعرفة مستوى السيطرة لديهم. وقد أدى ذلك إلى إعداد وتصميم مواد تعليمية مبرمجة كانت أساساً يستخدمه المدرسون الجدد في المستوى الجامعي.

ثالثاً: اللغة الكلية/ البنائية

لقد أطلق على التطبيقات التربوية للنظرية الظاهراتية/ البنائية اسم " اللغة الكلية" في تعليم القراءة. وهذا التطبيق التربوي لتلك النظرية أمر حديث. لقد تم تطوير اللغة الكلية لتستخدم أساساً في المستويات التعليمية الأساسية، حيث يتم التركيز على النصوص الروائية والنحو القصصي لمساعدة الطلبة في عملية الاستيعاب. ولتطبيق الطريقة الكلية على النصوص العادية (المكتوبة للمجلات العلمية) فإن الأمر يحتاج من المدرس عملاً

موازياً مع تركيب النص. وللنصوص المستخدمة على المستوى الجامعي عدد من الخصائص منها أن تكون النصوص أصيلة، أي معدة للاستخدام اليومي وتناسب المستوى الجامعي. ويتم تدريسها بشكل موجه عن طريق الاستخدم الفردي والجماعي. فمن خلال البنائية الموجهة يقوم المعلم بعرض نموذجي وتوجيه مباشر للتعرف على المهارة ومن ثم السيطرة عليها. وبدلاً من قيام الطالب بالعمل وحده، يتم إعداد مهمات تعليمية جماعية مناسبة للموقف الاجتماعي.

من خلال الاستعراض السابق لنظريات التعلم والفلسفات الموازية لها نستطيع الخلوص إلى عدة أمور تتعلق بعناصر العملية التعليمية والأدوار التي يقوم بها كل عنصر لإنجاح تلك العملية. ولذلك سنتحدث عن دور المعلم، الطالب والمواد التعليمية الأصلية والمساعدة.

دور المعلم:

يختلف دور المعلم من نظرية إلى أخرى، ففي حين نجد هذا الدور ينحصر في تقوية الاستقراء المنطقي لدى الطلاب من خلال طرح الأسئلة كما في البنائية الراديكالية، فإن المنهج التجريبي يدعو المعلم إلى نقل المهارات والخبرات التي يمتلكها إلى الدارسين. أما في الطريقة الكلية فإن دور المدرس يقوم على تهيئة بيئة تعليمية مناسبة لمستوى المتعلمين وإعداد مواد تعليمية أصيلة ذات معنى بالنسبة للمتعلم.

ويبقى دور المعلم من الأهمية بمكان، خصوصاً عندما يتسع هذا الدور ليصبح كما قدمنا سابقاً ميسراً ومسهلاً للعملية التعليمية ، بحيث يستطيع الاستفادة من عوامل عديدة لإنجاح العملية التعليمية. فالطالب المتميز في بذل الجهد والطالب ذو القدرات العالية فنياً ومهارياً والطالب المحاور مصادر معينة للمعلم في حجرة الدرس. وهذه الأنواع المختلفة من الطلبة موجودة في كل فصل دراسي وما على المدرس إلا اكتشافها وتوجيهها لخدمة المجموع. ولذلك فإن دور المدرس لا يجوز أن ينحصر في الأخذ بنموذج ما أو الاستسلام إلى الراحة، بل إن المعلم الناجح لا يعرف للراحة طعماً. فهو يكتشف المواهب في فصله، ويعد المواد التعليمية المساندة ويهيء جواً ديمقراطياً يساعد الطالب على الحوار والمناقشة وتقليب الآراء والرفض والقبول ويتعلم الطالب في هذا الجو التسامح مع المخالفين واحترام

آرائهم ووجهات نظرهم ويتعلم كيف يأخذ دوره في الحوار وكيف يتنازل عنه. فالطالب لا يتعلم مهارة فك الحرف في القراءة أو الاستيعاب المحدود الذي يمكنه من الاستفادة من المعلومة لتجاوز الاختبار، بل يتعلم الطالب عدة مهارات فى الحصة الواحدة، فهو يستمع لزملائه باهتمام ويحاور مستخدماً الأساليب المنطقية والمحاججة العقلية ويقرأ النصوص ويكتب إذا دعت الحاجة ، كل ذلك يتم في حصة دراسية واحدة. مما يتيح للطلبة النمو الطبيعي الذي سيؤثر على مستقبلهم.

دور المتعلم:

في النظريات التي سبق عرضها يختلف دور المتعلم من متلق سلبي يخضع للمثيرات التي توفرها البيئة إلى مشارك رئيس في العملية التعليمية. ففي المدرسة السلوكية يقتصر دور المتعلم على الاستعداد للتعامل مع البيئة المحيطة كما هي دون تدخل مباشر في تعديلها بالإضافة أو الحذف لتناسب مستواه العقلي أو المعرفي. ومن هنا ظهرت البرامج المعدة سلفاً من خلال ما عرف باسم " التعليم المبرمج". أما في البنائية فإن دور المتعلم يتسع ليصبح فاعلاً في اختيار النصوص المقروءة والدخول في حوارات مباشرة مع زملائه الذين يساعدونه من خلال سد الفراغ الذي قد يعاني منه ويتدخل المدرس عندما لا تستطيع المجموعة الوصول إلى حل مناسب أو تنفيذ المهمة التعليمية بشكل صحيح. وقد اصطلح على تسمية هذه العملية باسم " منطقة النمو التقريبي" والتي جاء بها فيغوتسكي. حيث أشار إلى الدور الكبير الذي يقوم به الرفاق تجاه بعضهم البعض في تجسير الفجوة بين القدرة الواقعية والقدرة الكامنة لدى المتعلم.

المواد التعليمية:

في المستوى الجامعي يحسن بالمدرسين ترك هامش من الحرية للطلبة لاختيار المواد التي تناسب ليس فقط مستوياتهم العلمية بل ايضاً ميولهم ورغباتهم. فبعض الطلبة يميلون إلى النصوص العلمية البحتة والتي يغلب عليها التجريد، في حين نجد آخرين يحبذون النصوص التي تتعامل مع الواقع المحسوس. ويفضل البعض النصوص التي تتعامل مع قضايا مجتمعية في حين يفضل آخرون التعامل مع نصوص خيالية مستقبلية. ولذلك فإن تكليف الطلبة باختيار نصوص مناسبة أمر حيوي في عملية التعلم.

أهداف تعليم القراءة:

يعد التخطيط للأهداف من الأمور ذات الأهمية الكبيرة في العملية التعليمية. وقد تناولنا في الفصل السابق الحديث بالتفصيل عن أهمية الأهداف التربوية. لكن السؤال هو لماذا نعلم القراءة؟ قد يكون الجواب عن هذا السؤال بسيطاً للغاية، فالقراءة هي المهارة الأساسية التي بدون تعلمها يبقى الفرد أمياً. ولذلك كانت الدعوة القرآنية الأولى لمحو الأمية عندما خاطب الـلـه سبحانه وتعالى رسوله الكريم محمداً صلى الـلـه عليه وسلم بكلمة " أقرأ".

الأهداف المعرفية والتربوية لمهارة القراءة:

تتجاوز أهداف مهارة القراءة مجرد فك الحرف، أي قراءة الرموز مفرقة أو مجتمعة. فهذه العملية يتقنها المتعلم في مرحلة مبكرة من حياته التعليمية. لكن المقصود هنا كيف تكون مهارة القراءة منطلقاً لتحديد أهداف المتعلم المعرفية والتربوية.

الأهداف المعرفية:

هناك خلط في استخدام كلمة المعرفة. فالبعض يطلق على المعلومات المختزنة في ذهن الفرد اسم المعرفة، وآخرون يقدمون المعرفة من خلال البعد الفلسفي لها أو ما يسمى بالبعد الابستمولوجيEpistemology . وفريق ثالث يعرف فرع علم النفس الذي يبحث في العمليات العقلية ومعالجة المعلومات بعلم النفس المعرفي. وهنا نقصد بكلمة المعرفي قدرة المتعلم على إدراك العلاقات الموجودة في النص واستخراج المعاني التي يحتملها النص أو بكلمة أخرى تفاعل الخبرة الفردية بالعالم والحياة مع المادة المكتوبة أو استخدام المعلومات السابقة المتوفرة لدى المتعلم في تفكيك النص واستخراج المعاني. ولا يكون ذلك إلا بتوفر أدوات معينة لدى القارئ. فالقارئ ذو المعرفة المتميزة بالمادة المقروءة وخبرته في التعامل مع النصوص سيكون اقدر بالتأكيد على استخراج معان جديدة من النص أكثر من القارئ السطحي المعرفة. كما أن قدرة القارئ على الاستفادة من خبراته بالحياة أمر حيوي في تفسير النصوص المقروءة وإعطائها أبعاداً جديدة. ولذلك يتعدى الهدف المعرفي مجرد الاطلاع على المادة وخزنها في الذاكرة مستخدماً استراتيجيات معينة ليكون الهدف استخدام مهارة القراءة في التفكير العقلي والمحاكمة العقلية ولتصبح مهارة يستخدمها القارئ عند تعامله مع

النصوص. ولذلك تصبح مهمة المعلم ليس مجرد تقديم نصوص مقروءة للتلاميذ وشرح المعاني وإلزامهم بالمعاني التي يفهمها المعلم نفسه بل تتعدى مهمته هذه المهمة التقليدية لتصبح مهمة فتح آفاق جديدة للمتعلمين من خلال عدة استراتيجيات أهمها استخدام المقدمات المثيرة للانتباه والعصف الذهني وربط المعلومات الجديدة بالمعلومات المتوفرة لدى القارئ واستخدام مهارة خريطة المفاهيم. وكذلك تعليم المتعلم التمييز بين الحقائق والآراء والأسباب والنتائج والاستفادة من طرق الكتابة المختلفة بحيث يتعرف القارئ على الجوانب الفنية والجمالية في النصوص.

طبيعة المادة المقدمة للقراءة

هناك عدة عوامل تحدد طبيعة المادة القرائية منها طول النص، احتواؤه على كمية من المفردات الجديد المشحونة بمعان متعددة، طبيعة التراكيب النحوية والصرفية، وكذلك طبيعة الأسلوب الذي كتب به النص أو كون المادة أصيلة أو مصنوعة.

فالتعامل مع النصوص الطويلة يحتاج من المدرس إلى طريقة خاصة تختلف عن النصوص القصيرة. فغالباً ما تكون النصوص القصيرة خالية من العبارات المشحونة بالمعاني المختلفة وخالية من التعقيدات اللفظية ومحدودة في عدد المفردات الجديدة. ولذلك يسهل تدريسها والتعامل معها. أما النصوص الطويلة فقد تكون سهلة التناول لكن طولها غالباً ما يكون سبباً في وجود معان كثيرة ومفردات جديدة وجمل طويلة تحتاج من المتعلم إلى تركيز خاص لفهمها وإدراك مراميها. هذه العوامل مجتمعة تحدد طبيعة التناول والتعليم. ويجدر بنا هنا أن نشير إلى قضية نحسبها مهمة وهي أن بعض المدرسين يجدون صعوبة في التعامل مع النصوص بحجة أنها أعلى من مستوى المتعلم، وذلك راجع بالدرجة الأولى إلى أمرين هما: سوء اختيار النصوص وثانيها عدم قدرة المدرس على الاستفادة من النص في اختيار طريقة في التدريس تناسب المستوى العلمي للدارسين وربط النص بحياة الدارسين.

فالمدرس قد لا يكون حراً في اختيار النصوص باعتبار أنه يتعامل مع منهج محدد من قبل وزارة التعليم في بلده بالإضافة إلى ضغط الجهات المسؤولة بحيث يتوجب على المدرس إكمال النصوص في وقت محدد. ولذلك يجب أن تكون يد المدرس حرة في اختيار النصوص المناسبة لتلاميذه إذا وجد أنها لا ترتبط بحياة الطلبة ولا مقيمة معنوية لها عندهم.

وقد أشرنا في مكان سابق إلى أهمية اختيار المادة الأصيلة التي تعبر عن مواقف حياتية حقيقية يستفيد منها المتعلم في المواقف المشابهة والتي ستواجهها عند استخدامه اللغة.

طرق تدريس مهارة القراءة:

كما أسلفنا سابقاً، فإن اختلاف طرق تدريس مهارة ما بين المعلمين أمر طبيعي. وذلك راجع بالدرجة الأولى إلى النظرية الفلسفية أو النفسية التي يقتنع بها المدرس. فمن المدرسين من يكون همه إتقان المتعلم لفك الرموز والقراءة السليمة من حيث الشكل، أي التركيز على دور المتعلم في قراءة تتسم بالضبط السليم للكلمات وإخراج الحروف من مخارجها الأصلية، دون كبير اهتمام بما يحصله المتعلم من معان أو تركيز على الاستيعاب. ومن المدرسين من تسيطر عليه فكرة المعنى، فينصب اهتمامه على الاستيعاب وربط المعلومات الجديدة بالمعلومات القديمة واستخدام القراءة لتمكين المتعلم من استخراج معان جديدة مستخدماً التحليل المنطقي والمحاكمة العقلية. وقد يهمل هذا النوع من المدرسين الضبط الإعرابي ويعتبره أمراً ثانوياً. وهنا سنعرض للطريقة المثلى في القراءة وسنبين أن طريقة القراءة التي نفضلها هي تلك التي تعتمد أساساً على تحقيق الهدف أو مجموعة الأهداف التي يريد المتعلم تحقيقها من خلال القراءة.

وأهداف القراءة على مستويين:

المستوى المتعلق بإتقان المهارة نفسها وهنا يجب مراعاة الأهداف التالية:

- تمكين المتعلم من قراءة نصوص عامة مختلفة في أساليبها بين قصصية وروائية ، نثرية أدبية أو علمية عامة.
- تمكين المتعلم من تطوير استراتيجيات وأساليب تتلاءم مع طبيعة النص المقروء ، فهناك القراءة السريعة التي تقوم على المسح العام للنص، وهناك القراءة التفصيلية التي تهدف للخروج بمعلومات محددة.
- التمكن من اللغة ذاتها من حيث البينة والتراكيب والمفردات.
- بناء خلفية معرفية ليستفيد منها لاحقاً
- معرفة نظام اللغة في مستوياته المختلفة: النحوية والصرفية والخطابية والصوتية.
- تطوير عقلية ناقدة للنصوص المقروءة، بحيث يصبح المتعلم قادراً على التحليل والتركيب والموازنة والمقارنة.

والمستوى الثاني هو المتعلق بالمحتوى المقروء وهنا يجب مراعاة الأهداف التالية:

1- القراءة من أجل تحقيق النجاح في المواد الأكاديمية.

2- القراءة من أجل الاستمتاع.

3- القراءة من أجل التفاعل مع الثقافة الجديدة كقراءة الصحف والمجلات والكتب التراثية .

القراءة من أجل النجاح :

ويكون هم الدارس في هذا النوع من القراءة تحصيل أكبر كمية من المادة المقروءة من خلال الاستظهار والحفظ. وغالباً ما تكون القراءة صامتة، حيث لا يهم المتعلم هنا النطق السليم أو الضبط الإعرابي. وقد يستخدم بعض الطلبة القراءة الجهرية اعتقاداً منهم أن سماع أنفسهم يؤدي إلى حفظ أكثر للمعلومات.

ولما كان الهدف هنا هو الحفظ لاستخدام المحفوظ في الاختبار فإن فرص استخدام هذا المحفوظ تقل مع مرور الوقت لغياب الهدف أصلاً. وهذا الأمر ملاحظ شائع حيث نجد أن الكثير من الطلبة لا يتذكرون الكثير من هذه المادة المحفوظة حتى بعد مرور وقت قصير عليها. وتستخدم هذه الطريقة -خطأً- من الحفظ مع المواد التاريخية والجغرافية والدين والفلسفة وغيرها، او ما يطلق عليه العلوم الاجتماعية والإنسانيات.

دور المعلم

وللمعلم دور مهم في توجيه الطلبة نحو الطريقة المثلى للقراءة والتي تمكنهم من استبقاء ما يقرأون وذلك من خلال تعويدهم في الفصل القراءة الهادفة التي تركز على المعنى وتربط الجديد من المعلومات بالقديم وجعل المادة المقروءة متصلة بحياة المتعلمين. ويتحقق ذلك من خلال التدريبات الاستيعابية والحوار المستفيض لما يقرأه الطلبه والكتابة بالتلخيص والتعرف على الأفكار الرئيسة والثانوية للنصوص.

القراءة من أجل الاستمتاع:

يقرأ فريق كبير من الناس لأجل الاستمتاع. وتتنوع المادة المقروءة من كتب جادة وصحف سيارة إلى قصص وروايات. ويقرأ الناس مستخدمين القراءة الصامتة. وفي هذا النوع من القراءة لا يكون تركيز القارئ على اكتشاف العلاقات التركيبية بين التراكيب بقدر الاهتمام بالمعنى الذي تتضمنه المفردات والعبارات. ولذلك نجد أن القارئ لا يشغل نفسه

بالتفكير بالدور الذي تقوم به تلك العلاقات في تحديد المعنى. وقد يكون جهل القارئ بدور تلك العلاقات أو محدودية المعرفة لديه سبباً في محدودية الاستيعاب والفهم. حيث قد يستنتج من النص المقروء نسبة محدودة من المعاني التي يحتملها النص، أو يصل الأحر إلى التفسير الخاطئ لمعنى النص مع أن المقصود الاستمتاع.

وللمدرس دور مهم في هذا الخصوص، حيث يمكن أن يقوم مع تلاميذه بقراءة نصوص قصيرة من روايات مختلفة أو كتب جادة أو صحف ثم يقيم حواراً حول المعاني التي تضمنها النص والطرق التي استفاد منها الطلبة في تحديد المعاني.

وقد يستفيد المدرس بل الأصل أن يستفيد من معارف الطلبة السابقة في تحليل تلك النصوص للحصول على أكبر قدر من الفهم والاستيعاب. ومن المفترض ألا يفرض المدرس فهمه لتلك النصوص على طلبته خصوصاً في المراحل المتقدمة، بل يجب أن يتيح لهم فرصة التفكير الفردي الحر الذي يتناسب مع فهمهم، على أنه لا ينسحب من العمل تماماً بل يوجه الطلبة للاستفادة من خبراتهم ومعلوماتهم وربطها مع المادة المقروءة، كل ذلك يجري في جو ديمقراطي حواري بحيث تنمو شخصية الطالب ويكون مستعداً ومسؤولا عن فهمه الخاص.

وللكتابة دور لا بد من الاستفادة منه في بلورة الأفكار التي يتوصل إليها الطلبة. فقد يطلب منهم تلخيصاً لما قرأوه، بحيث يتضمن التلخيص الأفكار الرئيسة والثانوية في عرض سلس شيق. وبعد الانتهاء من التلخيص الذي يفضل أن يتم في حجرة الصف، يمكن للطلبة عرض أفكارهم والتحاور مع زملائهم حول تلك الأفكار. وتزداد الفائدة عندما يعمل الطلبة من خلال مجموعات صغيرة تقدم فهمها للنص. وقد يتيح ذلك فرصة تعلم العديد من المهارات الاجتماعية مثل التسامح مع المخالفين وطرق الدفاع عن وجهة نظر المجموعة والتفاوض الاجتماعي وغير ذلك من المهارات ذات الأهمية البالغة في تنمية شخصية الطالب. وفي هذا النوع من النشاط يكون دور المدرس التوجيه والتسديد وفتح الآفاق أمام الطلبة من خلال الأسئلة التي يوجهها والحوار الذي يديره.

استراتيجيات القراءة

في الفصل السابق تحدثنا عن استراتيجيات التعلم وذكرنا تفصيلات عن أنواعها وطرق استخدامها. وفي هذا الفصل والفصول التالية سنقدم تطبيقات لبعض الاستراتيجيات التي تخدم كل مهارة لغوية.

وقبل الشروع في الحديث عن استراتيجيات القراءة، لابد من الإشارة إلى صفات القارئ الجيد مقارنة بالقارئ الأقل قدرة على الاستفادة من قراءته. (بتصرف، كوك 1989).

الفعل/ الأفعال	القارئ الجيد	القارئ الأقل جودة
قبل القراءة.	- يستثير المعرفة السابقة. - يفهم المهمة المراد تحقيقها ويضع أهدافاً للقراءة. - يختار الاستراتيجية المناسبة.	- يبدأ القراءة مباشرة دون الاهتمام بالمعرفة السابقة. - لا يعرف أهداف القراءة. - لا يخطط مسبقاً للقراءة. - من السهل أن يتشتت ذهنه ويفقد التركيز.
أثناء القراءة.	- يركز انتباهه. - يحاول التوقع و التنبؤ بما سيحصل أو يأتي في النص. - يستخدم استراتيجيات معينة عندما يجد نفسه أمام مشكلة في الفهم. - يستخدم التحليل السابق لفهم المصطلحات الجديدة. - يستخدم التراكيب لتقويم الفهم والاستيعاب. - ينظم المعلومات الجديدة وينسقها. - يراقب نفسه أثناء القراءة من خلال معرفة ما إذا فهم النص أم لا. - ما تم فهمه بالفعل.	- يقرأ بهدف الانتهاء من المهمة (تذكر الحديث النبوي حول القراءة والذي يشدد على أهمية عدم التركيز على الانتهاء من السورة أو الجزء). - عندما يواجه مشكلة في الفهم يحار ولا يدري ماذا يفعل. - لا يستطيع تحديد المفردات المهمة في النص. - لا يرى التنظيم الموجود في النص. - يضيف المعلومات الجديدة إلى مخزونه و لا يتمثلها أو يدمجها مع معلوماته السابقة. - لا يدرك أنه فهم أم لا.
بعد القراءة	- يفكر ويتدبر بالمادة التي قرأها ﴿فلا يتدبرون القرآن، أم على قلوب اقفالها﴾. - يشعر بأهمية بذل الجهد لتحقيق النجاح. - يلخص الأفكار الرئيسية - يسعى للحصول على معومات جديدة من مصادر خارجية: (القاموس، صديق، الخ)	

هذه الخصائص التي عرضناها والتي تميز بين نوعين من القراء ذات أهمية بالغة لتحقيق الفهم والاستيعاب واللذين يشكلان هدفين رئيسيين للقراءة.

أسباب فشل القارئ في الاستيعاب:

- عدم فهم معنى مفردة، جملة، مجموعة جمل، العلاقة بين الجمل التي تشكل فقرة.
- عدم التركيز
- عدم وجود رغبة في القراءة

وقد لا حظت عند كثير من أبناء المسلمين الذيت يتلقون دراسات في اللغة العربية في أمريكا فقدان الرغبة الحقيقة للتعلم والاستيعاب لأسباب منها:

- عدم وجود معنى للمادة المقروءة، أي أنها لا تتصل بحياة المتعلم من قريب أو بعيد، ذلك أن معظم الكتب المستخدمة صممت بعيداً عن البيئة التي يعيشها هؤلاء الطلبة.
- عدم وجود دافعية للاستزادة لعدم رؤية أهداف غير الأهداف الدينية والتي غالباً ما يتم الحديث عنها من قبل المدرس أو الأهل بطرق وعظية مباشرة لا تثمر كثيراً.
- عدم ربط القراءة بحياة الطالب المستقبلية، ولذلك نجد أن كثيراً من هؤلاء الطلبة يتوقفون عن القراءة بعد أن يتقن بعضهم قراءة القرآن الكريم(دون فهم غالباً).

ولمعالجة هذه القضية لابد من:

-وجود مدرسين أكفاء من أبناء البلاد الذين عاشوا وفهموا طبيعة الحياة الأمريكية والعقلية التي تربى عليها هؤلاء الطلبة

-تدريب المدرسين القادمين من المشرق ليس فقط على طرق التدريس وتحضير المادة، بل أيضا لابد من دراسات مكثفة في النمو العقلي والنفسي والاجتماعي لهؤلاء الطلبة.

-ربط اللغة العربية بمستقبل الطلبة الوظيفي والمهني، فضلاً عن الهدف الديني.

أنواع النصوص

تقسم النصوص الأدبية النثرية إلى عدة أنواع من حيث المضمون والغاية. فمن حيث المضمون نجد الرسائل والقصص والروايات وادب الرحلات والمذكرات الشخصية فضلاً عن الخطب والرسائل الإخوانية والتجارية. أما من حيث الغاية فتنقسم النصوص إلى:

أولاً: النصوص السردية: نصوص تتضمن عرضاً لحدث أو مجموعة من الأحداث، حيث يرمي من روائها الكاتب إلى أن يقوم القارئ باستخلاص العبرة أو العبر.

ثانياً: النصوص التفسيرية: وهي نصوص تعرض بطريقة تحليلية تفسيرية. حيث يكون غرض الكاتب تقديم رؤية تحليلة لظاهرة ما أو تفسير حدث في ضوء المعطيات التي لدى الكاتب.

ثالثاً: النصوص الإقناعية: وهي النصوص التي تعرض رؤية معينة بقصد إقناع القارئ بتلك الرؤية. ويغلب على هذا النوع من النصوص تقديم الأدلة والبراهين وتدعيم وجهة النظر بالارقام. أما النصوص الدينية فيتم تقديمها في ضوء اقتباسات من القرآن الكريم والحديث الشريف واقوال العلماء.

رابعاً: النصوص الحوارية: وهي نصوص تعتمد الحوار بين شخصين أو أكثر. وتغلب على المسرحية التي يتحاور فيها الشخوص حول موقف ما.

خامساً:النصوص الوصفية: وهي نصوص يقدم فيها الكاتب وصفاً لمشهد أو موقف معين. وغالباً تكون تلك النصوص نقلاً لواقع معين بنظرة متجردة.

سادساً: النصوص الإجرائية: وهي نصوص تعتمد على تقديم معلومات توضح عمل آلة أو جهاز، حيث تعتمد كل خطوة من الخطوات على التي تليها. وتكثر مثل هذه النصوص في الأدلة المرافقة للأجهزة أو في النشرات الطبية المرفقة بعلب الأدوية.

معايير تحليل النصوص

عند تحليل أي نص أدبياً كان أو علمياً، فإن من الضروري تعرف المعايير التي يتم من خلالها فهم النص وتحليله. ومن أهم المعايير التي يمكن إيرادها:

أولاً: الهدف: كل نص مكتوب يهدف إلى تحقيق غرض أو مجموعة من الاغراض. فنص عن التلوث البيئي قد يهدف إلى تعريف القارئ بالتلوث وأنواعه وأماكن وجوده والاسباب التي تؤدي إلى وجود هذه الظاهرة. وفي هذه الحالة يكون النص تفسيرياً. ولكن إذا أضيف إليه ما يشير إلى المخاطر الناجمة عن التلوث وضرورة تجنبها والبحث عن حل للمشكلة، فإنه سيجمع بين التفسير والإقناع.

ثانياً: المستهدفون: عند تحليل نص ما يجب التعرف على الجمهور الذي كتب له النص. فقد يوجه للشباب دون الشيوخ أو للنساء دون الرجال أو المختصين في حقل معين. فالنص الذي كتب عن التلوث قد يكون المستهدفون به علماء البيئة أو عامة الناس. ولكل من هؤلاء مستوى معين من الكتابة. فقد يكون عرضاً لنتائج بحوث فيكون المستهدفون العلماء والمختصون، وإذا كان نوعاً من التفسير للظاهرة ودور الفرد في التقليل من تلك الظاهرة، فالمستهدفون هم عامة الناس وهكذا.

ثالثاً: الطريقة التي تعرض فيها النصوص: فالنص الذي يعتمد الجمل التقريرية القصيرة المباشرة والذي يتضمن أدلة وبراهين، يختلف عن النص المكتوب بالأسلوب الإنشائي الذي يتضمن الكثير من العبارات والجمل التي تستخدم الاستعارات والتشبيهات وغيرها من الأساليب المجازية.

رابعاً: المحتوى، فالنص الإقناعي يختلف في مضامينه عن النص الإجرائي. حيث تكثر في النص الإقناعي الأدلة والبراهين والأرقام وغيرها من أدوات الإقناع. أما النص الذي كتب بهدف اتباع خطوات معينة لتشغيل جهاز أو أداة، فإنه سيتضمن خطوات متسلسلة بتي بعضها على بعض.

طرق تدريس النصوص

يقدم المعلم نصاً أو مجموعة نصوص ليقارن الطلاب بينها. حيث تأخذ كل مجموعة نصاً يمثل نوعاً. يقدم المعلم المهمة المطلوبة بطريقة واضحة من خلال أسئلة مثل:

- ماذا يغلب على النص؟ الأدلة، الاستدلالات، البراهين؟

هل استخدم الكاتب الرسوم البيانية والأرقام؟ وما وظيفة تلك الرسوم البيانية باعتقادك؟

- بم يتميز النص من حيث الجمل: طويلة أم قصيرة؟
- هل المفردات مباشرة في دلالاتها(حقيقة) أم أنها مجازية؟
- هل يكثر في النص التشبيهات والاستعارات وغيرها؟
- هل تعتقد أن النص يتضمن موقفاً أو راياً معيناً؟

- هل قصد الكاتب أن يقدم للقارئ وجهة نظر أم أنه نقل الواقع دون تدخل مباشر منه؟
- هل في النص شخوص وأحداث وعقدة وحل؟
- هل يغلب على النص استخدام قواعد معينة: النصب، الجزم، النفي، التوكيد؟
- ما دلالة استخدام الكاتب لتلك القواعد النحوية؟

ومن ثم يتم التحاور فيها بعد ذلك، من خلال تقديم الطلاب لما يجدونه في النص.

ويكون دور المجموعات الأخرى طرح الاسئلة على المجموعة التي تقدم العرض. بعد الانتهاء من عروض المجموعات يقدم المعلم على شفافية السمات المميزة لكل نوع من النصوص.

وقد يبدأ المعلم بتدريب الطلاب على قراءة تلك النصوص وتعرف خصائصها باستخدام نص حيث يضع على النص بعض الإشارات التي تساعد الطلاب على الاستنتاج. فقد يضع خطوطا تحت الأدلة والأرقام ويشير إلى الرسوم البيانية عند تقديم نص إقناعي ثم يضع النموذج على شفافية.

يدع المعلم الطلاب يقرأون النص لفترة من الزمن ثم يطرح عليهم أسئلة كتلك التي اشرنا إليها سابقاً. ويسجل إجاباتهم على السبورة. وخلال عملية إجابة الطلاب يشير بطريقة غير مباشرة إلى خصائص النص ثم يقوم الطلاب باستنتاجها.

بعد الانتهاء من هذا التدريب، يقدم المعلم نصوصاً تمثل الأنواع المختلفة ويقوم الطلبة بتحليل تلك النصوص ليتأكد المعلم من أن الطلبة قد فهموا وتمكنوا من مهارة فهم تلك النصوص.

نموذج لتدريس نص إقناعي

النص

كثرت في الآونة الأخيرة ظاهرة انتشار المطاعم الغربية والأمريكية خصوصاً، مثل "مكدونالد" بيرغر كنغ" و"كنتكي فرايد تشكن". وتقدم هذه المطاعم الوجبات السريعة التي تستهوي الشباب من الجنسين.

هذه الظاهرة أدت إلى أنتشار عادات سيئة بين الشباب منها الإفراط في تناول كميات كثيرة. وكثيراً ما يصاحب الوجبات تلك المشروبات الغازية مثل " كوكا كولا" و" بيبسي كولا".

وقد تناولت هذه الظاهرة العديد من الدراسات التي أكدت أن هذه المطاعم تسببت في انتشار السمنة المفرطة. والسمنة غالباً ما تؤدي إلى انتشار الأمراض المزمنة كأمراض القلب والجهاز الهضمي وغيرها.

إن هذه الظاهرة تقلق المهتمين بشوؤن التغذية لما لها من آثار سيئة على الصحة العامة.   فالسمنة فوق أنها مقلقة صحيا، فإنها لا تعطي الرجل أو المرأة مظهراً جذابا. حيث يبدو السمين اكبر بكثير من عمره الحقيقي.

وللتخلص من تلك السمنة يحتاج الكثيرون المبالغ المالية الطائلة التي تصرف على الأدوات الرياضية وبرامج التخسيس الكثيرة. وهي برامج ليست مضمونة على أية حال!

ولذلك فإننا نرى الكثير من البرامج العلمية وتلك المهتمة بالتغذية تحاول تقديم معلومات مفيدة عن الظاهرة.

تحليل النص:

- المستهدفون:

- من المستهدف من هذه المقالة؟ فئة الشباب.

- هل تعتقد بصحة المعلومات المقدمة في النص؟

- إلى اي مدى تقنع الحجج المقدمة في النص القارئ؟

الأهداف:

- إقناع الشباب بالتحول عن تناول الوجبات السريعة

- التحول عن تناول المشروبات الغازية.

طبيعة النص البنيوية:

- الجمل: هل هي قصيرة أم طويلة؟

- هل الجمل مباشرة أم تعتمد التشبيهات والاستعارات؟

- هل رتب الكاتب الحجج حسب أهميتها برأيك؟

- ما الحجة التي تبدو أكثر إقناعاً؟

- هل الروابط المستخدمة في النص مناسبة؟ وما الدليل؟

استراتيجيات للقراءة

سأعرض لاستراتيجية واحدة والمعروفة باسم PQ4R

وتتكون هذه الاستراتيجية من النشاطات التالية:

أولاً: النظرة الأولية السريعة بقراءة العنوان، أقسام النص، وربط الصور المرافقة بالنص. ويجب قراءة الفقرة الأولى والأخيرة كون الأولى تحوي الجملة الأساسية والفكرة الأساسية للنص، والفقرة الأخيرة تحوي تلخيصاً للنص بمجمله.

- طرح الأسئلة: طرح أسئلة يتوقع الطالب عند الإجابة عنها أنها ستقدم له فهماً مناسباً. أثناء القراءة اربط النص بتلك الأسئلة وأجب عنها بوضع خطوط أو كتابة جانبية على الهامش مستخدماً مفردة أو عبارة قصيرة.

القراءة: بعد أن تقوم بالنشاطين السابقين، قم بقراءة النص كاملاً مسجلاً ملاحظاتك، وستجد أن الجمل أو المفردات التي وضعت تحتها خطوطاً أو أوضعت عليها علامات معينة، لها أهمية في فهم النص.

- التدبر والتفكير: وذلك بربط أجزاء النص وفقراته معاً ومحاولة البحث عن محور أو فكرة(أفكار أساسية) للنص.

- التلخيص: وذلك بكتابة الأفكار الاساية والنقاط المهمة على ورقة خاصة، اقرأ النص لنفسك بصوت مرتفع، أو أكتب تلك الملاحظات على ورقة كبيرة بجانب النص لترى العلاقة بينهما.

- المراجعة الأخيرة:

- مراجعة الأفكار الأساسية مرة أخرى، التأكد من أن الاسئلة التي طرحتها في بداية النص قد أجبت عنها، وتأكد من فهمك لهدف الكاتب.

- قد يتساءل مدرس اللغة قائلاً، إن هذه الاستراتيجية تنفع مع الطلبة المتقدمين، ولكن ما بال الطلبة المبتدئين، هل من سبيل لإعانتهم على الفهم؟

الحقيقة هي أن هذه الطريقة ذاتها تنفع في المستويات الدنيا والمستويات العليا، ولكن بحاجة إلى تطبيق جيد. فمن الملاحظ أن الدروس في المراحل الأولية في كثير من كتب تدريس العربية لغير أهلها تبدأ بحوارات أو نصوص قصيرة. هذه النصوص والحوارات لابد من قرائتها أولاً للطلبة وإعطائهم فرصة التفكير بها وعرض المادة عليهم من خلال شفافية على السبورة وبيان طريقة فهم المفردات أو الجمل من خلال تدريبات للمفردات أو التراكيب. فتدريبات المقابلة أو الضد أو وضع الكلمات في جمل قصيرة مفهومة للطلبة تعين الطالب على الفهم.

مثال تجريبي:

(نص من جريدة أو مجلة أو كتاب)

أهداف الدرس:

1-يستخرج الطلبة الأفكار الرئيسة في النص

2- يستخرج الطلبة الأفكار الثانوية الداعمة للفكرة الرئيسة.

4- يربط الطلبة معرفتهم السابقة بالمعرفة الجديدة التي يقدمها النص.

5- يستعرض الطلبة العلاقات التي يفرضها النص بين الأفكار الواردة فيه.

6- يستخرج الطلبة الأدوات ذات الأهمية للمعنى.

الأنشطة:

1- يعطى الطلبة فرصة لقراءة النص مدة من الزمن تكفي لفهم عام.

2- يناقش المعلم الطلبة بالأفكار الواردة في النص

3- يستعرض المعلم العلاقات المنطقية التي تحكم تسلسل النص.

4- يكتب الطلبة ملخصاً للأفكار الواردة في النص.

5- يكتب الطلبة موضوعاً كواجب منزلي بحيث يستفيدون من الطريقة السابقة في تحليل النص.

6- ويفضل أن يتم ذلك من خلال تعيينات يقدمها المعلم. فيقدم ما يسمى بخريطة المفاهيم.

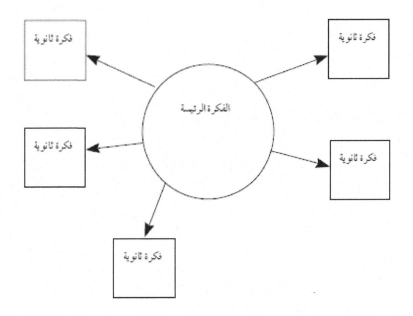

أسئلة أولية عن النص:

1- ما الفكرة الرئيسة في النص؟

2- ما الأفكار الثانوية في النص؟

3- هل الأفكار الثانوية جاءت على شكل أمثلة، حقائق جديدة، أم آراء للكاتب؟

4- ما الأدوات التي استخدمها الكاتب لربط عناصر النص؟

5- ما الأسئلة التي مرت بذهنك خلال قراءة النص؟

6- من خلال معرفتك بمعايير النص الجيد، هل تعتبر النص نموذجاً جيداً للكتابة؟ إذا كانت الإجابة بنعم، اذكر المعايير التي على أساسها بنيت حكمك. وإذا كانت الإجابة بلا، اذكر جوانب النقص التي تراها مفقودة من النص.

القراءة من أجل التفاعل مع الثقافة الجديدة

وهذا الهدف مهم للمتعلم الجديد خصوصاً ذلك الذي يتعلم بقصد الانتقال والعيش في مجتمع اللغة الجديدة. والقارئ هنا يجب أن يطلع على التطورات التي تطرأ على الحياة اليومية، مما تتيح له فرصة الانخراط في المجتمع الجديد والتكيف مع ذلك المجتمع.

وهذه الحالة كثيرة اليوم خصوصاً بعد انتقال الكثير من العمال المهرة وغيرهم للعمل في المجتمعات العربية الغنية. مثل هؤلاء العمال والمهنيين يحتاجون للقراءة في هذا الميدان. كما أن من الممكن أن نقدم لهؤلاء بعد مرحلة معينة مقررات دراسية خاصة بهم، كالقراءة لقطاع الأطباء أو المهندسين والعلماء أو طلاب العلوم الشرعية. أضف إلى ذلك أن مادة أصيلة تقدم للجميع كرابط يربط بينهم وبين المجتمع الجديد. والمعلم الجيد هو المنفتح على الاختيار الأمثل للنصوص المحققة لأهداف المتعلمين.

نشاط تعاوني لتعليم مهارة القراءة

تعد مهارة القراءة من المهارات التي لا يستطيع المتعلم أيا كان مستواه أن يتقدم في التعلم ما لم يتقن هذه المهارة إتقاناً جيداً. ومهارة القراءة لا تخص إتقان مطابقة الرموز بالأصوات فحسب، بل فهم وإدراك مرامي الرسالة المتضمنة في النص. وبغض النظر عن نوع النص سواء أكان علمياً أو أدبياً. وفي هذا النشاط سنقدم درساً نموذجياً في فهم محتوى نص قرائي بالطريقة الحديثة وهي طريقة العمل في مجموعات.

المهارة: استيعاب المقروء

المادة: اللغة العربية

خطوات العمل:

أولاً: قسم الصف إلى مجموعات من أربعة طلاب أو اقل حسب ما تراه مناسباً ويفضل ألا تقل المجموعة عن ثلاثة.

1- ليكن في كل مجموعة طالب متميز وطالب ضعيف وطالبان في مستوى متوسط.
2- أعط كل طالب رقماً بغض النظر عن مستواه.

ثانياً: حدد بعض المهمات الخاصة بالمفردات على النحو التالي:

1- حدد الطالب رقم 1 ليقدم للمجموعة المفردات الجديدة.

2- يحدد نفس الطالب المصطلحات الجديدة ويطلب من بقية المجموعة تقديم تعريفات لتلك المصطلحات. وفي حالة عدم قدرة أي من أفراد المجموعة على تقديم تعريف لذلك المصطلح، اطلب منهم وضع إشارة تحتها.

ثالثاً: حدد طالباً للقراءة وذلك بـ:

1- تعيين طالب رقم 2 لقراءة المادة بصوت مسموع لبقية أفراد المجموعة الذين يتابعون زميلهم.

2- لكل طالب الحرية في توجيه اهتمامه لما يعتقد أنه مهم.

رابعاً: حدد فرداً لطرح الأسئلة.

1- حدد الطالب رقم 3 من كل مجموعة لطرح الأسئلة على بقية المجموعة بناء على ما قرئ.

2- يقوم بكتابة إجابات زملائه

3- قد يقوم المدرس بتحديد الاسئلة مسبقاً حتى يتمكن الطلبة من تغطية المادة محل القراءة.

خامساً: حدد مهمات للمتابعة وذلك بـ:

1- اطلب من الطالب رقم 4 من كل مجموعة بأن يقوم بتنفيذ نشاط من مثل طرح أسئلة عن المفردات أو المصطلحات أو أسئلة حول المادة للتأكد من هضم المادة جيداً.

2- قم بعملية توجيه للمجموعات كلاً على حده.

سادساً: إعادة المجموعات إلى وضع الصف العادي بحيث يقوم:

1- الطالب رقم 1 بعرض المفردات الجديدة

2- الطالب رقم 3 بعرض إجابات المجموعة

3- الطالب رقم 4 بعرض نتائج المتابعة.

تقويم المدرس لفهم الطلبة

1- يستخدم المدرس نشاطاً تقويمياً للتأكد من فهم الطلبة للمفاهيم والمصطلحات والتعابير. وذلك من خلال ورقة عمل

2- يقيم المدرس مشاركة كل فرد في المجموعة. وذلك بأخذ الاوراق الخاصة بكل فرد.

تقويم المجموعة لعملها وذلك ب:

1- بأن يقوم كل فرد بتقويم تجربة العمل التعاوني

2- يمكن استخدام النموذج التالي

تقويم عمل المجموعة

اسمك:

تاريخ الدرس:

ضع دائرة حول المقياس المناسب لك ولأفراد مجموعتك

ممتاز	جيد جداً	جيد	مقبول	ضعيف
5	4	3	2	1

تحليل النصوص القرائية

يقصد بالتحليل البحث عن مقاصد الكاتب وأهدافه، فهم مرامي النص المقروء والتذوق السليم لتلك النصوص، الكشف عن معاني بعيدة الغور في النص. ومن المعروف أن النصوص النثرية والشعرية تستخدم لغة حيوية، فيها الخيال والتشبيهات والاستعارات فضلاً عن المشاعر والمعتقدات التي يضمنها الكاتب النص صراحة أو ضمناً. وللنص سياقاته المختلفة ثقافيا وسياسياً واجتماعيا كما أن للنص سياقاته الزمانية والمكانية. ولهذا فإن التحليل العميق للنصوص يعني أن يكون الطالب قادراً على الغوص في المعاني البعيدة وتفسير النص ضمن تلك السياقات. ولان التحليل يختلف في مستوياته من قارئ لآخر تبعاً للخلفية الثقافية والعلمية للقارئ، فإن تعليم هذه المهارة ضروري للطلاب، حيث إن التحليل وما يتطلبه من قراءات ومطالعات خارجية سيغني الطالب ويثري معارفه.

كيف نحلل قصة؟

عناصر القصة

- العقدة: يعتمد النص القصصي على مجموعة من الأحداث التي يسردها الكاتب بطريقة معينة. وتلك الأحداث لا بد وأن تنتهي عند مرحلة معينة. ويتم ترتيب الأحداث بطريقة معينة بحيث تصل في مرحلة ما إلى إثارة الإهتمام بحدث. هذا الحدث يسمى العقدة. ويتعرف القارئ على العقدة من خلال مايتم في النص من مقارنات وموازنات وتكرار للحدث وإثارة للاهتمام. والعلاقات التي تربط تلك الأحداث بالحدث الأهم تسمى " العقدة".

الشخوص

تهدف القصة إلى الكشف عن التجربة الإنسانية في أوضاعها المختلفة. فالشخوص

تركز على صفة أو مجموعة من الصفات الإنسانية: الشجاعة، المكر، الدهاء، الجبن، التحيز، الحب الكره ..الخ. وفي النصوص القصصية نجد نوعاً من المقارنة بين شخصية وأخرى أو موازنة بين تلك الشخصيات.

المكان :ويقصد به السياق المكاني حيث الحدث يأخذ بعده الحقيقي. والمكان ليس فراغاً، بل هو سياقات تعيش في ظلال ذلك المكان. فالبلد أو المدينة أو القرية التي يصورها الكاتب، لها خصائصها وسياقها الثقافي والإجتماعي والديني والاقتصادي.

الزمان: وهو كالمكان، له سياقاته المختلفة وفي ضوء تلك السياقات يتم تحليل النص.

الحل: النتيجة التي يصل إليها الحدث، وغالباً ما تكون انتصاراً للخير والحق على الشر والباطل.

عناصر تحليل النص النثري

اللغة.

نوع اللغة.

- حسية أم مجردة.
- عقلية أم عاطفية.
- مسيطرة أم منفتحة.

ماهي إيحاءات اللغة، كم تتضمن لغة النص من إيحاءات، ماهي المشاعر أو الافكار التي تولدها لغة النص؟

إلى أي مدى يلحظ القارئ قوة اللغة؟

ما دورنبرة الصوت في توليد المشاعر أو دعمها في النص؟

ثانياً: بنية الجملة

- الجمل قصيرة أو طويلة
- هل يعتمد الكاتب تكرار الجمل أو كتابة جمل تعتمد المقارنات والمقابلات؟
- ما دور الترقيم في انسيابية الجمل أو جمودها؟

ثالثاً: الخيال

- هل اللغة رمزية أم واقعية؟
- هل اللغة خيالية (تعتمد التشبيهات والاستعارات) أم لغة مباشرة؟
- ما نوع العواطف التي يثيرها الخيال في عقل القارئ؟

صفات الخطاب

- طول كلام المتحدث
- منطقية العرض
- ما مدى استخدام لغة التهكم والسخرية؟

(جون لي، www. brocku.ca)

مشكلات القراءة وعلاجها

يواجه المتعلمون عدداً من المشاكل التي تحد من إتقان مهارة القراءة. ومن هذه المشاكل البطء في القراءة، عدم القدرة على استخدام السياق لفهم المعاني، القراءة حرفاً بحرف، عدم القدرة على رؤية الكل من خلال الأجزاء، عدم القدرة على الاستفادة من تركيب الكلمة لفهمها. هذه الصعوبات يمكن للمعلم تلافيها من خلال أنشطة خاصة بكل مشكلة.

1- مشكلة البطء في القراءة: يمكن للمعلم أن يعد نشاطاً متكرراً من آن لآخر، يتبارى فيه الطلاب بحيث يقوم المعلم بتقديم نص قرائي للطلاب ثم يضبط الوقت ، وبعد الانتهاء يقوم بتقديم مجموعة من الأسئلة حول النص المقروء يتضمن أموراً تتعلق بالمعاني الخاصة ببعض المفردات، أسئلة خاصة بالتركيب وتحليله والاستفادة منه، أسئلة استيعاب عامة حول النص ولكنها ذكية أيضاً. وبعد تصحصح الإجابات يوجه المعلم الطلبة إلى الأخطاء التي ارتكبوها بسبب البطء.

2- مشكلة القراءة كلمة كلمة. هذه المشكلة يمكن عزوها إلى الطريقة التي تعلم بها الطالب القراءة أولاً. فقد اعتاد بعض الطلاب على وضع أصابعهم على الكلمة المنطوقة ثم الانتقال إلى الكلمة المجاورة وهكذا. هذا الأسلوب معناه أن يركز اهتمامه على الكلمة فقط لا على الوحدة المعنوية من جملة أو شبه جملة أو تعبير. ويمكن حلها بإعداد تدريبات للطلبة تكون موجهة لتدريبهم على النظر إلى النص من خلال وحدات معنوية متكاملة بدلاً من الكلمات منعزلة.

3- مشكلة الفهم بالاهتمام بالتفاصيل وترك الفكرة الرئيسة أو الأفكار الرئيسة في النص. هذه المشكلة يمكن للمعلم مساعدة طلبته على تخطيها بالعمل على توجيههم لرؤية كلية للنص وذلك بتدريبهم من آن لآخر على النظر في فقرات كاملة ثم استخراج الأفكار الرئيسة منها عن طريق أسئلة استباقية تمكن الطالب من استخدام معلوماته السابقة استخداماً فاعلاً.. وتدريبه ايضاً على مهارة التنبؤ بالحدث أو الأحداث المتوقعة في نص مشابه أو حتى المعلومات المتوقعة. ففي نص

وبعد الانتهاء يقوم بتقديم مجموعة من الأسئلة حول النص المقروء يتضمن أموراً تتعلق بالمعاني الخاصة ببعض المفردات، أسئلة خاصة بالتركيب وتحليله والاستفادة منه، أسئلة استيعاب عامة حول النص ولكنها ذكية أيضاً. وبعد تصحصح الإجابات يوجه المعلم الطلبة إلى الأخطاء التي ارتكبوها بسبب البطء.

2- مشكلة القراءة كلمة كلمة. هذه المشكلة يمكن عزوها إلى الطريقة التي تعلم بها الطالب القراءة أولاً. فقد اعتاد بعض الطلاب على وضع أصابعهم على الكلمة المنطوقة ثم الانتقال إلى الكلمة المجاورة وهكذا. هذا الأسلوب معناه أن يركز اهتمامه على الكلمة فقط لا على الوحدة المعنوية من جملة أو شبه جملة أو تعبير. ويمكن حلها بإعداد تدريبات للطلبة تكون موجهة لتدريبهم على النظر إلى النص من خلال وحدات معنوية متكاملة بدلاً من الكلمات منعزلة.

3- مشكلة الفهم بالاهتمام بالتفاصيل وترك الفكرة الرئيسة أو الأفكار الرئيسة في النص. هذه المشكلة يمكن للمعلم مساعدة طلبته على تخطيها بالعمل على توجيههم لرؤية كلية للنص وذلك بتدريبهم من آن لآخر على النظر في فقرات كاملة ثم استخراج الأفكار الرئيسة منها عن طريق أسئلة استباقية تمكن الطالب من استخدام معلوماته السابقة استخداماً فاعلاً.. وتدريبه ايضاً على مهارة التنبؤ بالحدث أو الأحداث المتوقعة في نص مشابه أو حتى المعلومات المتوقعة. ففي نص يتضمن معلومات جغرافية عن السكان بلد ما يمكن للمعلم أن يوجه أسئلة على النحو التالي:

ماذا تتوقع أن يتضمن النص؟؟

هل يمكن أن يتضمن معلومات عن عدد السكان، توزيعهم الجغرافي، أصولهم العرقية، دياناتهم، نوعية الأعمال التي يمارسونها؟؟. أسئلة تتضمن أيضاً إشارات تمكن

الطالب من الاستفادة من تلك الإشارات بشكل سليم. للمزيد انظر يو مي ينن "تعليم القراءة لمتعلمي الإنجليزية من الأجانب بشكل فعال"، ص184-185 في كتاب تنمية وتطوير المعلم: الخطوة السليمة1997).

5

الفصل الخامس

تعليم مهارة الكتابة

مهارة الكتابة من المهارات ذات الأهمية البالغة للمتعلمين. حيث لا يستغني عنها المتعلمون سواء خلال مراحل التعلم المختلفة (مدرسية أو جامعية أو عليا)، أو بعد التخرج من الجامعة. فخلال التعلم المدرسي يحتاج الطلبة مهارة الكتابة للوفاء بشروط المرحلة. فهم يكتبون في المواد العامة وفي مادة اللغة العربية. ويمكن القول هنا بأن تلك المهارة لا تلقى العناية اللازمة بها. حيث يتعلم الطلبة الكتابة من خلال دروس التعبير الكتابي. وهذه الدروس لا تكون في الغالب موجهة بعناية، حيث يترك التلاميذ دون توجيه كاف لقيام بالأنشطة الكتابية.

إن هذا الوضع غير الطبيعي أدى إلى تخريج طلبة من الثانوية العامة والجامعة لا يستطيعون كتابة موضوع قصير دون أخطاء كثيرة في النحو واستخدام المفردات والترقيم والأسلوب.

طبيعة مهارة الكتابة:

مهارة الكتابة من المهارات العليا. فهي تعبير عن غنى الكاتب في المفردات وفهمه للموضوع وتحكمه بأساليب الإنشاء والتعبير وقدرته على التعبير عما يجول في فكره وخاطره. ويختلف الكتّاب في مستويات الكتابة بمقدار سيطرتهم على تلك الأدوات .

تعد مهارة الكتابة من أهم المهارات اللغوية لما تنطوي عليه من حقائق كبيرة ذات دلالات بالغة لتقدم المتعلم أو تخلفه في تعلم اللغة. فالكتابة من المهارات العليا- كما تقدم- التي تتجاوز استخدام استراتيجيات معينة للحفظ والتكرار إلى مهارة التفكير واستخدام منهجية سليمة في عرض الأفكار وتوصيلها للقارئ. كما أن مهارة الكتابة دليل نمو وتطور ليس فقط في القدرة على التعبير بل أيضاً على التفكير المنطقي السليم. ومما يلاحظ بشكل عام عند الطلبة العرب عدم الاهتمام بهذه المهارة والأسوأ من ذلك عدم إتقانها. ويمكن لنا وضع الكثير من الأسباب التي أدت إلى هذا الوضع. ومن خلال ملاحظتنا نجد أن الطالب أو الطالبة يرى صعوبة بالغة في تنفيذ المهام الكتابية لما تحتاجه من المرور بمراحل كثيرة للوصول إلى إنتاج كتابي تنطبق عليه مواصفات الكتابة الجيدة. ولعل

من أسباب ذلك قلة الفرص المتاحة للطالب للكتابة. فالكتابة تحتاج إلى إتقان عدة مهارات في آن واحد. فمهارات البحث ومهارات التفكير السليم والترجيح بين المهم والأهم في اختيار التراكيب والألفاظ المناسبة ومهارة العرض المنطقي وغيرها ليست سهلة لمن لم يعتد عليها ولم تصبح سليقة عنده. كما أن عدم التدرب الكافي على استخدام استراتيجيات الكتابة المعروفة من مثل عمل خطة للكتابة، استخدام مهارات إعادة الصياغة، البحث في المراجع، استخدام العصف الذهني وترتيب العناصر ومهارة التدرج في الكتابة بحيث ينتقل الطالب من مرحلة إلى أخرى بسهولة سبب آخر. كما أن غياب مهارات التلخيص السليمة والتدوين تؤدي إلى اعتماد أسلوبين إما السرقة من الكتب والمقالات لتأدية الواجب أو الذهاب إلى شخص آخر ليقوم بعملية الكتابة بدلاً من الطالب نفسه. أما إذا كتب فإن الكتابة لا تكون بالمستوى المطلوب. هذا شأن الطلبة، أما المدرسون فإن غياب التدريب المستمر على استراتيجيات الكتابة والاهتمام بالكتابة الإبداعية من قبل المدرسين أنفسهم تؤدي إلى نفس النتائج.

تعليم الكتابة كطريقة لا كمادة منتجة

يخطىء كثير من المدرسين عندما ينظرون إلى الكتابة كمادة منتجة في النهاية. والحقيقة أن المهم ليس هذه المادة فقط بل الطريقة التي كتب بها المتعلم المادة المطلوبة. فقد يكتب الطالب شيئاً جيداً في وقت ما ثم لا ينتج شيئاً جيداً في مرات عديدة أخرى. فقد يكون في المرة السابقة قد استخدم مهارات أو استراتيجيات معينة وقد يكون ممن تلقى مساعدة معينة وهكذا. ولكنه لم يتعلم الطريقة السليمة للكتابة بحيث يصبح الإنتاج جيداً بشكل مضطرد.

البحث في الكتابة:

الطرق المستخدمة في البحث وكيف يمكن استخدامها في اللغة العربية.

خطوات الكتابة

التخطيط: ويقصد به:

- اختيار الموضوع: هل سيكتب الطالب نصاً إقناعيا، وصفيا، سرديا، أم حوارياً؟.

- اختيار الاسلوب: المقارنة والموازنة، التفسير والشرح، التعليل وتقديم الاسباب والنتائج، تقديم الحقائق والاراء.
- اختيار مصادر الكتابة: كتب، مراجع، انترنت.
- وضع مخطط أولي يتضمن العناصر الرئيسة للموضوع.
التنفيذ ويشمل: اختيار الموضوع، جمع المادة، تنظيم المادة، كتابة المسودة، المراجعة، كتابة المسودة الثانية، التحرير.
مثال كتابي:
الموضوع: الحياة قبل الإنترنت وبعدها.
الاسلوب: مقارنة.
الوظيفة: تعليم الطالب عقد المقارنات والموازنات.
الهدف: تقديم النص للحصول على درجة.
الجمهور المستهدف: المعلم كمصحح.
الطريقة:
- قدم للطلاب الموضوع الذي سيكتبون فيه. يمكنك تقديم أكثر من عنوان لموضوعات تعتمد المقارنة.
- مقارنة بين الحياة في الريف والحياة في المدينة.
الحياة في مدينة كبيرة والحياة في مدينة صغيرة.
- الحياة في المدرسة والحياة في الجامعة.
- مقارنة بين دور الأم ودورالأب في الأسرة.
قدم للطلاب افكاراً تخص الموضوع: (الحياة قبل الإنترنت وبعدها)
- الإنترنت كمصدر للمعلومات.
- للترفيه.
للتواصل مع الآخرين: البريد الإلكتروني وغرف الدردشة

- للبحث والإستطلاع: مواقع الكتب المجانية والمجلات العلمية والجرائد وغيرها.

السهولة: وجودها في متناول اليد في البيت، المكتب، المدرسة.

اقتصاديا: رخص تكلفة توصيل الإنترنت.

- مشاكلها: وقت طويل للبحث، قلة الكتب الحديثة، التشتيت بحيث يمكن أن يدخل الطالب مواقع تأخذ وقتاً طويلاً.

- قلة أماكن الترفيه.

- صعوبة التواصل مع الآخرين عبر البريد العادي.

قبل الإنترنت:

مصادر المعلومات: مكتبة البيت، المدرسة، الحي، المدينة.

- رخص الكتب بشكل عام.

- سهولة / صعوبة الوصول للكتاب.

- قدم الكتاب وعدم معرفة ما استجد.

ويمكن أن تقدم تلك المعلومات جاهزة أو من خلال حوار مع الطلاب. ولعل وجود بعض النصوص التي كتبت حول الموضوع تقدم للطالب مادة للكتابة.

بالإضافة إلى المثال أعلاه، فإن ربط الكتابة بالقراءة مهم وضروري. حيث يمكن استخدام النصوص بأنواعها المختلفة والتي تم تقديمها في الفصل السابق كأهداف للتمكن من مهارة كتابة النصوص بأنواعها المختلفة.

التصحيح

دور المعلم في توجيه الطالب للكتابة

للمعلم دور كبير في توجيه الطالب للكتابة. ويتوصل بذلك من خلال التحليل الواعي لانواع متعددة من النصوص لكتاب متقنين أو روائيين معروفين. حيث يوجه الطلبة إلى أغراض الكاتب والطريقة التي استخدمها لتحقيق أغراضه. ومن أهم ما يمكن تدريب المتعلم عليه هو:

- تنظيم عناصر النص باستخدام العرض والتعريفات والموازنات والمقارنات واستخدام الأدوات اللغوية المناسبة، بالإضافة إلى نوعية المفردات والتعابير المناسبة للنص. أما من حيث اللغة، فلابد من توجيه الطلبة لاختيار المناسب من النحو.

- مساعدة الطالب في توليد الأفكار.

التوجيه للتخطيط

التعرف على القارئ وطبيعته (لمن تكتب).

تشجيع الطلبة على المراجعة النقدية للكتابة.

استراتيجيات يستخدمها الكاتب المتقن

من المهم جداً للكاتب أن يستخدم استراتيجيات معينة لإنتاج مادة مقروءة ومؤثرة. ففي غالب الأحيان نجد أن هدف الكاتب أن يفهم من قبل القراء الذين يتأثرون بما يقرأون. كما أن هدف الكاتب يتعدى الوضوح والسلاسة إلى إعطاء القارئ فرصة للتحليل والتفكير بما يقرأ.

وقد وجد كثير من الباحثين أن القطعة المكتوبة نتاج عملية معرفية معقدة، وليست صف كلمات لتكون جملاً ومن ثم فقرة وهكذا دواليك. ولذلك فقد خرج الدارسون لهذه المهارة بعدد من الملاحظات من أهمها:

التخطيط للكتابة: ويتم ذلك باختيار الموضوع المناسب للكتابة. واختيار الموضوع يخضع غالباً للهدف أو الرسالة المراد توصيلها للقارئ.

وأثناء التخطيط يقوم الكاتب الجيد، باستخدام استراتيجيات مثل وضع الخطوط العريضة للمادة، وضع قوائم بالأفكار، أو خرائط وجداول.

التنفيذ ويشمل: جمع المادة وتنظيمها، كتابة المسودة، المراجعة، كتابة المسودة الثانية، التحرير النهائي.

وقد وضعنا لاحقاً الإجراءات المتبعة في كتابة البحث الصفي القصير. وهي إجراءات مهمة وإن كان الكثيرون من الطلاب لا يتبعونها لما تحتاجه من وقت. ولهذا فإن الوقت عامل

مهم في الكتابة الجيدة. إذ أن السرعة في الكتابة، تؤدي في كثير من الأحيان إلى إنتاج هزيل.

دور المعلم في توجيه الطالب للكتابة

للمعلم دور مهم في توجيه طلبته لاختيار الموضوع المناسب. فمن غير المنطقي أن يترك المدرس للطلبة اختيار موضوعات لا تناسب قدراتهم أو الأغراض التي يريدون تحقيقها من الكتابة. على أن الاقتراحات يجب أن تكون مرنة تتيح للطالب حرية الاختيار.

وفي دروس العربية لغير أهلها، يغفل كثير من المدرسين هذه المهارة، اعتقاداً منهم أن الطلبة لا يحتاجون إلا إلى مهارات محددة كالقراءة والاستماع والمحادثة. وهو اعتقاد خاطئ، إذ أن مهارة الكتابة لا يمكن التمكن منها دون قراءة جيدة واستماع للمحاضرات أو الاشرطة المسجلة أو حتى فتح حوارات مع زملاء وأصدقاء. فهذه المهارة تستفيد من كل المهارات السابقة وتعززها.

كما أن بعض المدرسين يظنون خطأً أن طالب العربية لغير أهلها لا يمكنه أن يبرع في هذه المهارة لما تنطوي عليه من تعقيدات. وقد رأينا طلبة كثيرين ومفكرين كباراً من غير العرب، يتقنون الكتابة أفضل من كثير من نظرائهم أبناء اللغة.

فقد رأينا طلاباً يفوزون بمسابقات الشعر العربي والقصة والمسرحية وكتابة المقالة. وكثير من الطلبة الذين يدرسون اليوم في البلاد العربية، يحتاجون إلى هذه المهارة لكتابة البحوث القصيرة أو الأطروحات العلمية.

مساعدة الطالب في توليد الأفكار

ويتم ذلك بتوجيه الطالب إلى أساليب مثل العصف الذهني وطرح الأسئلة عليهم وتقديم الكتب وأدلة الكتابة المعينة على إنتاج كتابي راق. كما يمكنه إعانة الطلبة بتقديم نماذج مكتوبة وتحليل تلك النماذج مستخدماً تقنيات التعليم ووسائل الإيضاح.

كما أن للمعلم دوراً في توضيح أهداف الكتابة وطبيعة المتلقين للمادة المكتوبة. فقد تكون الكتابة موجهة لمدرس المادة بقصد تكملة متطلبات درجة أو مقرر دراسي. وقد تكون موجهة لجمهور معين، أو للعامة. كل هذه العوامل تؤثر في اختيار الالفاظ والتراكيب والطريقة التي يستخدمها المتعلم لنسج أفكاره وعرضها على القارئ بطريقة منطقية سليمة.

فلو افترضنا أن المتعلم يريد كتابة تقرير عن كتاب، فإن المتوقع من المدرس أن يطرح أسئلة مثل:

- هل الموضوع مفضل لدى الطالب؟
- هل موضوع الكتاب مناسب لمستوى الطالب؟
- هل سبق لك أن عرضت كتاباً؟
- لماذا لا تقرأ عرضاً لكتاب وتقدم لي تقريراً على النحو التالي
- عنوان الكتاب الرئيس والفرعي إن وجد
- الناشر
- سنة النشر
- الجمهور المستهدف
- هل هو كتاب علمي، أدبي، شخصي، اجتماعي ...
- مكونات الكتاب
- هدف الكاتب: هل الكتاب يقصد به نقل رسالة إلى القارئ بقصد الإقناع؟ ماأساليب الإقناع التي اعتمدها الكاتب؟ هل الأرقام والجداول المستخدمة تخدم الكتاب؟ هل الصور والخرائط مفيدة، وكيف استفدت منها؟
- هل الكتاب نقد لوضع معين؟ فإذا كان كذلك، ما أثره عليك؟ هل تعتقد أن الآخرين سيقتنعون بفكرة الكتاب، أم لا؟
- أسلوب عرض المراجعة:
- اقرأ المراجعة التالية وأجب عن الأسئلة في الجدول:

الفلسفة المادية والإنسان

عبدالوهاب المسيري

دار الفكر - دمشق 2002

قراءة ومراجعة*

د. صالح محمد نصيرات

تبقى قضية الإنسان محورالاهتمام لكثير من الفلسفات الروحية والمادية. فالإنسان هذا المخلوق العجيب استحوذ على اهتمام الفلاسفة والمفكرين منذ بدايات الفكر الإنساني. فضلاً عن أن الإنسان كان الهدف الأساس من الرسالات السماوية. وهذا الإنسان بالتركيبة

العجيبة المتمثلة في الجمع بين المادية والروحانية سيبقى كذلك محط اهتمام العقلاء والمفكرين والفلاسفة. والسبب واضح جداً، فالإنسان محور هذا الوجود وهو في ذات الوقت المخلوق الذي سخرت له السموات والأرض وسجد لكرامته الملائكة.

هذا المخلوق الكريم المعقد التركيب اختزل في المادية الحديثة والقديمة على السواء إلى مجرد مكون مادي من دم ولحم: أي مواد عضوية وكيماوية ليس أكثر. فهو لا يختلف عن أي مخلوق آخر في هذا الكون من طبيعة مادية أو مخلوقات حيوية.

والكتاب الذي بين أيدينا يتناول الفلسفات المادية المشار إليها آنفاً بالنقد والتحليل. وهو كتاب سيجد بعض القراء صعوبة كبيرة في إدراك الكثير من العلاقات والنتائج التي يتوصل إليها. فالكتاب من الناحية الموضوعية يتناول موضوعاً بحث كثيراً في الأدبيات الإسلامية المعاصرة. حيث إن نقد الفكر الفلسفي الغربي لم يتوقف. كما أن ربط الاستعمار الحديث والقديم بالفلسفة العلمانية ليس جديداً. ولكن الجديد كثير في هذا الكتاب. فالكتاب لا يطرح العالم الغربي مقابل العالم الإسلامي، أو الفلسفة الغربية مقابل الإسلام. ولا يتناول الغرب من المنظور الإسلامي الذي درج عليه الكثير من المؤلفين الإسلاميين الذين يتناولون الغرب لا لشيء إلا لإظهار تقدم المسلمين عليه وتفوق القيم الإسلامية. ولعل هذا المنهج كان له ما يبرره. أما الكتاب الذي بين أيدينا فيتناول العلمانية من خلال رؤية فلسفية شاملة تربط تاريخ الفلسفة الغربية التنظيري بالمآسي التي جرتها هذه الفلسفة ليس على العرب والسملين وحدهم بل على فكرة الإنسان، حيث جردته من قيمته الحقيقية وحولته إلى أداة توظف لصالح إما مجتمعات عنصرية أو شركات همها الربح.

إن قيمة هذا الكتاب تكمن في عدة أمور منها:

- رده الفضائع الغربية والتجريد الغربي للإنسان إلى رؤية فلسفية شمولية واحدية لا ترى مرجعية في غير ذاتها.
- عدم السقوط في فخ المقارنات التقليدية بين الأنظمة والفلسفات الغربية من جهة وبين الإسلام من جهة أخرى
- ربط الفلسفة بالواقع المعاش والمحسوس. فالفلسفة الغربية ليست -كما يتوهم البعض- نقاشات تدور في مقاه أو أندية، بل هي ممارسات يومية.

- إعطاء القارئ أداة لتفسير الكثير من الوقائع المعاشة. ولعل الأحداث الأخيرة في العالم خصوصاً أحداث سبتمبر يمكن تفسيرها من خلال الصراع بين الوحش الاستعماري المتلهف للسيطرة على العالم والفئات الغاضبة في العالم الإسلامي.

وقد يجد بعض القراء بعض التكرار في الكتاب. حيث ترافق القارئ فكرة النازية والصهيونية والعلاقة بين الإنساني والطبيعي معظم الكتاب. وهو في ظني أمر طبيعي لأن الموضوع كثيف والتكرار أمر طبيعي للتذكير المستمر بفكرة الكتاب .

ففي الفصل الأول يتناول الكاتب العلاقة بين الإنسان والمادة من خلال التصورات الفلسفية القديمة والحديثة. فالإنسان في التصور السليم -وهو التصور الإسلامي- مخلوق مكرم فيه الطبيعة المادية التي جاءت إليه من الطين. هذه المادية هي التي تجعله يشارك المخلوقات الاخرى في هذا الكون خضوعه للقوانين الطبيعية والحتميات التي تسرى على كل المخلوقات من حيث وجود بداية له ونهاية.

أما الجانب الي يتجاوز فيه الإنسان بقية الكائنات الأخرى وهو الجانب الروحي فإنه يجعل هذا المخلوق متميزاً على غيره بما أنعم الخالق سبحانه وتعالى عليه من نعمة العقل والروح. فالروح التي نفخت فيه هي من روح الـلـه سبحانه وتعالى، والعقل الذي يمتلكه جاوز به المخلوقات الأخرى. فهو كائن حر الإرادة مفكر ودائب النظر والبحث لا يبقى على حال خاضعاً للتأثيرات الطبيعية. فهو عنصر فاعل في هذا الكون ولا يرضى أن يعيش ريشة في مهب الريح.هكذا خلق وهكذا سيعيش حياته.

فالفلسفات المادية لم تتجاوز في نظرتها للإنسان ما تراه من مخلوق يعيش على هذه الأرض يسعى ويكدح ليحقق ذاته من خلال الأعمال التي يقوم بها. فالإنسان مخلوق برانيّ، أي أن الفلسفة المادية لم تعن بالجانب الجواني للإنسان ولم تلق بالاً لنوازع هذا الإنسان ومشاعره وخصوصيته، بل العكس هو الصحيح. فهو جزء من العالم المادي المنظور.

وهذا العالم المادي المنظور يجري عليه ما يجري على هذا الكون المادي. فهو خاضع لأنماط معينة من الحتميات والقوانين الطبيعية التي لا تتبدل ولا تتغير، لأنها لا تخضع لهذا

الإنسان. وفي سعي الإنسان للتوحد مع هذه الطبيعة فهو دائم الانشغال بالصراع مع هذه الطبيعة التي يشكل جزءاً منها ولكنها تريد إخضاعه لقوانينها الصارمة التي لا ترحم.

وهذ السعي انعكس في محاولات الإنسان المستمرة " للسيطرة على الطبيعة". فعلاقته بالطبيعة هي علاقة صراع دائم. فالقضاء على كل مظاهر عظمة البيئة وإخضاعها للإنسان مهمة يبحث الإنسان عنها ويبدو أنه يستمتع بذلك.

ففي استقراء الكاتب لتلك الفلسفات يجد أنها أغفلت أن هذا الإنسان لم يكن جزءً من هذه الطبيعة. فهو مخلوق متميز عنها ومتفوق عليها. فهو في الواقع منفصل عنها ذاتاً وموضوعاً. وهو متميز عنها بالملكات والخصائص التي أنعم الخالق سبحانه وتعالى بها عليه.

هذه الخصوصية ترفضها الفلسفات الوضعيةو المادية . وهذا الجحود والنكران لطبيعة الإنسان ما هو إلا غطاء لإنكار طبيعة العلاقة بين هذا المخلوق والقوة الربانية. فالإيمان بتميز الإنسان وتفرده يعني بالضرورة الإيمان بأن الإنسان مخلوق متميز وهو ما أكدته الديانات السماوية.

في الفصل الأول من الكتاب يتناول المسيري العلاقة بين الإنسان والمادة، بالشرح والتحليل والنقد للتصورات المادية التي تنظر إلى الطبيعة والبشرية من المنظور المادي البحت. فالمادة سابقة على الإنسان وهي بذلك سابقة على العقل والأخلاق. ولما كان الأمر كذلك، فالمادة هي التي شكلت مناهج التفكير والنظر والأخلاق. فأصبح التفكير مادياً ذا بعد واحد. فالقوانين التي تحكم الحياة هي قوانين الجدل -الديالكتيك- . وتلك القوانين هي التي تتحكم في مسيرة الإنسان. فالتحولات الكيفية ليست سوى تراكمات كمية، والعلاقة بين الأشياء هي علاقة تضاد " ومعارفنا انعكاس للصفات الموضوعية للأشياء". ولما كانت القوانين المادية هي الحاكمة، فإن تطور الإنسان وتقدمه محكوم بهذه القوانين.

والمادية هي التي أنتجت العقلانية المادية التي تنكر الوحي والإلهام ولا تؤمن إلا بالمادة والمناهج المادية سبيلا إلى المعرفة. هذه المادية - كما يرى المؤلف- هي التي انتجت نوعين من المناهج : العقلانية المادية واللاعقلانية المادية. فالنظام النازي نظام مادي ولكنه لا عقلاني، عكس النظام المادي الأمريكي الذي يعتبره المؤلف مادياً لكنه عقلاني.

في الفصل الثاني يتناول المؤلف قضية ذات أهمية بالغة وهي قضية اكتسبت اهتماماً كبيراً لدى الباحثين، بل يمكن القول بأن قضية العلم اليوم هي هذه العلاقة بين الطبيعي والإنساني. ولما كانت العلاقة بين الظاهرتين الإنسانية والطبيعية واضحة للعيان ولا يمكن إنكارها، فلابد من دراسة تلك العلاقة للتأكد من مدى صدق أو مقاربة الفلاسفة الماديين للعلاقة بين هاتين الظاهرتين.

فالظاهرة الطبيعية في نظر المادين ظاهرة شاملة ولا يستثنى منها الإنسان. فالإنسان - في النظرة المادية- جزء من الظاهرة الطبيعة غير منفصل عنها ولا متجاوز لها. ولما كان الأمر كذلك، فإن القوانين الطبيعة تسري على الإنسان سريانها على الشجر والحجر والحيوان لا فرق. وهو أمر يثير السخرية.

فالإنسان المخلوق المكرم في نظر المنهج الرباني، يختلف اختلافاً بينا " ولكنها لا تعمى الأبصار ولكن تعمى القلوب التي في الصدور". فعميان القلوب وبعدها عن الخالق سبحانه، جعلت الماديين لا يميزون حتى وهم ينزلون العقل منزلة الرب ، بين الإنسان والطبعية الصماء ذلك أن كبرياءهم يمنعهم من الإيمان بالخالق سبحانه، لذا فهم يرتكسون في حمأة الطين وينزلون بالإنسان إلى منزلة العجماوات بل أحط من ذلك فالماديون ينزلون بالإنسان منزلة الحجر.

ويتناول المؤلف في مقارنة تفصيلية طبيعة الفروق الظاهرة للعيان بين الإنسان والطبيعة.

ففضلاً عن أن الإنسان مخلوق معقد وغير محدد العناصر وتلعب الأمور الباطنية دوراً مهماً في تشكيلة منهجه في التفكير والنظر، فإنه مخلوق لا يمكن -في كثير من الأحيان- تناوله كظاهرة مضطرة لا تتخلف. وهذه القضية من أكبر الاختلافات بين الإنسان والطبيعة.

أما الإرداة وحرية الاختيار فهي فرق حاسم بين مادة تخضع خضوعاً كاملاً للقوانين الحتمية، وبين إنسان متميز عنها بإرادة حرة تجعله يختار ما يشاء من الأفعال ويترك ما يراه غير مناسب له.

ويعرض المؤلف لقضية الإنساني والطبيعي في الفكر العربي الماركسي الحديث. ففي هذا الفكر، نجد أن قضية الإنسان الأساسية هي العلاقة بين الإنسان والطبيعة وهي علاقة تبادلية تفترض المساواة في نهاية المطاف بين الإنسان والمادة. يقول د. فؤاد مرسي "الاقتصاد هو مجال رئيس للعلاقة بين الطبيعة والمجتمع، فبعد أن " ابتعد" الإنسان عن الحيوان، وهو ما يعني ابتعاده عن الطبيعة وتفوقه عليها، فإنه يعود فيدخل في علاقة تبادلية تفترض المساواة الكاملة" ويستمر مرسي ليصل إلى مبتغاه " لهذا أصبح العلم كله طبيعياً واجتماعياً علماً ذا طابع اجتماعي" ص47. هذه العلاقة التي تبدو ثنائية يرفضها الماديون لإن القضية الاساسية عندهم هي التوحد بين عناصر الطبيعة كلها. والإنسان والمجتمع ليسا سوى جانب من جوانب الطبيعة.

ويوجه عدد من الكتاب العرب كحامد عمار والساعاتي نقداً لاذعاً للماديين والنظرتهم التجريبية التي يراد منها استخدام الإنسان ساحة للتجريب من خلال القوانين المادية البحتة. فالإنسان في المنهج التجريبي ليس سوى رقم يتعامل معه الباحثون. هذا الرقم يجب -في نظر الماديين- أن يخضع للحتميات التي يرونها مناسبة في موقف ما . ثمة قضية أخرى جديرة بالاهتمام وهي التمييز بين المساواة والتسوية. فالتسوية تعني أن الجميع إنسان وحيوان في الإطار المادي البحت. في حين أن المساواة مساواة بين كل ما يميز مخلوقاً عن الآخر.فالمساواة في الطبيعة المتجاوزة، أي المرجعية الإلهية مختلفة عن المادة ومنفصلة عنها برغم وجوده فيها.

ويبين المؤلف ان كثيراً من الباحثين من علماء وفلاسفة يرون أن الرؤية التجريبية تافهة لإصرارها على الحقائق الصلبة والسببية المطلقة والتي ذهبت إلى أن قوانين التاريخ والمجتمع الإنسانيي تشبه قوانين الطبيعة. ويرى أن التركيز على الإنسان يجب ان يتوجه إلى دراسة الداخل " الجواني" للإنسان والذي يمثل المشاعر والأحاسيس والعواطف وهي الأمور التي تجعل هذا المخلوق مميزاً عن الطبيعة الجامدة. كما أن النموذج المادي في تفسير الظاهرة الإنسانية قد فشل فشلاً ذريعاً، ذلك لأن عقل الإنسان يتحدى التفسيرات المادية. وقد بين بعض العلماء مثل تشومسكي العالم اللغوي والفيلسوف المعروف أن اللغة الإنسانية ليست -كما ذهب السلوكيون- عادات يكتسبها الطفل من البيئة، بل هناك قدرة كامنة قادرة على

التوليد سماها القدرة التوليدية. كما أن الاكتشافات العلمية أثبتت أن العقل الإنساني ليس صفحة بيضاء كما يتوهم الماديون، لتقوم الطبيعة - البيئة- بنقش ما تريد. فضلاً عن أن الأحاسيس والمشاعر الدينية لا يمكن تفسيرها تفسيراً مادياً بحتاً. ويتساءل المؤلف عن الكيفية التي تحدد صورة تفكير ما. وعلاقة المؤثر المادي بالاستجابة الفكرية والعاطفية. ونظراً لأن الإنسان يدرك الأشياء والواقع كجزئيات تنضوي تحت كل متكامل، فإن الماديين في عصر ما بعد الحداثة أنكروا فكرة الكل وأعلن نيتشه موت الإله "كبرت كلمة تخرج من أفواههم إن يقولون إلا كذباً".

أما الطبيعة البشرية فهي محل هجوم مستمر للماديين. فالإنسان غير مستقل عن المادة ولا يستسطع تجاوزها، وفهو باختصار أسير لهذه المادة. ولذلك فإن تفكيك الإنسان وإعادته إلى عناصره الأولية الأولى هو التفسير الوحيد المتوفر لدى الماديين.

و من أمثلة الهجوم على الطبيعة البشرية ما يسميه المؤلف وحدة العلوم. أي أن جميع العلوم تتخذ من المادة والطبيعة مرجعاً، وحتى العلوم التي تبحث في الإنسان وقضيته، نجد أنها ذات ارتباط مادي. ومن هنا فإن العلوم واحدة. أي أن ما يسري على الطبيعة يسري على الإنسان. ومن هنا يستطيع الباحث أن يدرك سر ربط العلوم الإنسانية من حيث الدراسة والبحث بالعلوم الطبيعية واتخاذ النموذج العلمي الطبيعي الاساس في البحث في القضايا التي تهم الإنسان. وهنا لا بد أن نشير إلى النقد الكبير الموجه إلى الفلسفة الوضعية التي حولت دراسة الإنسان من دراسة موضوعية خالصة إلى مجرد أرقام.

أضف إلى ذلك أن العلوم المسماة إنسانية تتحدث عن تاريخ الإنسان لا عن طبيعته. والأخطر من ذلك أن الإنسان لم يكن إنساناً قبل أن تشكله الطبيعة والعلاقات الاجتماعية التي مردها ومرجعيتها الحاجات المادية: علاقاة الإنتاج ليس أكثر.

ويستطرد المؤلف في الحديث عن النموذج التفكيكي الذي يدعو إلى طرد الإنسان من حالة الثبات إلى حالة من التغيير المستمر. فالحالة الإنسانية ليست مستقرة ولا ثابتة. كما يشير فوكو.

أما الموضوع الآخر في الهجوم فهو حركة الحقوق الجديدة والتي تتمحور حول المرأة.وهذه الوضع الجديد جعل لكل موضوع حركة تحرر. فللفقراء والشواذ والسود

والبيض والنساء والمعوقين وحتى الكلاب حركات تحرر. بل الأسوأ من ذلك أن تكون هناك حركات تحرر تدافع عن كل ما هو غير طبيعي وذلك ليكون الإنسان حالاً في الكون لا منفصلاً عنه. أي أن التفسير المقبول لانتشار المذاهب والتقاليع الدينية الجديدة ليس مرده سوى انتشار المادية الحلولية التي لا ترى في الإنسان سوى مظهر من مظاهر الكون المادي.

في الفصل الرابع: المادية في التاريخ يتناول المؤلف بالحديث التفصيلي الفكرة الداروينية والدور التخريبي لهذ الفكرة. ويرى المؤلف أن هذه الفكرة هي اساس العلمانية الشاملة. فقد طرحت هذه النظرية ولأول مرة وبطريقة بعيدة عن العلمية والموضوعية قضية خطيرة جداً، تحول فيها الإنسان المخلوق المكرم إلى مجرد حيوان ارتقى في سلم التطور صعداً حتى وصل إلى هذه الكيفية التي هو عليها. وهو مناقض تماماً للفكرة الإسلامية التي تنطلق أساساً من الخلق المباشر.

فالداروينية هي " كما يقول المؤلف " النموذج المعرفي الكامن وراء العلمانية الشاملة" ص 97. فالقوانيين الطبيعية لا تنطبق فقط على المظاهر المادية فقط، بل تسري على الإنسان وكل موجود في هذا الكون. فالعالم في نظر هذه النظرية في حركة دائمة ومستمرة ترتقي من الأسفل إلى الأعلى.

هذه النظرية وما تفرع عنها من أفكار الانتخاب الطبيعي والصراع من أجل البقاء أو البقاء للأصلح، هذه الأصول والفروع أدت إلى تحويل القيم الإنسانية إلى مجرد قيم نفعية مادية. فالإنسان المادي لا يهمه سوى أن يصارع من أجل البقاء، وأن النوع الضعيف لابد أن يهزم في نهاية المطاف. هذه النظرية هي التي جعلت الحياة تعمل وفق قانون الغابة. فالقوي يأكل الضعيف ولا رحمة بين الخلائق. ومن يستطيع أن يتكيف مع الوجود وفإنه سيستمر في الحياة، أما الأنواع التي تسقط في اختبار التكيف فإن مصيرها إلى الزوال المحتوم.

ويرى المؤلف أن أصحاب النظريات العرقية رأوا في هذه النظرية ملاذاً لهم. حيث اتخذوها وسيلة لهم في عملية التدمير الشامل التي قاموا بها ضد الإنسان. فالنازيون رأوا في هذه النظرية دعماً علمياً! لآرائهم في وجوب التخلص من الأفراد الذي لا يقدمون إنتاجاً مباشراً للمجتمع أو يكونون سباً في إعاقة تقدمه. ولذلك لم يتورع النازيون من

خلال نظرتهم الاستعلائية العرقية عن أن يقتلوا المعوقين والغجر ومن ثم اليهود ليصلوا إلى مجتمع نقي.
أما الصهاينة فلم يجدوا بأساً في استغلال النظرية ضد النازية. فتحول الضحية إلى جلاد، ولذلك فلم يتورعوا عن نزع شعب بأكمله من أرضه وتحويله إلى لاجئ.
وفي معرض حديثه عن الأثر الفتاك لنظرية التطوريتحدث المؤلف بالتفصيل ويربط بين الفلسفة هذه والوقائع التاريخية وتلك المعاشة.
فالعالم في هذه النظرية ليس أكثر من سوق يتصارع فيه الناس من أجل الحصول على أكبر قدر من حصة ذلك السوق. ولا يهم أن يتم ذلك من خلال قواعد سليمة أو لا. فالقوي هو الذي يضع قواعد اللعبة وهو الذي يخترقها متى شاء. ولا يستطيع أحد ان يرده عن غيه.
وقد تحدث المؤلف عن اللحظة العلمانية وراى أنها تمثلت في نماذج ثلاث: الإبادة ممثلة بالنازية والصهيونية، اللحظة السنغافورية، وفيها يتحول إلى الإنسان إلى وحدة إنتاجية إستهلاكية، واللحظة الجسمانية وهي اللحظة التايلندية، حيث يتحول المجتمع بأسره إلى مصدر لتزويد أصحاب المتعة الحرام بحاجياتهم. حيث يدور الانتاج وحتى حركة المجتمع حول هذه اللحظة.
هذه النماذج لا تعترف إلا بالطبيعة ولا سبيل للقداسة. فليس للجسد قداسته، وليس للإنسان حريته. حيث لا مرجعية ولا معيار يحتكم إليه. وباختصار فإن المقصود هو إيجاد حالة من التسيب في المجتمعات الإنسانية لا يحتكم فيها الإنسان لشيء إلا لرغباته وأهوائه. وهذه الرغبات والأهواء تدور في فلك إشباع الغرائز.
ولعل من أخطر ما تركته هذه الفلسفة وهو أمر لم يشر إليه المؤلف، ذلك الاثر البعيد الذي تركه داروين على أبي التربية الأمريكية الحديثة-ديويّ، حيث يعتقد الكثير من الباحثين في التربية الأمريكية أن ديوي مسؤول بشكل مباشر عن بعث الفكر الدارويني وتحويله إلى فلسفة تربوية يستند التعليم الأمريكي الحديث إلى أصولها.
ولا غرابة أن نجد أن أكثر المشتغلين بالتعليم في أمريكا لا يطيقون حديثاً عن نظرية داروين. حيث إنهم ينافحون عنها باستمرار .

وأكثر ما يلفت النظر في هذه النظرية -في رأي المؤلف- هو قدرة المريدين على تحويلها من الحالة التدميرية التي هي عليها وتجميلها بطريقة مثيرة حقاً. فالصهاينة المحتلون ادعوا أنهم جاءوا إلى أرض بور لزراعتها وإحيائها، والنازيون بقتلهم المعوقين وغير المنتجين إنما ينظفون المجتمع. والجنس والدعارة ليستا سوى مصدر للدخل القومي.

في الفصل الخامس " الترشيد والقفص الحديدي " يستعرض المؤلف تعريفات للترشيد، فمن ناحية، فهو توظيف الوسائل بطريقةفاعلة و من ناحية أخرى فهو التبرير. أما المعنى الآخر فيتعلق برفض الغيبي والاستعاضة عن التفسير الغيبي بالتفسير المادي للاشياء. ويتوسع المؤلف في الحديث عن الترشيد وعلاقته بالعلمنة. حيث يصل الأمر إلى وضع الإنسان ذاته مرجعية له. فليس خارج هذا الإنسان من تصور للوجود. والمجتمع يصاغ وفقاً لحسابات الربح والخسارة. ففي التحليل النهائي نجد الإنسان يعيش داخل هذا القفص الحديدي الذي يحسبه عن التطلع خارج ذاته. ويتناول الكاتب دور الأدب الحداثي عند كل من بيكيت وكافكا حيث يدور الأفراد في حلقات مفرغة دون وصول إلى نهاية معروفة. أما علمنة البينة الاجتماعية فإنها تتطلب وجود مركز قوي يقوم بالهيمنة على الأطراف وبعملية تحكم بالموارد وتوجيهها لتوظيفها على أكمل وجه. وفي عالم السياسة نجد أن الدولة المركزية هي التي تقوم بعملية الترشيد هذه، لما يتطلبه الأمر من قوة وفعالية وأمر نافذ. كما أن الدولة المركزية قامت بربط الأطرف اي المدن البعيدة بالمركز وهو العاصمة لضمان سيطرة مطلقة على المجتمع.

أما علمنة الإنسان فتتم من خلال عملية إعادة صياغة الإنسان وبالتالي المجتمع على هدي من القوانين العليمة المادية الصارمة. ولأن الصياغة لا تتم إلا من خلال وجدان جمعي يتمكن من خلاله الأفراد التعبير عن ذواتهم، فلابد من أن تقوم الدولة بخلق نموذج يناسب هذا الوجدان. ولعل الفكرة النازية التي قامت اساساعلىً تفضيل العرق الآري على غيره، قد استطاعت تجميع الكثيرين وفق هذا التصور. ولا تبتعد الفكرة الصهيونية عن هذا. فقيام دولة اليهود في فلسطين قد تم من خلا عملية بعث الأساطير التي تؤسس للكيان، وتجمع اليهود من خلال تراث اسطوري يوحد ما يتوهمونه آمالاً.

ويشير المؤلف إلى قضية مهمة وهي أن الدولة في سعيها لضمان ولاء الافراد، قامت بالقضاء على كل ما يقف حجر عثرة في سيبل الولاء لها. فقضت على دور الكنسية

والأسرة اللتان تشكلان عناصر يتقاسم الأفراد الولاء لها. فالإنسان في نهاية المطاف مواطن بالدرجة الأولى، أما خصوصياته الدينية والعرقية، فمكانها المنزل أو مكان العبادة فقط.

ويتناول المؤلف دور بعض الفلسفات التي دعمت هذا الاتجاه من خلال التأكيد على الحياد والموضوعية وعدم الاهتمام بالأخلاق، ورد الأخلاق للمجتمع، فالمجتمع يخلق أخلاقه دون مرجعية معينة، فما هو صالح للمجتمع فلابد من متابعته، وليس القانون هو الذي يحدد من يتبع هذا السلوك أو لا ، فطبيعة المجتمعات تنبذ الخارج على السلوك العام.

فالسلوك المرضي عنه في المجتمع وهو السلوك الذي يخلق هذا المجتمع هو السلوك المقبول. أما نسبية الجمال والأخلاق، فقد أدت إلى ضمور الحس الفردي للجمال وأصبح المجتمع هو الذي يضع القوانين غير المرئية لذلك. ومن هنا نجد الأثر الكبير للمجتمع في تربية أفراد لا يستطيعون أن يرفعوا عقيرتهم بالتنديد بما هو لا أخلاقي في نظرهم، لانهم سيعتبرون هامشيين.

وقد رصد المؤلف عدداً من السمات لشخصية الإنسان الرشيد، ولعل منها التقلب السريع دون تفكير كبير؛ فهو يتقلب مع الجو المناسب، ولا يحتاج اصحاب الماركات أو السلع الجديدة وقتاً طويلاً لإقناعه بالجديد والمثير، ومنها أيضاً أنه إنسان بلا مرجعية فهو يتقلب من ذات إلى موضوع، ومنها أيضاً التحمس لأمور مجردة يظن أنها ستكون سبباً في سعادته وتقدمه. فهو ايضاً يصدق كل ما يقال ويشاع وهو بأمر النظام متى شاء وظفه لصالحه، وهو باختصار إنسان مبرمج مثل الدمية التي تعبأ لتقوم بأداء وظيفتها وهكذا. فهو باختصار كما يقول المؤلف إنسان بلا لون ولا طعم ولارائحة مميزة.

في الفصل السادس يتناول المؤلف مقولة نهاية التاريخ التي بشر بها الامريكي الياباني الاصل فوكوياما. هذه النظرية التي يتناولها المؤلف من خلال طرح عدد من الأسئلة قد لا تبدو للقارئ العادي ذات علاقة. فهو يتسائل عن العلاقة بين الحل النازي للمسالة اليهودية والصهيونية من جهة والشركات العابرة القارات من جهة أخرى، بمعنى آخر ما العلاقة بين القطبية أو الكونية ومجريات الأحداث العالمية؟؟ الجامع بينها هو محاولة إلغاء الزمان والتاريخ وتصفية التركيب كما يقول المؤلف.

فكما أن النازيين أرداوا حل المسالة اليهودية بالإبادة أي بإلغاء التاريخ، يقوم الصهاينة أنفسهم بنفس العمل من خلال محاولاتهم الدؤوبة لإلغاء تاريخ شعب بأكمله، بل إلغاء تاريخ أمة بأكملها من خلال الإصرار على أن القدس عاصمة أبدية لليهود. ونهاية التاريخ تعني أن عالم التاريخ " بكل ما يحويه من تركيب وبساطة وصيرورة وثبات وشوق وإحباط ونبل ..... سيصل في لحظة ما إلى نهايته خالياً من التدافع والصراعات والثنائيات".

فهو عالم واحدي لا مجال فيه للآخر. والتصور هذا يصدر عن قناعة مطلقة بالحتميات التاريخية، والذي لم يتعظ من سقوط الشيوعية كاتب وفيلسوف الفكرة.

فالحتمية الشيوعية مثلاً كانت إحدى المطلقات والحتميات على مدار عقود، ثم ما لبثت أن أصبحت أثراً بعد عين. ويربط المؤلف بين مقولة التاريخ وأطروحة هنتنغتون في صراع الحضارات. فالأول حاول أن يلغي الحركة من خلال التوقف عن الليبرالية الغربية كمرحلة نهائية للحياة البشرية حيث تتم من خلالها عملية بناء الفردوس الأرضي، أما الثاني فإنه على عكس الأول، وجد أن الصراع بين الحضارات أو الثقافات الغربية من جهة والإسلامية والكنفوشوسية من جهة أخرى أمر حتمي. فالعالم في نظر هنتنغتون ليس سوى حركة باتجاه الغرب، والتحديث لا يرتبط بأحد سوى بالغرب ولهذا فإن الصراع بين العالم الغربي الحداثي والشرق المتخلف أمر طبيعي. وعملية التحديث المستمرة التي ينادي بها بعض الكتاب أو السياسيين من العالم الثالث لابد وأن تستمر لصالح النموذج الغربي.

أما ما بعد الحداثة فهي رؤية فلسفية متغيرة بشكل مستمر خلاصتها أن الإنسان بخاصيته الطبيعية هو المرجع، أي أن لا مرجع سوى المادة والطبيعة. وتقوم الرؤية هذه على رفض الكل أي أن الرؤية الشاملة غير متحققة؛ فالتاريخ ليس سوى ذاكرة لابد من محوها والسير بلاهدف أو غاية نحو المجهول.

ويربط المؤلف بين هذه الرؤى العلمانية التي قد تبدو متناقضة ولكنها في نهاية المطاف واحدة وبين الواقع الإمبريالي الذي يتجه نحو تحويل العالم إلى مصنع أو سوق أو ملهى ليلي. فالإنسان يعمل في أول النهار، مستهلك في وسطه لا ه عابث في نهايته،فهو ينتقل من دائرة لاخرى لتحقيق أمر واحد هو تطلعاته وأشواقه المادية، وإذا نظرنا إلى هذه التوليفة لوجدنا أن المسجد أو المعبد لا وجود له في حياة الإنسان الذي تريده هذه الفلسفة العلمانية.

أما تحقيق ذلك فلا يتم إلا من خلال السيطرة على النخب السياسية والثقافية في العالم الثالث لإنها وحدها القادرة على تزيين هذا الباطل لشعوبها وجرها خلف الاستعمار

الحديث. ويضرب على ذلك مثالاً الكاتب الجامايكي الهندي الأصلي الذي يرى في النموذج الغربي الحل الوحيد للعالم المتخلف وكذلك رئيس المكسيك الذي يريد إلحاق أمته بالشمال الأمريكي ليصبح عالماً آخر.

في الفصل السابع: العنصرية الغربية في عصر ما بعد الحداثة يتحدث المؤلف طويلاً عن تاريخ نشوء النظريات العنصرية في الغرب والتي تربط بين الجنس الأبيض كعنصر متفوق يحمل في خباياه جينات التطور والتحديث، وعالم آخر مبتلى بجينات التقدم.

و هذه الرؤية العنصرية عودة ولكن بطريقة مختلفة عن السابق، أي عودة إلى تقسيم العالم إلى عالمين: واحد متقدم وحداثي وآخرمتخلف ورجعي، ولأن الغرب يعيش حالة الانتصار في عالم التقنية والتحديث فإن له الحق أن يصبح هو المرجعية في كل شيء. إذن المرجعية مرتبطة بالقوة العضلية لا بالقوة الروحية أو الفكرية، وهذه لا وجود لها.

في الفصل الأخير يتناول المؤلف فلسفة الإبادة والمستندة إلى رؤية مادية صرفة لا علاقة لها باية قيم إنسانية أو أخلاقية. فالإنسان الذي تم "إنتاجه" أي تربيته بطريقة عنصرية بحيث لايرى غيره يستحق الحياة ويبرمج على أساس أنه العرق الأصل وأن الآخرين ليسوا أكثر من خدم جاءت بهم الطبيعة لتحقيق مآربه، هذا الإنسان تعامل مع هذا الآخر بطريقة ليس لها سابقة في التاريخ البشري.

فالإبادة المنظمة انطلقت من أوروبا عبر تهجير المجرمين إلى بلاد خالية " من السكان" ومن ثم ذبح هؤلاء السكان الأصليين كما حدث في أمريكا الشمالية وأستراليا على وجه الخصوص. ومن ثم تهجير الآخرين ليكونوا أداة العمل لصالح المهاجرين الجدد كما حدث في حالة تهجير العبيد من قارة أفريقيا إلى أمريكا الشمالية. هذه الهجرات القسرية المبكرة لم تنقطع عبر القرنين الثامن عشر والتاسع عشر، بل استمرت إلى القرن العشرين.

وقد تم تهجير ملايين التتر من جزيرة القرم إلى سيبيريا في العهد الستاليني وتم ذبح كل من يتردد في ذلك حيث وصلت أعداد المقتولين أو المبادين عشرات الملايين، وقد رافق عملية التهجير عمليات" تطهير عرقي" في المانيا النازية؛ فالنازيون كغيرهم من الأموزربيين كانوا ينظرون إلى البشر من خلال القيمة النفعية لهم، فالنافع المنتج والقادر على البقاء والتكيف يبقى، أما العناصر الضارة والتي تشكل عبئاً على الاقتصاد أو يمكن أن تشكل عبئاً عرقياً يمكن أن يجعل نقاوة العرق الآري أمر صعباً فتم التخلص منهم وبطريقة لا إنسانية.

ويسرد المؤلف قصصاً تشيب من هولها الولدان، فالنازيون كانوا لا يرون اية غضاضة في الفتك بالجنود الجرحى خشية أن تكلفهم عمليات النقل والمعالجة المال والوقت. كما أن قتل العجائز والمعوقين وتعقيم المرضى وغير القادرين على الإنجاب دون مشكلات كانت ممارسة يومية مقننة.

لقد توصل هؤلاء ومن خلال النظرة الفلسفية العلمانية التي تقول بإن قيمة الإنسان في الانتاج،وأن العنصر غير المفيد يجب التخلص منه إلى إشاعة جو من الرعب بين بني البشر بطريقة غير مسبوقة.

وحتى أثناء الحرب العالمية الثانية لم يتورع الحلفاء- الذين كانوا يقاتلون النازية- عن اتخاذ نفس الاساليب في الإبادة الجماعية كما حصل في درسدن الألمانية حيث قتل مائتا ألف شخص أو في اليابان عندما ألقيت القنابل الذرية لإخضاع اليابانيين مع أن الوضع كان يشير إلى قرب انتهاء الحرب، واستمر الحال حتى بعد الحرب واثناء محاكمات النازيين الذين قتل منهم الآلاف.

هذه النزعة في الإبادة واستمرت أيضا مع الصهاينة الذين حلت أوروبا مشكلتهم بتهجيرهم إلى فلسطين لخلق الدولة الصهيونية. فالصهاينة كانوا يمعنون في عمليات القتل والإبادة ضد الفلسطينيين بطريقة منهجية ومنظمة حتى تمكنهم من إقامة دولة بلا أعراق أخرى، اي دولة خاصة باليهود، وهذه لا تختلف كثيراً عن النازية التي أرادات المانيا بلا يهود.

لم كل هذا؟؟

يجيب المؤلف بقوله إن النزعة هذه إنما تتلخص في نظرة هؤلاء إلى الإنسان. فالإنسان مادة استعمالية توظف للخدمة. وهنا بما أن القوي هو الموظف -بكسر الظاء- فإن الآخرين سيقومون على خدمته وعندما ينتهي الدور لا بد من التخلص منهم لعدم الاستفادة منهم لاحقاً.

هذه النظرة اللاإنسانية لم تأت من فراغ بل لأن هذا الإنسان نتاج هذه المادية الملحدة التي ترفض المرجعية الإلهية والقيم الربانية ولا ترى في القيم سوى الجانب النفعي.

- المراجعة نشرت في مجلة إسلامية (المعرفة) الصادرة عن معهد الفكر الإسلامي العالمي. العدد ___________ السنة ___________ .

السؤال	الجواب	ملاحظات
هل هدف الكاتب موجود في المراجعة؟	-	-
هل استخدم المراجع مراجع أخرى؟	-	-
هل وضع المراجع مقدمة للمراجعة؟	-	-
هل تعتقد أن مراجعة غنية إلى درجة أنك تستغني بها عن الكتاب نفسه؟	-	-
هل دفعتك المراجعة لقراءة الكتاب؟	-	-
هل كان المراجع متحاملا؟	-	-
هل كان المراجع متعاطفاً من الكاتب؟	-	-
هل كان المراجع صادقاً في نقده للكتاب؟	-	-
هل وضع المراجع خاتمة وتوصيات للقارئ؟	-	-
هل يستحق الكتاب المراجعة؟	-	-

ولتعرف أخي الطالب مهارتك في الكتابة، انظر العبارات أدناه، وحاول أن تقيم ما تفعله قبل القراءة وبعدها.

استبانة خاصة بمهارة الكتابة

1- أختار موضوعات الكتابة بنفسي.

2- أستخدم المراجع بطريقة سليمة.

3- أعتمد النقل من الكتب كثيراً.

4- أقرأ دون اهتمام بمهارة الكتابة.

5- أقرأ يومياً.

6- أكتب أداء للواجب الجامعي/المدرسي.

7- أكتب بدافع حب الكتابة.

8- أكتب دون السير في خطوات واضحة.

9- أكتب دون بحث جدي في المراجع.

10- أكتب دون عمل خطة.

11- اكتب دون عمل عصف ذهني.

12- الكتابة أمر عارض في المقرر العام للغة العربية.

13- المدرس لا يقدم نماذج جيدة للكتابة.

14- الموضوعات المفروضة مكررة وتقليدية ولا تثير اهتمامي.

15- الوظيفة الكتابية تثير اهتمامي.

16- الوظيفة الكتابية عبء ثقيل.

17- تصحيح المدرس لا يعطيني فكرة عن الأخطاء التي أرتكبها.

18- تعليقات المدرس عامة وغامضة.

19- عندما أكتب، أمسك بالقلم وأكتب ما يجول في خاطري.

20- لا أستخدم قائمة بالأشياء التي يجب توفرها فيما أكتب.

21- لا ألقي بالاً لتعليقات المدرس على ما كتبت.

22- لا أهتم بالانتقال المتدرج من المقدمة إلى العرض إلى الخاتمة.

23- لا أهتم بالجملة الرئيسة.

24- لا أهتم بتكوين فكرة في كل فقرة.

25- لا أراجع ما أكتب.

26- لم أكتب للنشر.

27- مهارة الكتابة ضرورية للعمل الذي سأؤديه بعد تخرجي.

تصحيح الكتابة:

من المهم جداً للمعلم أن يتقن طريقة لتصحيح الكتابة. فمن الملاحظ لدى الكثير من المدرسين أن التصحيح غالباً ما يكون عاماً، فتجد أحياناً عبارات مثل: شوهد، حسن، جيد أو غير ذلك من العبارات المجملة والمبهمة، فالطالب في مثل هذه الحالة لا يستفيد شيئاً من تصحيح المعلم، والمفروض أن يكون التصحيح شاملاً بحيث يتناول:

التسلسل المنطقي في العرض، ويشمل:

1- الفكرة الرئيسة، كيف تناول الطالب عرض الفكرة الرئيسة في كل فقرة من الفقرات؟ وهل هناك فكرة رئيسة؟

2- الأفكار الثانوية والتي تمثل الدعم الحقيقي للفكرة الرئيسة. فيلاحظ المعلم إن كان الطالب قد قدم أمثلة مناسبة للفكرة، أو استخدم أرقاماً تدعم أطروحته الأساسية، وهل كان الانتقال من مثال إلى آخر مناسباً؟

3- الانتقال من فقرة إلى أخرى، هل كان الانتقال سهلاً وسلسا؟ هل كانت أدوات الانتقال من فقرة لأخرى مناسبة؟

4- هل جسم الموضوع متكامل؟ وهل الأمثلة والموضوعات والأفكار التي قدمت تشكل كلاً متكاملاً للموضوع أم لا؟.

5- هل هناك خاتمة مناسبة للموضوع؟ هل اشتملت على نتائج معينة؟ أم هل اقتصرت على إعادة المقدمة كما يفعل البعض؟

النحو، ويشمل:

1- الاتفاق بين الصفة والموصوف.

2- الاتفاق في التذكير والتأنيث.

3- هل استخدام الطالب الأفعال مناسب؟.

4- هل استخدام الطالب للظروف والأدوات الأخرى مناسب؟.

الترقيم، ويشمل:

هل استخدم الطالب الترقيم أم لا؟.

هل استخدم علامات الترقيم بشكل مناسب للمعنى؟.

هل استخدام الطالب لعلامات الترقيم استخدام قصدي أم لا؟.

الإملاء ، ويشمل:

هل هناك أخطاء إملائية أم لا؟.

ما نوع تلك الأخطاء؟.

هل هناك أخطاء تكرر من قبل الطالب؟.

تصحيح الطلبة كتابة بعضهم البعض:

من الطرق الجيدة للتصحيح أن يقوم الطلبة بتصحيح أوراق زملائهم. فيقوم المدرس بتوزيع أوراق على الطلبة ثم يقدم لهم نصائح محددة من خلال نموذج للتصحيح يتضمن الأمور التي ذكرت سابقاً.

من المفيد أن يطور المدرس نظاماً معيناً للرموز الخاصة بالأخطاء. مثل:

إ: إملاء

فر: فكرة رئيسة

م: مثال

ن: نحو

ش: شاهد

ت: تسلسل منطقي

خ: خاتمة

مق: مقدمة

نموذج التصحيح

موضوع التصحيح	موجودة	غير موجودة	واضحة ومناسبة	غير واضحة	الدرجة
الأمثلة					
الأرقام					
تطابق الصفة مع الموصوف					
تطابق الاسم مع الفعل: تذكيراً و تأنيثاً، إفراداً و تثنية وجمعاً					
الألفاظ					
العبارات					
عبارات الانتقال من فقرة إلى أخرى					
أدوات الاستفهام					
الفاصلة					
الفاصلة المنقوطة					
علامة الاستفهام					
علامة التعجب					
علامات الاقتباس					
علامات التضمين					
الشواهد من قرآن أو حديث أو غيره					
القوسان					
الإملاء					
المقدمة					
العرض					
الخاتمة					

التصحيح الجماعي:

ومن الطرق المفيدة في التصحيح الجماعي بحيث يضع المدرس مثالاً مما كتبه الطلاب على شفافية جهاز العرض، ثم يقدم للطلبة النموذج السابق وتقوم مجموعات من ثلاثة إلى أربعة بتصحيح الموضوع، وبعد الانتهاء يمكن وضع النتائج أيضاً على شفافية وعرضها على بقية أفراد الصف، وإذا لم يتيسر وضعها على شفافية، يمكن التصحيح على الشفافية الأصلية.

موضوعات يمكن لمتعلمي العربية من غير العرب الكتابة فيها:

المستوى المبتدئ

أ- جدول بالأعمال اليومية.

ب- جدول بالأعمال الأسبوعية.

ت- ترتيب عبارات مجاملة.

ث- ملء فراغ باستجابات لعبارات المجاملة.

ج- ملء جدول معلومات خاصة بالطالب.

المستوى المتوسط

1- كتابة تقرير قصير عن نشاط يقوم به الطالب كزيارة مكتبة أو متحف.

2- ملء نموذج لفتح حساب بنكي.

3- ملء نموذج لطلب رخصة قيادة.

4- ملء نموذج تأشيرة دخول بلد عربي.

5- كتابة أسئلة لمقابلة قصيرة مع زميل أو مدرس.

6- تلخيص مجموعة فقرات من درس سابق.

المستوى المتقدم

بالإضافة إلى النماذج أعلاه، يمكن أن يتعلم الطالب مهارات مثل:

1- عرض موجز لكتاب باللغة العربية.

2- تدوين محاضرة.
3- كتابة تقرير عن نشاط حضره الطالب.
4- موضوعات فكرية وثقافية مناسبة.
5- مقابلة مع صديق.

إجراءات كتـــابة البحث الصفي

البحث الصفي عبارة في الأساس عن قراءة ذكية في عدد من المراجع حول موضوع ما. إن مثل هذا العمل ليس عبئاً كبيراً كما قد يبدو لو قام الطالب بالتحضير الجيد.

إجراءات البحوث الصفية

1- اختيار الموضوع.
2- البحث عن المراجع المناسبة.
3- جمع الملاحظات.
4- عمل خطة البحث .
5- كتابة المسودة الأولى.
6- كتابة البحث.

اختيار الموضوع

إن أفضل الموضوعات هي تلك التي تدور حول أسئلة بحثية، ويمكن العثور على أسئلة بحثية من أي كتاب دراسي مقرر، انظري في الجزء الذي يثير اهتمامك من الكتاب وادرسيه جيداً، اطرحي على نفسك الأسئلة التالية لتتمكني من تحديد السؤال الذي تودين الإجابة عنه، هل يقدم لك الموضوع كل ما تودين معرفته حول الموضوع؟ هل أنت متأكدة من أن الموضوع دقيق وواضح؟ هل يقدم المؤلف يعض الفرضيات التي تحتاج للاختبار؟ هل يمكنك العثور على قسمين من الموضوع وبينهما علاقة ما ؟

إن ورقتك البحثية عبارة عن جواب منظم للسؤال الذي تودين الإجابة عنه، والخطأ الذي كثيرا ما يقع به الطلبة المستجدون هو عمومية الموضوع .

العثور على المراجع المناسبة :

1- عادة،يفضل البحث في المراجع المتوفرة في مكتبة الجامعة والتي لا يتجاوز عمرها العشرين عاماً مالم يكن الموضوع يناقش قضية تاريخية.

2- إرشادات بخصوص المراجع:

أ- قومي بعمل قائمة بالعناوين التي تتوقعين أنها تتضمن موضوعات قريبة من موضوع البحث.

(1)

ب- قومي بعمل ملف من البطاقات يتضمن الآتي:

1- الكتب والمجلات

> الموضوع.

> المؤلف.

> العنوان.

> المعلومات المتعلقة بالناشر والسنة.

> الرمز المكتبي الخاص بالكتاب.

2- القصص الإخبارية في التلفاز:

> الموضوع.

> معلومات تتعلق بالنشر.

> العنوان الرئيس.

3- المجلات الدورية:

> المؤلف.

> العنوان.

> اسم الدورية.

> رقم المجلد ورقم الصفحات.

> الشهر والسنة.

نظم البطاقات وقسمها إلى كتب وكل مجلد خاص بالدوريات. انظر في الرموز الخاصة بالكتاب أو المجلة في المكتبة.

جمـــع الملاحظـــات

أ. تفحص الكتب والمقالات.

ب. انظر في المراجع نظرة فاحصة وحدد مكان المعلومات المفيدة لبحثك ثم خذ الملاحظات التي تعتقد أنها ذات قيمة. وانقلها بطريقة منظمة مشيراً إلى نوع الملاحظة من حيث كونها اقتباساً مباشر أم إعادة صياغة. حدد عدداً من البطاقات لكل مؤلف.

ت. عند أخذ الملاحظات كن دقيقا وأمينا. احذر من تحريف ما يقصده المؤلف. لا تنقل فقط النقاط التي تدعم فكرتك، فالقارئ يود التعرف على الآراء الأخرى.

ث. انقل المعلومات المناسبة: انقل الحقائق لا الآراء فقط، قارن بين الحقائق ورأي المؤلف.

(2)

خطة البحث:

1-لا تتعجل الكتابة، فكرّ بالهدف من البحث ونوع المعلومات التي عثرت عليها.

2-راجع ما دونته من ملاحظات لتقسيم البحث حول الأفكار الرئيسة. نظم البطاقات بطريقة تناسب الموضوع وضع كل مجموعة خاصة بموضوع ما معاً. استخدم الأسماء الخاصة بالموضوعات الفرعية لتكون أقساماً فرعية للبحث، فلو افترضنا أنك ستكتب عن الآثار السلبية للبث المباشر وكانت العناوين التالية هي رؤوس الموضوعات:

1- تاريخ البدء بالبث المباشر.

2- أهداف البث المباشر.

3- نوعية البرامج المقدمة في الفضائيات العربية.

4- نوعية البرامج المقدمة في الفضائيات الغربية (عنف، أفكار غربية، قيم غربية، برامج لا أخلاقية ....).

5- مدى مناسبة البرامج للقيم العربية والإسلامية.

6- خطورة البرامج على النشء.

7- البديل المناسب.

تلك البطاقات يمكن ترتيبها على النحو التالي:

1- التاريخ (البطاقات 1و 2).

2- الأهداف (3و4).

3- البرامج العربية(5و6).

4- البرامج الغربية (7و8).

5- مناسبة البرامج للقيم الإسلامية (9و 10 و11).

6- خطورة البث (12و13).

7- البدائل المقترحة (14و15).

بعد هذه العملية تبدو الصورة أكثر وضوحا من قبل.

كتابة المسودة الأولى

يمكن القول بأنك الآن مستعد للكتابة.

1- حدد الغرض من البحث من خلال جملة مناسبة في البداية مثل (تهدف هذه الورقة إلى البحث في المخاطر والسلبيات الناتجة عن البث المباشر وتقديم بدائل مقترحة تناسب قيم مجتمعنا العربي الإسلامي).

2- قدم عرضاً تفصيليا لما سبق ذكره .

3- قدم للقارئ ملخصا لما قلت قي العرض (خاتمة مناسبة) .

(3)

ملاحظات حول الكتابة :

نظم المعلومات بطريقة توحي للقارئ بأنها مترابطة وذات صلة حيث ستساعدك خطتك المنظمة في هذا الأمر. لا تغير الموضوع في منتصف الفقرة، وحافظ على وحدة الموضوع تجنب الجمل القصيرة جدا والجمل الطويلة المربكة للقارئ.

الكتابة النهائية :

1-قبل الكتابة النهائية أقرأ المسودة وكأنك تقرأها لأول مرة. وافعل ذلك بعد يوم أو يومين من كتابة المسودة.

2-اقرأ الورقة بصوت عال لنفسك أو لشخص آخر تثق بقدرته على النقد. وتأكد أن الكتابة تسير بشكل طبيعي.

3- راجع الإملاء والترقيم وبناء الجملة، وتأكد من أن الجمل تسير بشكل متواز من حيث العدد المفرد، المثنى، الجمع، التذكير والتأنيث، الزمن، ماض ومضارع).

4- تأكد أن ما نقلته من اقتباس يخدم التالي:

1- يقدم دليلاً على ما قاله المؤلف .

2- تجنب التفسير الخاطئ لأفكار المؤلف .

3- أبق على صياغة المؤلف إذا وجدت أنك قد لا تلتزم بطريقته بالتعبير عن أفكاره.

نشاط كتابي

مخطط لمقالة:

اختيار الفكرة الأساسية للمقالة/البحث

اختيار الفكرة : اختر عدداً من الأفكار التي تريد الكتابة عنها ثم اختر المناسب لك

___

___

_____

_____

_____

الفكرة المناسبة

_____

_____

اختيار الموضوع: اكتب عدداً من الموضوعات واختر الأنسب.

_____

_____

_____

_____

الموضوع المناسب

_____

_____

مخطط الفقرات: اختر الجمل الرئيسة للفقرات الخاصة بصلب الموضوع، الأدلة المناسبة، الخاتمة.

الفقرة الأولى لصلب الموضوع

الجملة الرئيسة

_____

أفكار للفقرة: من ثلاث إلى خمس أفكار

_____

_____

_____

_____

_____

_____

خاتمة الفقرة/ الجملة الانتقالية للفقرة التالية

_____

_____

_____

الفقرة الثانية
الجملة الرئيسة

_____

_____

أفكار للفقرة (من ثلاث إلى خمس)

_____

_____

_____

_____

الفقرة الختامية: اكتب الفكرة الأساسية للموضوع، وقائمة بالأفكار التي وردت في الفقرات السابقة، والجملة الختامية ثم نظرتك الخاصة.

_____

_____

أعد الفكرة

_____

_____

الموضوعات الرئيسة

_____

_____

_____

_____

الجملة الختامية

_____

_____

_____

نظرتك (ربما، من الممكن، ليس من المستبعد)

_____

_____

_____

6

الفصل السادس
تعليم المفردات

أهمية المفردات في تعلم اللغة العربية:

تعد الذخيرة اللغوية لدى المتعلم ضرورة لابد منها، فالمتعلم الذي يتمكن من عدد كاف من المفردات يستطيع أن يتقدم في تعلمه للغة بطريقة أسرع من غيره، ولا يكفي للمتعلم أن يحفظ كميات كبيرة من الكلمات للقدرة على التعبير، بل لابد من أن تستخدم تلك المفردات في سياقات مختلفة تمكن المتعلم من التمييز بين المعاني المختلفة للكلمة منعزلة وفي سياق. وتعد العبارات المركبة أو مايسمى بالتعبيرات الاصطلاحية أمراً مهما. فعبارة مثل: آخر صيحة تحمل مضامين ثقافية كثيرة، فالصيحة هنا لا تعني الصوت الصادر بقوة لآخر مرة ولكن تعني ما أنتج من أزياء وغيره حديثاً.

تنمية المفردات

هناك طرق كثيرة لتنمية المفردات وسنتناول بالحديث اموراً منها: القراءة الكثيرة الهادفة وغير الهادفة،الاستماع إلى حوارات ثقافية عالية المستوى، مشاهدة الحوارات، الدخول في مناظرات وحوارات مع الآخرين، المتابعة الجيدة للمفردات الجديدة.

القراءة الهادفة:

ويقصد بها أن يتخذ المتعلم لنفسه خطة للقراءة في موضوعات تهمه، فالطالب الذي يتعلم العربية لأغراض دينية مثلاً (عند طالب العربية الناطق بلغةأخرى) يجب أن ينبه إلى القراءة في الكتب الدينية البسيطة في المراحل المبكرة لتعلمه، ويجب أن ينبه إلى عدم الاعتماد على فهمه في هذه المرحلة، فالمناقشة المستمرة مع أبناء اللغة ستتيح له فرصة جيدة للتعرف على المعاني المختلفة التي وردت في موضوعات الكتاب، وفي مراحل متوسطة ومتقدمة يمكن للمتعلم أن يقرأ في كتب أكثر تعقيداً، وفي هذه الحالة لا بد للمتعلم من أن يختط لنفسه هدفاً معيناً مرتبطاً بالفهم، كأن يستخدم استراتيجة التلخيص ليعيد صياغة ما يقرا بلغته الخاصة، أو أن يتتبع المفردات أو العبارات في صياغات مختلفة من مصادر أخرى

في القواميس أو أن ينظر في استخدام تلك العبارات في الصحافة أو الميادين التعليمية المختلفة.

وفي حالة المتعلم ابن العربية، فإن القراءة الهادفة تتضمن قراءة المقالات والروايات والأخبار وغيرها، وللمعلم دور كبير في توجيه طلابه نحو القراءة التي تخدم مهارة الكتابة. فتحليل النصوص -كما راينا - في الفصل السابق - يقدم الكثير للطلاب حول بنية النص وتسلسله وطبيعة المفردات التي استخدمت وما استخدم فيه من تقنيات الكتابة المختلفة.

القراءة العشوائية غير الهادفة:

وهي تلك القراءة العابرة التي يمارسها المتعلم بشكل يومي دون قصد منه، وتتلخص في قراءة العناوين المختلفة للصحف السيارة أو قراءة النشرات الضرورية له في بلد اللغة، أو قراءة القصص القصيرة والتي تحمل غالباً مضامين ثقافية. وفي هذه الحالة يضع المتعلم لنفسه طريقة للاستفادة مما يقرأ. فقد ينظر في استخدام ما يقرأ في سياقات مختلفة أو يسأل أبناء اللغة عنها أو ينظر في اضطراد تلك العبارات في أكثر من نص أو قطعة مسموعة أو مرئية.

الاستماع إلى حوارات

وقد تكون تلك الحوارات في الصف أو خارجه. فإذا كان المدرس يريد من المتعلمين التعرف على عبارات محددة في السياسة أو الاقتصاد أو الدين أو الموضوعات الاجتماعية، فإنه يستطيع أن يقدم لطلابه تسجيلات مصورة لحوارات مرئية في المحطات التلفيزيونية المختلفة. فقد يريد المتعلم أو المتعلمون زيادة حصيلتهم من المفردات الاجتماعية، فيقدم لهم المدرس شريطاً مصوراً لحوار اجتماعي مع ناقد اجتماعي أو أستاذ خبير، ثم يقدم للمتعلمين مجموعة من التدريبات التي تتصل بالحوار، وفي مرحلة لا حقة قد يطلب من المتعلمين نسج حوار مماثل يتناول نفس الموضوع، ويكون دور المعلم مراقبة ما يجري دون تدخل إلا في اللحظات المناسبة، كما أن المعلم قد يكون مديراً للحوار أو يختار طالباً متميزاً لإدارة الحوار، وللمزيد من الأمثلة يمكن النظر في الفصل الخاص بالمناظرات في الكتاب.

الاستذكار الجيد:

ويقصد بالاستذكار أن يقوم المتعلم باختيار المفردات التي يجد صعوبة في استخدامها في أمثلة تتناول الاستخدامات المختلفة للمفردة، وهذه الطريقة تفيد المتعلم في التمكن من المعاني المختلفة للعبارة أو المفردة الواحدة، كما أن من المهم للمعلم أن يدرك أن المفردات لا تحفظ لذاتها بل لتكون أداة يستخدمها المتعلم عند الحاجة. والاستخدام عند الحاجة لا يتم إلا بالمران المستمر والتدرب على الاستخدامات المختلفة في ظروف مختلفة. ولا ننصح بأن يقوم المتعلم باستخدام الطريقة التقليدية في وضع المفردات في قوائم ثم حفظها، فهذه الطريقة يعاني من عقابيلها كثير من متعلمي اللغات الأجنبية، حيث يلاحظ أن المعنى الذي تم حفظه هو المعنى الذي يرد أولاً للمتعلم عندما يسمع بالمفردة وقد يكون المقصود معنى آخر، وقد لا حظت ذلك في نفسي، فبالرغم من مرور أكثر من ثلاثين عاماً على تعلم بعض المفردات الإنجليزية بالطريقة التقليدية ومرور أكثر من عقدين على التعامل مع الإنجليزية إلا أن المعنى الأول الذي حفظته في المراحل الأولى من حياتي هو الذي يرد أولا على ذاكرتي عند سماعه.

الربط:

استخدام استراتيجيات معينة

الصورة

الاستخدام الأمثل للمفردات من خلال سياقات متجددة

تعليم المفردات:

يشير غارينز وردمن (1986) إلى أمور عدة عن تعليم المفردات منها:

1- الحدود الفاصلة بين المعاني: فمعرفة الحدود الفاصلة بين المعاني يمثل تقدماً كبيراً في مجال التعلم. فالطالب يجب أن يعرف الفرق بين الكوب والكأس والوعاء الحاوي للسوائل.

2- معرفة المعاني المختلفة للمفردة الواحدة: فرأس الإنسان غير رأس الإبرة أو الدبوس.

3- معرفة المعاني المختلفة للمفردة الواحدة والتي قد لا تتصل بالمعنى المباشر.

4- معرفة المتضادات

5- معرفة المعاني المختلفة للمفردة الواحدة والتي تشترك في المعنى المجازي: فعبارة مثل يبسط يديه غير يبسط الفراش وهكذا.

6- المعنى الاجتماعي/النفسي.

7- المعنى المحدد بالتجربة الاجتماعية لشعب أو ثقافة ما، وقد تختلف تلك المعاني بين ابناء اللغة الواحدة . فاللبن عند المصريين لا يعني ما يعنيه عند الشامي).

8- الترجمة: التعرف على الاختلافات، ووجوه التشابه بين اللغة الأصلية والمترجمة، حيث ينطق أبناء اللغة بعبارات أو مفردات غريبة عن اللغة فيظنها القارئ الأجنبي من اللغة المتعلمة.

9- نحو المفردات: التعرف على طرق التصريف للمفردة الواحدة من خلال تعلم الميزان الصرفي وغيره.

10- طريقة النطق: وهذه تخص بعض اللغات، فالإمالة عند بعض أبناء اللغة أو الكسر أو التعطيش وغيره يجب أن يعرفها المتعلم.

تخزين المفردات

تتم عملية تخزين المفردات أو العبارات بطرق مختلفة، فالبعض يستخدم الترداد المتكرر للكلمة أو العبارة لتخزينها وهي طريقة كثيرة الاستخدام لدى متعلمي اللغات. ويبدو أن لهذه الطريقة سلبياتها، فمن ذلك أن المتعلم قد يحفظ المفردة بعيدة عن سياقها مما يفقدها معناها الأصلي او يعطيها معنى لا علاقة له بالسياق اللغوي.

ويمكن للمتعلم أن يخزن المفردات في ذاكرته عبر استخدام طريقة معينة مثل الكتابة، كأن يكرر الكتابة في موضوعات تتعلق بمجموع المفردات التي سيحفظها، أو أن يكرر الحديث مع أبناء اللغة مستخدماً تلك المفردات، فقد يكتب حواراً ثم بعد ذلك يجرب هذا الحوار مع زملائه أو أصدقائه من أبناء اللغة.

ويمكن للمتعلم أن يستخدم المفردات التي يتعلمها بوضعها أو ربطها بكلمة قريبة في لفظها من كلمة أخرى في لغته، وهي طريقة معروفة لدى المتعلمين الذين يستخدمون استراتيجيات التعلم .

7

الفصل السابع
تدريس القواعد النحوية

يعد النحو الركيزة الأساسية لأية لغة، فهو النظام الذي به يتم نظم اللغة، وهو بالإضافة إلى ذلك يعد معيار الصلاحية والدقة عند استخدام اللغة. ولا يعد ما يقال أو يكتب صحيحاً ما لم يتم الالتزام به على نحو معلوم.

وتبدو أهمية النحو في كل اللغات لكنه أكثر أهمية في تعلم العربية لأن علماء العربية يولون اهتماماً خاصاً للصلاحية و الدقة، إضافة إلى ذلك فإن دارس التراث العربي تحديداً يجد صعوبة كبيرة في الفهم مالم يكنّ على معرفة جيدة بنحو العربية وصرفها.

وللأسف الشديد فإن النحو هو العلم المظلوم بين علوم العربية، حيث يعده الكثيرون صعباً لاعتبارات كثيرة. ولم يكن أسلافنا من العامة والخاصة يجدون تلك الصعوبة كونهم كانوا يتحدثون العربية السلمية سليقة يتلقونها في بيوتهم و مدارسهم ويتحدثون بها في أسواقهم ومراكز تعلمهم.

ولما اشتدت الحملة على العربية كان النحو وغيره من فروع اللغة أهدافاً لتلك الحملة. حيث تركز الأمر على تسهيل النحو بل التحلل من استخدامه، وهو أمر ينطوي على خطورة كبيرة. ولعل الذين نظروا في صعوبة النحو وتعليمه لم يجدوا في البحث عن طريقة مناسبة لتعليمه و تعلمه بل رأوا التحلل منه و التخلص منه. فهم كالطبيب الذي يعجز عن معالجة مريضه لعجز أصابه وعدم جدية عنده، فراى الحل في التخلص من المريض جملة.

إن مشكلة النحو لا تكمن في النحو و قواعده، فقواعد كثير من اللغات أكثر تعقيداً من نحو العربية ولكن المشكلة تكمن في أمرين:

1- طريقة تدريسه للناشئة

2-عدم ممارسته واعتباره أساساً في التعلم.

ولذلك لن نطيل في الحديث عن مشاكل النحو و لكن الكتاب مصمم لمساعدة المدرس على التخلص من العادات التعليمية التي لا تجدي النفع الكثير و استبدالها بالطرق الأكثر جودة و الأسلم في تعليم النحو.

تدريس النحو

إن السؤال الذي يجب على المدرس أن يطرحه على نفسه عند تناوله النحو هو: لماذا أدرس النحو؟

وقد يجيب البعض بأن الهدف هو الانتهاء من كتاب النحو المقرر واختبار الطلاب و إعطائهم درجة فيه، وهو هدف لا يرقى إلى الجدية الحقيقة. وقد يجيب البعض بأن الهدف من تعليم النحو هو تعريف التلميذ القواعد النحوية التي تحكم صلاحية ما يقال و ما يكتب، والاستفادة من تلك المعرفة عند استخدام مهارات اللغة المختلفة وهو الهدف الذي لابد من أن يطمح لتحقيقه مدرسو العربية. أما تدريس المصطلحات النحوية والإعراب فهو الهدف الأساس عند غالبية إن لم تكن عند كل مدرسي العربية، فالطالب الذي لا يستطيع أن يميز المبتدأ من الخبر أو أثر كان أو إن و أخواتهما على الجملة الاسمية تجعل من الطالب هدفاً لتعليقات سخيفة من قبل المعلم، ولطالما كانت تلك التعليقات سبباً في الصدود عن النحو.

لقد جرب الكثيرون طرقاً مختلفة لتدريس النحو، ولعل طريقة الأمثلة و القواعد هي.. الأكثر شيوعاً بين المدرسين، فالمدرس يدخل الصف و في ذهنه موضوع نحو لتدريسه، فيبدأ بكتابة الأمثلة على السبورة ثم يشرح ما هو موجود في الكتاب ثم ينتقل إلى التطبيقات وينتهي النحو عند هذا الحد. ولعل أسلوب الشرح والمحاضرة الذي يسيطر على التدريس يجعل الطلبة في حالة من الملل و الصدود بحيث لا يولون أهمية خاصة إلا للاختبار النهائي و الطريقة المثلى للحصول على درجة في هذا المقرر.

وقد درست النحو في إحدى الجامعات العربية على يد ثلاثة أساتذة كل له طريقته وأسلوبه في التدريس، وقد كانت الطرق المختلفة التي يعمد إلى استخدامها المدرسون الثلاثة تجعل الطلبة يخرجون بانطباعات متعددة ومتباينة حول النحو، وما زلت أذكر الأستاذ الذي كان يعرض للقاعدة النحوية من خلال قراءة بعض الطلبة لما كتبه شارح ابن عقيل يرحمه الله ثم يكون تعليق المدرس: اكتب ما فهمت ثم يعقب بعد دقائق : اقرأ ما كتبت. وقد تركت طريقة التدريس هذه أسوأ الأثر في نفوس الطلبة.

إن الطريقة الفضلى في تدريس النحو هي الطريقة المعنوية أي الطريقة التي تجعل المعنى المقرر في النص هو الاساس، حيث الهدف في هذا الدرس هو أن يفهم الطالب دور النحو

في المعنى، و الخلل الذي يصيب النص في حالة عدم وجود قواعد نحوية تحكم النص. في تلك الحالة يدرك المتعلم أهمية النحو.

وفي معرض تحليله ومقارنته بين الطريقة التقليدية في تدريس النحو و الطريقة التي تعتمد على الاتصال يورد فان باتن وزميله جيمس لي عدداً من الملاحظات النظرية التي لها تاثير بالغ الأهمية على معالجة التركيب النحوي وتمثله ومن ثم استخدامه استخداماً صحيحاً.

هذه المقارنة من الضروري عرضها لأنها بنيت على نتائج عدد من الدراسات العلمية في ميدان تعليم اللغات قام بها فان باتن.

للتعرف على الطريقة التقليدية، لابد وأن نشير إلى أن الهدف كان دوماً هو الإنتاج. ولذلك فإن معظم التدريبات التي كانت تستخدم في تدريس النحو تعتمد ما سمي آن آذاك "تدريبات الأنماط" التي اشرنا إليها في موضع سابق في الكتاب.

تعتمد تدريبات الأنماط على اتباع المتعلم نسقاً معيناً في تعلمه تركيباً معينا:

ذهب محمد إلى السوق علي

ذهب علي إلى السوق سالم

ذهب سالم إلى السوق

وهكذا تسير التدريبات إلى أن يتقن المتعلم الدرس إذ في الواقع يحفظ النمط، والمتعلم ليس بحاجة إلى أن يفهم المعنى لينتج نمطاً صحيحاً، ولكن لو أن السؤال كان على النحو التالي:

هل ذهب سلمان إلى السوق؟ لاحتاج أن يفهم الجملة ليجيب بنعم أولا.

ولذلك كان لابد من فهم طبيعة اكتساب المتعلم للنحو و الذي كان السلوكيون يعتقدون بأنها تسير على النحو التالي:

تدريب مقيد ——— إنتاج

فالمتعلم بعد أن يشرح له التركيب المطلوب تعلمه، يبدأ مباشرة بالتدرب عليه، وهذا مرده إلى اعتقاد كان سائداً وهو أن التعلم ومنه تعلم اللغات ليس إلا تراكماً لعادات سلوكية

صحيحة، ولذلك كان من المهم عدم ارتكاب الأخطاء في هذه المرحلة. والمدرس في هذه الطريقة هو الذي "يروض" المتعلمين ويوجههم للتدريب الذي ينتهي بالحفظ. أما النتيجة فكل من تعلم الإنجليزية في الستينات و السبعينات يعرفها، حيث إن القدرة على التعبير الشفوي أو الكتاب كانت في أدنى مستوياتها، ولذلك مازال الكثير من الطلبة العرب الذين قدموا إلى أمريكا يتباهون بمعرفتهم الكثير عن الغة الإنجليزية مقارنة بزملائهم الأمريكيين، أبناء اللغة.

أما النموذج المقترح فهو يضع المدخلات التي تتحول من مادة خام إلى مادة معالجة في الدماغ، هذه المادة المعالجة هي التي تنشئ نظاماً لغوياً مناسباً للغة ما، و من ثمّ يتطور هذا النظام ليساعد لاحقاً على الإنتاج.

مدخلات _____ معالجة _____ _____ تطوير نظام _____ _____ إنتاج

من طرق تدريس النحو

وقد عرض عدد من خبراء تدريس اللغات الأجنبية والوطنية للطريقة المناسبة لتدريس النحو:

أولاً: الطريقة الدائرية حيث تتم عبر مراحل اربعة وهي:

1-العرض:

حيث يقدم المعلم للطلبة نصاً مكتوباً يعرض على شفافية أو مسجلاً على شريط يستمعون إليه أو حتى مصوراً على شريط مرئي. وتتم في هذه المرحلة مناقشة النص من حيث المفردات و المعاني والأفكار الواردة فيه.

2- المرحلة الثانية يتم توجيه أنظار الطلبة إلى الموضوع النحوي (التركيب)

المراد تعليمه من خلال وضع خطوط تحت العبارات التي تحمل ذلك النص ففي النص التالي سنجد المدرس يدرس العدد   من خلال إعلان في صحيفة، ومثال على ذلك:

إعلان بيع سيارات

تعلن شركة السيارات الوطنية عن وجود ثلاث سيارات من نوع فورد وخمس سيارات صغيرة الحجم من نوع كرسيدا وثلاث عشرة سيارة من نوع مرسيدس و عشرين سيارة من

نوع مازدا وسيارة واحدة من نوع رولس رويس وسيارتين اثنتين من نوع جاغوار. صالحة للاستخدام، وسيتم المزاد على السيارات في الساعة الواحدة بعد ظهر يوم الخميس الموافق للسادس من ايار (مايو) 2002.

ويوجه المدرس أنظار الطلبة إلى النص، فيقرأ الطلاب النص و يفهمونه ثم يجيب الطلبة عن أسئلة العدد في النص:

كم سيارة فورد للبيع في الإعلان؟

كم سيارة جاغوار للبيع في الإعلان؟

في الإعلان خمس سيارات للبيع من نوع كرسيدا: صح   خطأ

إلى غير ذلك من الأسئلة التي يتم فيها توجيه أنظار الطلبة إلى العدد.

3- التفاعل الصفي:

حيث يكون المدرس قد أعد مهمة تعليمية واضحة يتحدث فيها الطلبة أو يكتبون عن أنواع السيارات التي يحبونها، و عدد السيارات في بيوتهم و هكذا يصبح الحديث منصباً على العدد.

4- التلخيص:

حيث يقوم المعلم في دقائق معدودة بتلخيص ما توصل إليه الطلبة أنفسهم من خلال النص و الحوار و الإعلان نفسه.

ثانياً: الطريقة القياسية

تعتمد الطريقة القياسية على عرض القاعدة ثم الأمثلة. فالمعلم يدخل الصف وفي ذهنه موضوع أو درس معين لتدريسه، وقبل الشروع في تهيئة الطلاب، يتحدث عن القاعدة أو مجموعة القواعد في الدرس، وبعد شرح تلك القواعد، يقدم نماذج لأمثلة تطبيقية تبين استخدام تلك القواعد. وحجة الذين يتبعون هذه الطريقة أنها سهلة وسريعة وتؤدي إلى استقامة اللسان.

هذه الحجج لا تستقيم مع ما نراه من سوء استخدام للقواعد النحوية، فكثير من الطلاب يعرفون القاعدة أو يحفظونها، ولكنهم غير قادرين على توظيفها توظيفاً صحيحاً

في مهارات اللغة المختلفة، خصوصاً في المحادثة والكتابة، وقد رأينا بعض الطلبة المسلمين القادمين من دول إسلامية غير عربية وهم يحفظون الألفية وقواعد النحو جملة، لكنهم لا يستطيعون التعبير عن أنفسهم أو الاستخدام الصحيح لتلك القواعد.

ثالثاً: الطريقة الاستقرائية: عرض الأمثلة ثم استنباط القواعد

وهذه الطريقة عكس الطريقة السابقة، فالمدرس يعرض الأمثلة ويناقشها مع الطلاب، وهي طريقة جيدة ولكن يمكن التوسع فيها بحيث يكون التدريس من خلال نصوص حقيقية أصيلة وليست مصنوعة لقدم القواعد، كما أن فهم النص ومناقشته و التعرف على دور القاعدة في ضبط النص ونظم جمله مهم للطالب، ويجب ألا يقتصر النص على مثال واحد أو اثنين على القاعدة، بل يجب أن يحتوي على عدد كبير من الأمثلة التي تعكس القاعدة أو مجموعة القواعد الفرعية للقاعدة الأصلية.

وقد وضعت أوماجيو (1994) خطة لتدريس النحو تقوم على التالي:

1- التهيئة و الاستعداد: ففي هذه المرحلة يسأل المدرس بعض الأسئلة عما تمت دراسته في الدرس السابق عن العدد و يقوم الطلبة بالحديث عن العدد في سياقات تدربوا عليها مثل العدد في أسرة الطالب: عندي أخت واحدة و ثلاثة أخوة وخالان و خالتان و ثلاثة أعمام و عمتان وستة أبناء عم وسبع بنات عم وهكذا.

2- تقديم التركيب: يشاهد التلاميذ أسرة مصورة على شريط فيديو أو إن لم يتوفر الشريط فقد يقدم المدرس صورة تحوي أسرة متكاملة ويكتب تحتها أفراد الأسرة بطريقة معينة تتناول العدد بشكل مناسب.

3- يوجه المدرس اسئلة حول الصورة وقد ينجز الأمر من خلال اجتماع الطلبة في مجموعات صغيرة لاستخراج بعض الأسئلة و الإجابة عنها. ثم تقوم كل مجموعة بتقديم الأسئلة التي تمت صياغتها حول النص.

4- استخدام مهارة الحديث في الحديث عن الأسرة أو أي موضوع يحبه التلاميذ، فقد يتحدث الطالب عن أي موضوع محبب لديه يتناول فيه العدد و القواعد التي تعلمها، فقد يتحدث عن عدد غرف منزله و ما فيها من أشياء فيجمع إلى جانب العدد مهارة الوصف، فيصف بيته أو غرفته، ثم يعطي زملاءه فرصة لطرح الأسئلة عليه.

5-الكتابة: حيث يكتب الطلبة عن الموضوع الذي يحبونه و يتناولون فيه العدد بطريقة مناسبة لهم.

يلاحظ من عرض الطريقتين السابقتين أن النحو ليس هدفاً في ذاته، بل يدس ليخدم مهارات اللغة، الأمر الثاني هو أن النحو لا يقتصر تدريسه على حصة بعينها، فالمدرس يقدم التركيب النحوي من خلال الاستماع أو الكتابة أو القراءة. فضلاً عن أن مهارة المحادثة ميدان خصب لمعرفة كون المتعلم انتقل من المعرفة المجردة للتركيب النحوي، إلى مرحلة الاستخدام الحقيقي، وهذه الطريقة مناسبة جداً لتعليم العربية لغير العرب كونها تعلم الطالب عدداً من المهارات

ومن الأمور التي يجب مراعاتها عند تدريس النحو، أن يطرح المعلم على نفسه عدداً من الأسئلة من مثل:

1-هل الطالب مستعد نفسياً وعقلياً وتعليمياً لتعلم النحو؟

2- هل التركيب أو التراكيب التي ستدرس في مقرر ما أو درس ما ستخدم أغراض المتعلم؟

3- هل تنسجم هذه التراكيب مع طبيعة المحتوى المقدم، أم ستكون مقحمة على النص أو الحوار؟

4- هل وصل المتعلم إلى مرحلة الاستنتاج المنطقي للقواعد لتعميمها فيما بعد عند استخدامه للغة؟

5- هل تقدم التراكيب وفق منهجية معينة؟ وما هي هذه المنهجية؟

6- ما الذي يضمن ألا ينسى أو يخطئ المتعلم عند استخدامه للتركيب أو التراكيب من آن لآخر؟

7-ما الذي يضمن التقديم و التأخير في تقديم التراكيب؟

8- متى نقدم، ماذا كيف، لماذا؟

9- هل نقدم النحو في صيغه الاصطلاحية؟ وما الداعي لذلك؟ وما نخدم بهذه الطريقة؟

10- هل نقدم النحو بطريقة الشرح المباشر أم نترك للطالب الاستنتاج؟

11-هل نستخدم التسلسل التقليدي المتبع في كتب النحو لتقديمه؟

دور المتعلم

لابد من الإشارة إلى أن الدور الملقى على عاتق المتعلم في تعلم النحو، لابد أن يسبقه فهم من قبل المدرس لنوعية الطلاب. فالمتعلمون أنواع :-

أولاً: المتعلم الذي يفكر بطريقة كلية شمولية، حيث يفضل هذا النوع من الطلاب التعلم المبني على الخبرة من خلال الاتصال الذى يشجع على التخمين والترتيب و التنظيم

ثانياً: المتعلم التحليلي و الذي يفضل التعامل بشكل رسمي بالبحث عن القواعد و العلاقات ومجال تطبيق القواعد المشتقة.(هيج، ص 173-174).

من الطرق التي قدمت لتعليم النحو النموذج المبني على:

التقديم و الممارسة ثم الإنتاج

المرحلة	الأغراض	دور المعلم

العرض

- تقديم اللغة في سياق جديد بحيث يكون المعنى واضحا: التصويب، التعليم.

- تقديم التركيب في سياق طبيعي من خلال نص مكتوب أو محكي ليرى المتعلم التركيب مستخدماً في خطاب.

ربط التركيب الجدي بمعرفة الطالب السابقة.

مراجعة الاستيعاب.

استقاء التركيب من الطلاب واستغلال المعرفة الموجودة لديهم.

مدير، مقوم، مصوب .

التدريب.

مساعدة المتعلم على حفظ التركيب.

مساعدة المتعلم على إنتاج نظام الجملة.

اعتماد التكرار في التدريب المكثف.

توفير فرص للتغذية الراجعة و تصويب الأخطاء.

إعطاء التدريب على النطق شكلاً جديداً.

خلق الثقة بالنفس.

الإنتاج.

التقليل من تحكم المعلم للتعرف.

مراقب، مصدر تعليمي، مشخص على إمكانيات المتعلمين.

تشجيع المتعلمين على استخدام التركيب في التعبير عن المحتوى الذي يريدون.

مساعدة المتعلمين على رؤية فائدة التعلم.

مراجعة ماتم تعلمه وتشخيص المشكلات.

بالرغم من أن النموذج يظهر نوعاً من التكامل في أدوار المعلم و المتعلمين، إلا أن البعض وجه نقداً لهذا النموذج مثل "أليس الذي يقول" يمكنك تصميم نشاط أملاً في أن ينتج المتعلم شيئاً ما، و لكن الحقيقة هي أنه إذا ما تعامل المتعلمون على أساس أن المنتج فرصة للاتصال، فإن هذه إمكانية عدم استخدام المتعلمين التركيب النحوي المطلوب استخدامه، وبكلمة أخرى، يمكنك تصميم أنشطة تبدو طبيعية و مفيدة، ولكن من الصعوبة بمكان أن تجعل ذلك التركيب اساسياً عند الاستخدام". (أوماجيو، 1993ب، ص.6) .

8

الفصل الثامن

تعليم مهارة الاستماع

أهمية مهارة الاستماع

من المهارات التي يجب على متعلم العربية إتقانها مهارة الاستماع، فقد أكد كثير من الباحثين على أهمية هذه المهارة، فعلى سبيل المثال يرى العالم اللغوي الأمريكي كراشن أن مهارة الاستماع تساعد المتعلم على تنمية مهارات اللغة الأخرى، لكن كراشن كما في نظريته المسماة فرضية المادة المقدمة رأى أن تكون مادة السموع مادة مفهومة أي أن تكون المادة قد سبق التعرف عليها من قبل المتعلم. والاستماع لا يعني أن يصغي المتعلم إلى النص المسموع فحسب. أما خالدية (1993) فيرى أن الاستماع ليس مجرد الإصغاء إلى مجموعة من المفردات الموجودة في حوار قصير أو طويل، أو الاستماع إلى مواد مكررة أو مملة. بل المفروض أن تقدم للمتعلم مادة أصيلة، وهذه المادة تقدم للطالب مادة ثقافية غنية.

أما جليسن (1985)، دنكل (1986) براون (1986) وغيرهم فيرون أن الاستماع ليست مهارة سلبية، بل العكس هو الصحيح. فهي مهارة نشطة وتفاعلية. فالعمليات المعرفية التي تتم خلال عملية التعلم تقوم على التفاعل بين النص المسموع ومجموعة من خبرات المتعلم منها خلفية المستمع الثقافية ومستواه التعليمي وقدرته على الإصغاء وقدرته على الاستفادة من معلوماته السابقة وتوظيفها توظيفاً سليماً، فالخلفية الغنية والموظفة توظيفاً جيداً تساعد المتعلم على استنباط المعاني الموجودة في النص ومن ثم فهم النص والاستفادة منه لاحقاً.

المهمات السمعية

يمكن أن تشتمل المادة المسموعة على تدريبات تمييز بين الأصوات المتقاربة في طريقة نطقها مثل العين والهمزة، الحاء والهاء، الخاء والقاف، وكذلك يمكن أن تشتمل على تحليل أجزاء من المادة المسموعة كترتيب أحداث معينة في المادة، أو ترتيب جمل لتتكون فقرات أو كلمات لتصبح جملاً وهكذا. كما أن المتعلم قد يدرب على استخدام الإشارات السياقية

الموجودة في النص للتعرف على المعنى. أما بالنسبة للنصوص المقدمة فيقدم خالدية (1993) أموراً منها:

1- الاستماع إلى محاضرات كاملة أو مقتطفات منها، ويقدم المعلم للمتعلمين نشاطات مثل تدوين أجزاء من المحاضرة، التعرف على العلاقات بين أجزاء المحاضرة المختلفة، تقديم أسئلة استيعاب وأخرى للمفردات.

2- الاستماع إلى مقابلات شخصية، فيتعرف الطالب طريقة صياغة الاسئلة وطرحها، ثم الإجابات المقدمة، ومن الممكن أن تقدم للطالب أسئلة ليقدم إجاباته الشخصية عن أسئلة معينة من تلك المقابلة.

3- بعض المواد الترفيهية التي تقدم للطالب للترفيه وفي نفس الوقت توفير ماد مثيرة للطالب. ومثل هذا النوع من المواد يقدم لمستويات متقدمة كونها تتطلب معرفة جيدة بالثقافة واللغة الهدف.

4- الاستماع إلى وسائل الإعلام كالإذاعة أو التلفاز ، فيمكن أن يقدم للمتعلم مواد إخبارية أو ثقافية.

وكاستراتيجية عامة يمكن للمتعلم أن تقدم المادة له بلغته الأم أولاً فيفهم مضامينها ثم تعاد نفس المادة باللغة الهدف.

نموذج استماع لشريط أو تدوين محاضرة:

اسم الطالب:

المستوى:

نوع المادة:

اسم المحاضر:

عنوان المحاضرة:

الأفكار الرئيسة في المحاضرة

-

-

-

-

الأفكار الثانوية

-

-

-

-

مفردات جديدة

-

-

-

-

تراكيب جديدة

-

-

-

ملخص عام للمحاضرة

خصائص المادة المقدمة للاستماع:

1- مناسبة للمستوى الثقافي للمتعلم: بحيث لا تغرق في الخصوصيات الثقافية عندما تكون مقدمة للطلاب في المستويات الدنيا.

2- مناسبة للمستوى اللغوي للمتعلم: فلغة المتعلم في المراحل الأولى من التعليم لا تناسب المتقدمين والعكس هو الصحيح. فالمستوى الإدراكي للمتقدمين في المراحل التعليمية تكون أعلى من نظرائهم في المراحل الدنيا.

3- المفردات: أيضاً يجب أن يكون مناسبة للمستوى الثقافي والعلمي للمتعلمين

فروقات بين المستمع الجيد والمستمع الأقل إجادة

المستمع الجيد	المستمع الأقل إجادة
يظهر مرونة أكبر في استخدامه لاستراتيجيات الاستماع	أقل مرونة من سابقه، فهو متعلق باستراتيجيات معينة
يستطع التعبير عن الاستراتيجيات المستخدمة لفظياً	سهل الإحباط عند الاستماع للمادة
يظهر اهتماماً بما يستمع إليه	لا يظهر اهتماماً بالمادة المسموعة
يستخدم التدوين و التلخيص أثناء الاستماع	لا يستخدم أياً من تلك الاستراتيجيات
يستخدم معرفته بالسياق	يعتمد على معرفته السابقة
لا يتردد في الاعتماد على لغته الأم عندما تفشل الاستراتيجيات الأخرى.	لا يستخدم لغته الأم كاستراتيجية

(عن شرم 1994 ص 115).

9

الفصل التاسع

مهارات مهمة لمتعلم العربية

نشاط التعليم مهارة الحوار والمفاوضة

الإطار النظري:

من الأمور التي يجب أن نزرعها في طلابنا في المواد المختلفة القدرة على محاورة الآخرين و الوصول قدر الإمكان إلى حل مناسب يرضي الطرفين أو ما يسمى " الموقف القائم على الربح للجميع".

في كثير من الأحيان و بسبب طبيعة عاداتنا وثقافاتنا القبلية، يصعب علينا التسليم للآخر بالصحة و الصواب و يصيب بعضنا ظاهرة " عنزة و لو طارت" أي العناد من أجل إثبات الذات و لو كان ذلك على حساب الحق و الحقيقية. ولو نظرنا في مصادر معرفتنا الأساسية :القرآن الكريم و السنة المطهرة لوجدنا الكثير من المواقف التي تؤيد ما ذهبنا إليه وهو أن الحوار مع الآخر وهو في الغالب مع المخالف يتسم دائماً بالبساطة و التيسير و إعطاء الآخر فرصة كاملة للدفاع عن النفس.. و من الأمور التي يجب أن يعلمها طلابنا الآتي:

1- خطورة التعميم: فالقرآن الكريم ضرب أمثلة للجهلة الذين يعممون المواقف دون تمييز أو تمحيص، فمع أن سياق الآية التالية " إنا وجدنا آباءنا على أمة و إنا على آثارهم مقتدون" قد يفهم على أنه التقليد الأعمى، إلا أن ظاهرة التعميم واضحة إذ أن المقلد يعمم ظاهرة ما خاصة بزمان و مكان لتشمل أمكنة وأزمنة أخرى و هذه الظاهرة قد لا تحتمل التعميم. ففي القرآن الكريم نجد قول تعالى " منهم أمة مقتصدة وكثير منهم فاسقون" " ومنهم أميون لا يعلمون الكتاب إلا أماني " " و إن من أهل الكتاب لمن يؤمن بالله و اليوم الآخر" " و منهم من إن تأمنه بقنطار يؤده إليك". وواضح أن فهم الآيات أعلاه تشير إلى أن التعميم معناه حرمان الآخرين من الاستثناء.

أهداف النشاط:

1- أن يتعلم الطالب مهارة تقديم الحجج و الأدلة العقلية و النقلية
2- أن يتعلم الطالب مهارة الاستماع و الإنصات و عدم المقاطعة

3- أن يتعلم الطالب مهارة الإنصاف وعدم التعميم.

4- أن يتعلم الطالب أخذ الأدوار.

المواد التعليمية:

1- نص حواري من القرآن الكريم مثل: قصة نبي الله موسى مع فرعون، إبراهيم مع النمرود وقومه.

2- قصة الرسول الكريم محمد صلى الله عليه وسلم مع زعيم قريش عقبة.

3- حوار متلفز من تلفزيون الجزيرة.

الإجراءات:

1- قسم الصف إلى مجموعتين، بحيث تختار كل مجموعة موقفاً من المواقف و تحضره سلفاً بحيث يتكامل التحضير و يختار الطلبة قائداً لمجموعتهم .

2- اكتب على السبورة أو شفافية أهداف النشاط و كيفية السير به

3- اختر طالباً ليكون مديراً للحوار. دربه على الاستماع و طريقة إعداد الفرص و التوقيت.

4- اجلس كمستمع و سجل ملاحظاتك على المدير و المجموعتين.

5- قد يختار بعض الطلبة عدم المشاركة في النشاط، اطلب منهم ملاحظة النشاط من خلال نموذج محدد.

6- ناقش مع الطلبة في وقت محدد الملاحظات.

7- ناقش الطلبة في الفوائد التي جنوها من النشاط.

أية إجراءات تراها مناسبة.

الملاحظات	المجموعة (أ)			المجموعة (ب)		
	ممتاز	جيد	ضعيف	ممتاز	جيد	ضعيف
الاستماع بإنصات						
استخدام عبارات المجاملة : من فضلك ، لو سمحت						
إعطاء الأدوار						
أخذ الدور						
اقتناع برأي الآخر						
مشاركة أفراد المجموعة						
حسن القيادة من قبل قائد المجموعة						
استخدام الوقت المتاح بحكمة						
استخدام عبارات غير مناسبة						

المناظرة

ورقة عمل المناظرة

الأهداف:

1- تنمية مهارة التعبير الشفوي لدى المتعلمين
2- تنمية مهارة المحاكمة العقلية والدفاع عن الرأي
3- احترام الرأي الآخر
4- تعلم مهارة إعطاء الأدوار للآخرين
5- تعلم مهارة الالتزام بالوقت و الاستفادة منه
6- تعلم مهارة الإيجاز في الحديث مع الاحتفاظ بالقدرة على التعبير الجيد

جوانب المناظرة: يمكن للمدرس اختيار موضوع أو أكثر للمناظرة الواحدة.

2- 1- قدسية اللغة العربية ودور الإسلام في المحافظة عليها.

2- تميز اللغة العربية على غيرها من اللغات

3- قدرة اللغة العربية على مسايرة التطورات والتقدم العلمي

4- دور الطلاب في المحافظة على اللغة العربية

5- دور وسائل الإعلام و الفضائيات في المحافظة على اللغة العربية

6- اختلاف الثقافات وأثرها على الفكر الإنساني

إجراءات المناظرة:

1- تقسيم من يريد المشاركة في المناظرة إلى مجموعتين

2- وضع شخص يدير المناظرة ويمكن للمدرس الاستعانة بزميل أو زميلة.

3- تحديد وقت المناظرة الإجمالي

4- تحديد الوقت المعطى لطرح الأسئلة و الرد عليها.

تقويم المناظرة:

إن من عوامل النجاح في أي عمل هو المراجعة و التقويم الذاتي. ولذلك يمكن للمعلم أن يقوم بعملية تقويم تعتمد على الآتي:

يستطيع المدرس اختيار أي أسلوب من أساليب التقويم التالية:

1: طلب كتابة فقرتين عن الموضوع محل المناظرة بحيث يقف الطالب موقفاً معيناً تجاه الموضوع.

2-: تقديم عرض شفوي من قبل عدد من الطلبة لما جرى في المناظرة

3-: الإجابة الشفوية أو الكتابية على أسئلة يعدها المدرس عن موضوع المناظرة.

تعليم الخطابة ومخاطبة الناس

من المهارات التي يجب أن ينظر إليها بجدية عند تعليم العربية للعرب ولغيرهم تعليم مهارة الخطابة. فبالرغم من أن الموهبة ذات دور بارز في إتقان هذه المهارة، إلا أن تعلم المهارة في الصف و خارجه تمكن المتعلم ذا الموهبة من تحسين المهارة وتجويدها. ولعل الطلبة

3- المسلمين المهتمين بتعلم العربية يحرصون على تعلم هذه المهارة. فالطالب المسلم الذي يتعلم هذه المهارة في الولايات المتحدة وغيرها يرى أنه بحاجة إلى هذه المهارة ليكون محثاً لبقاً و خطيباً مقنعاً. واليوم تلقى هذه المهارة اهتماماً متزايداً لدى التربويين و معلمي اللغات لما لها من فائدة قصوى تعود بالنفع على المتعلم.

ولعل الفوائد التي يجنيها المتعلم من هذه المهارة كثيرة جداً منها:

1- إتقان أصوات اللغة: فالمتعلم الذي يضع نصب عينيه تعلم هذه المهارة سيجد أنه لا يستطيع ان يخاطب قوماً دون أن يتقن الاصوات العربية ومن حيث مخارجها وطريقة النطق.

2- تعلم تنظيم الأفكار: فالخطيب الجيد هو الخطيب الذي يشعرك بأنه مهتم بعقلك. فهو يضع افكاره بطريقة منظمة. والخطيب الجيد غالباً ما يكتب ما يريد التحدث عنه.

3- تعلم مهارة التعبير الكلامي: فالخطيب الجيد يستخدم وسائل كثيرة لإقناع مستمعيه، فقد يستخدم تعابير الوجه وحركة اليدين وعلو الصوت و خفضه. كل هذه المهارات الفرعية مهمة للطالب العربي و غير العربي.

4- تعلم مهارة الإقناع: فالخطيب الجيد يريد أن يقنع مخاطبيه بما يقول. و لا يكون الخطيب مقنعاً بالصراخ و رفع الصوت، بل بتقديم أدلة وبراهين و حجج لما يقول.

ولعل أكثر ما يسيء السامع أن يكون الخطيب مرتجلاً لما يقول دون سابق تحضير وإعداد. فالخطيب الجيد يعرف متى يبدأ بالمقدمة وما يقدم فيها، ثم ينتقل بمهارة فائقة إلى عرض ما يريد. وينتقل أخيراً إلى الخاتمة و التي غالباً ما تكون خلاصة ما يريد قوله. هذا كله يستدعي من الخطيب القدرة على البحث في أمهات الكتب. فهو بهذا يجمع إلى جانب هذه المهارة مهارة البحث.

كيف تكون خطيباً ماهراً؟

سؤال يتردد كثيراً على ألسنة المتعلمين. و الخطيب الماهر لا يخلق هكذا، و لكن الغالب المعروف ان الخطباء الماهرين يستعدون لما يقولون. ويمكن للمعلم أن يتخذ من درس العربية وسيلة لتعليم هذه المهار. أما خطوات الإعداد فمنها:

1- أن يعلم المدرس طلابه إتقان أصوات العربية. فيدربهم على الأصوات من خلال الأشرطة المسموعة و المرئية. ولما كان في حاضرنا وماضينا خطباء مصقعون، فإن الخطب المسجلة لبعضهم تشكل مصدراً مهماً لهؤلاء الطلبة.

2- أن يعلم المدرس طلابه طريقة التحضير و الإعداد للخطبة. فمن الضرورروري أن يعرف المدرس طلابه بأهمية المخاطبين من حيث مستوياتهم العلمية وخلفياهتهم الثقافية. وقد يستفيد المدرس من درس الكتابة في هذا المجال.وقد يكون من الضروري أن يستضيف المعلم خطيباً من المنطقة التي يعلم فيها ليحدث الطلاب عن طريقته في الإلقاء و مخاطبة الجماهير من حيث الإعداد وتعريفهم بالكيفية التي يستطيع من خلالها الحديث إلى العامة و الخاصة. وفي حالة عدم توفر خطيب يمكن للمعلم أن يستعين بشريط مصور لخطيب ثم يحلل هذا الشريط مركزاً على الأمور التي ورد ذكرها آنفاً.

1- التركيز على الجانب العملي في التعليمز فالخطابة مهارة تتجمع تحتها مهارات فرعية كثيرة. و المعلم الناجح هو الذي يستطع إفادة المتعلم من معلوماته السابقة وطريقته في الإلقاء و غير ذلك من المهارات. وقد يستفيد معلم العربية من مدرس التربية الإسلامية في المدرسة أو الجامعة ليعلم التلاميذ الخطابة من خلال الذهاب إلى المسجد والاستماع إلى الخطباء ثم الاستفادة منهم في تقديم الخطب.

2- تدريبات على مهارة الخطابة

ملاحق

ملاحظات المدرسة لمهارات الطالب القرائية في نهاية العام

إلى ما تشير؟

تشير إنجازات الطالب لعدد من المهارات القرائية

اكتب الملاحظات أثناء قراءة الطالب خلال العام الدراسي وفي نهاية كل درس متعلق بالمهارة

اسم الطالب: ــــــــــــــــــــــ

المهارة	متمكن	غير متمكن
يعرف الحروف العربية		
يعرف الأشكال المختلفة للحرف الواحد		
يعرف أن القراءة العربية تبدأ من اليمين إلى اليسار		
ينطق الأصوات العربية نطقاً جيداً		
يربط بين الأصوات و الحروف العربية		
يعرف الفرق بين الحرف و الكلمة		
يميز بين الكلمات المتقاربة في النغمة		
يميز بين الكلمات المتناسقة في النغمة والأخرى التي لا تماثلها		
يقسم الكلمة إلى الفونيمات التي تكون الكلمة		
يقرأ كلمات منفردة		
يعرف الشدة		
يعرف الرموز الخاصة		
يميز في القراءة بين الحركات القصيرة و الحركات الطويلة		
يربط الكلمة بالصورة المناسبة		

قائمة بالمهارات الكتابية للمستوى الأول

اسم الطالب/الطالبة

المهارة	متمكن	غير متمكن
يستطيع تتبع الحرف بالقلم		
يربط بين أجزاء الحرف الواحد		
ينقل الحروف من ورقة أمامه		
يكتب الحروف التي تملى عليه بشكل صحيح		
يعرف الأشكال المختلفة للحرف الواحد في بداية ووسط ونهاية الكلمة		
يكتب الحروف بأشكالها المختلفة		
يضع الحرف في مكانه المناسب: حسب الشكل، بداية، وسط، ونهاية.		
يكتب كلمات تعرف عليها سلفاً إذا أمليت عليه		
يكتب أسماء الأشياء المصورة التي تعرف عليها		
يكتب اسمه		
يكتب عبارة قصيرة		

قائمة بمهارات المحادثة للمستوى الأول

اسم الطالب/الطالبة

المهارة	متمكن	غير متمكن
يرد التحية إذا ألقيت عليه		
يحيي من يقابله		
يشير إلى نفسه بضمير المتكلم		
يتبع الإرشادات البسيطة مثل : انتبه ، افتح الباب ، أغلق الباب . . . الخ		
يستجيب للأسئلة البسيطة مثل : ما اسمك ، ما هذا ، من هذا؟		
يستجيب للأسئلة البسيطة مثل : ما اسمك ، ما هذه ، ما هذا من هذا . . الخ		
يستخدم عبارات المجاملة مثل : من فضلك ، شكراً ، عفواً ، . . . الخ		
يعبر عن نفسه بجمل بسيطة : أنا محمد ، هذه فاطمة ، هذا محمد		
يعد من 10-1		
يعرف الالوان		
يعرف الأشكال		

قائمة بمهارات القراءة في المستوى الثاني

المهارة	متمكن	غير متمكن
يعرف الحروف العربية		
يعرف الأشكال المختلفة للحرف الواحد		
ينطق الأصوات العربية نطقاً سليماً قريباً من ابن اللغة		
يقرأ الكلمة الواحدة دون تردد		
يعرف أن مجموع الكلمات تشكل جملة		
يقرأ بشكل جميل		
يقرأ نصاً قصيراً مع حركاته المختلفة		
يقرأ مستخدماً النغمات المختلفة : تعجب، استنكار، استهجان، الخ		
يستطيع معرفة المعنى من خلال الصورة المرافقة		
يفهم ما يقرأ بنسبة جيدة		
يجيب عن الأسئلة بنسبة صحة جيدة		
يعرف الحروف العربية جميعها		
يعرف الأشكال المختلفة للحرف الواحد		
يفهم ما يقرأ مناسبة		

المهارات الكتابية للمستوى الثاني

اسم الطالب/ الطالبة

المهارة	متمكن	غير متمكن
يربط بين أجزاء الكلمة الواحدة		
يكتب كلمات إذا أمليت عليه		
يكتب جملاً قصيرة عن نفسه		
يكتب اسمه كاملاً		
يرد على رسالة قصيرة تتضمن عبارات مجاملة فقط		
يكتب إجابات قصيرة عن أسئلة لنص مقروء		
يكتب عبارات تحت صور معروفة له		
يستخدم المفردات التي تعرف عليها في كتابته		
يستخدم صفات مناسبة لجمل : طويل ، طويلة ، قصيرة ، قصير		
يكتب جملاً حسب نظام الجملةالعربية : إسمية وفعلية		

مهارات المحادثة للمستوى الثاني

اسم الطالب/ الطالبة

المهارة	متمكن	غير متمكن
يستجيب لإرشادات بسيطة من المعلم		
يستجيب للتحايا المختلفة		
يبادر باستخدام التحايا		
يستخدم عبارات المجاملة بشكل يناسب الموقف		
يسأل أسئلة مناسبة إذا طلبت منه		
يستخدم تنغيمات مختلفة و مناسبة للحديث : استنكار ، استفسار ، تعجب ، الخ		
يتحدث عن نفسه بأكثر من جملة		
يتابع حديثاً مناسباً مع زميله : فيستجيب لأسئلة زميله و يوجه أسئلة مناسبة للموقف		
يلخص حواراً شفوياً قصيراً		
يعطي توجيهات : تعال ، اذهب ، قف . . . . الخ .		
يستخدم ضمائر مناسبة للعدد و التذكير و التأنيث في حديثه		

المهارات القرائية للمستوى الثالث

اسم الطالب/ الطالبة: ______________

المهارة	متمكن	غير متمكن
يقرأ على شكل عبارات وجمل معنوية		
يقرأ بسرعة مناسبة		
يستخدم التنغيم المناسب لكلما يقرأ		
يقرأ نصاً دون حاجة لوجود الحركات عليه		
يعرف أن في كل فقرة فكرة واحدة		
يفهم ما يقرأ بنسبة جيدة		
يفهم ما يقرأ بنسبة ممتازة فيجب عن الأسئلة المناسبة بشكل ممتاز		
يقرأ قصة قصيرة من عدة صفحات		
يستخدم استراتيجيات مناسبة للقراءة فيضع خطوطاً تحت العبارات المهمة ، يلخص في الهامش . . . . الخ		

المهارات الكتابية للمستوى الثالث

اسم الطالب/ الطالبة

المهارة	متمكن	غير متمكن
يكتب جملاً قصيرة		
يستخدم الروابط المختلفة		
يستخدم علامات الترقيم المناسبة : علامة الإستفهام، التعجب، النقطة، الفاصلة، الفاصلة المنقوطة .		
يستخدم مفردات مناسبة للموقف الكتابي		
يستخدم إجابات عن أسئلة مستخدماً جملاً طويلة		
ينوع في الكتابة فيستخدم الوصف و الإقناع و غيره		
يكتب رسالة قصيرة لزميل		
يلخص فقرة قصيرة كتابياً		
يستخدم جملاً مركبة (الموصول)		
يستخدم الضمائر المناسبة في التذكير و التأنيث		
يستخدم عبارات للتعبيرعن المثنى و الجمع		

مهارات المحادثة للمستوى الثالث

اسم الطالب/ الطالبة

المهارة	متمكن	غير متمكن
يتبع إرشادات المعلم		
يستطيع أن يوجه زميله لعمل مناسب في الفصل		
يستمع إلى قصص قصيرة ويلخصها شفوياً		
يستجيب لأسئلة زملائه في موضوعات مدروسة		
يدخل في حوار قصير مع زملائه		
يستخدم لغة الجسد		
يضيف تفصيلات لكلام غيره		
يستجيب لأسئلة المدرس بجمل متكاملة		
يتوسع في استخدام عبارات المجاملة		
يتوسع في استخدام المفردات التي درسها		
يعرض رأيه بشكل مناسب		

ما هذا السجل؟ سجل يكتب فيه ملاحظات المدرسة لمهارات الطالب القرائية في نهاية العام.

إلى ماذا تشير؟ تشير إلى إنجاز الطالب لعدد من المهارات القرائية

كيف تستخدمها؟

اكتب الملاحظات أثناء قراءة الطالب خلال العام الدراسي و في نهاية كل درس متعلق بالمهارة

استخدم السجل لتقيم مستوى إنجاز الطالب لمهارة ما

اسم الطالب/ الطالبة: ________________

المهارة	متمكن	غير متمكن
يعرف الحروف العربية		
يعرف الأشكال المختلفة للحرف الواحد		
يعرف أن القراءة العربية من اليمين إلى اليسار		
ينطق الأصوات العربية نطقاً جيداً		
يربط بين الأصوات العربية والحروف		
يعرف الفرق بين الكلمة و الحرف		
يعرف الكلمات المتقاربة في النغمة		
يميز بين الكلمات المتناسقة في النغمة و الأخرى التي لا تماثلها		
يقسم الكلمة إلى الفونيمات التي تكون الكلمة		
يقرأ كلمات منفردة		
يعرف الشدة		
يعرف الرموز الخاصة بالحركات		
يميز في القراءة بين الحركات القصيرة و الحركات الطويلة		
يربط بين الكلمة و الصورة المناسبة		

قائمة بالمهارات الكتابية للمستوى الأول

اسم الطالب/الطالبة

المهارة	متمكن	غير متمكن
يستطيع تتبع الحرف المكتوب بقلمه		
يربط بين أجزاء الحرف الواحد		
ينقل الحروف من ورقة أمامه		
يكتب الحروف إذا أمليت عله		
يعرف الأشكال المختلفة للحرف الواحد في بداية و وسط و نهاية الكلمة		
يكتب الحروف بأشكالها المختلفة		
يضع الحرف في مكانه المناسب حسب الشكل : بداية، وسط، نهاية		
يكتب كلمات تعرف سلفاً إذا أمليت عليه		
يكتب أسماء الأشياء المصورة التي تعرف عليها سابقاً		
يكتب اسمه		
يكتب عبارة قصيرة		

قائمة بمهارات المحادثة للمستوى الأول

اسم الطالب/الطالبة

غير متمكن	متمكن	المهارة
		يرد التحية إذا ألقيت عليه
		يحيى من يقابله
		يشير إلى نفسه بضمير المتكلم
		يتبع الإرشادات البسيطة مثل : انتبه ، افتح الكتاب ، أغلق الكتاب . . . الخ
		يستجيب للأسئلة البسيطة مثل : ما اسمك ، ما هذا ، من هذا
		يستخدم عبارات المجاملة مثل : من فضلك ، شكراً، عفواً . . الخ
		يعبر عن نفسه بجمل بسيطة مثل : أنا فلان ، هذا فلان ، هذه فلانة
		يعد من 10-1
		يعرف الألوان
		يعرف بعض الأشكال

قائمة بالمهارات القرائية للمستوى الثاني

اسم الطالب/ الطالبة

المهارة	متمكن	غير متمكن
يعرف الحروف العربية جميعها		
يعرف الأشكال المختلفة للحرف الواحد		
ينطق الأصوات العربية نطقاً سليماً قريباً من الناطق بالعربية		
يقرأ الكلمة الواحدة دون تردد		
يعرف أن مجموع الكلمات تشكل جملة		
يقرأ على شكل جمل متكاملة		
يقرأ نصاً قصيراً مع حركاته المختلفة		
يقرأ مستخدماً النغمات المختلفة : تعجب ، استفسار . . . الخ		
يستطيع معرفة المعنى من خلال الصورة المرافقة		
يفهم ما يقرأ بنسبة جيدة : يجيب عن الأسئلة بكلمة أو عبارة قصيرة		
يفهم ما يقرأ بنسبة ممتازة : يجيب عن الأسئلة بجملة مناسبة		

المهارات الكتابية للمستوى الثاني

اسم الطالب/ الطالبة

المهارة	متمكن	غير متمكن
يربط بين أجزاء الكلمة الواحدة يكتب كلمات إذا أمليت عليه يكتب جملاً قصيرة عن نفسه يكتب اسمه كاملاً يرد على رسالة قصيرة تتضمن عبارات مجاملة فقط يكتب إجابات قصيرة عن أسئلة لنص مقروء يكتب عبارات تحت صور معروفة له يستخدم المفردات التي تعرف عليها في كتابته يستخدم صفات مناسبة لجمل قصيرة: طويل، قصير، يكتب جملاً حسب نظام الجملة العربية: جملاً اسمية و فعلية		

مهارات المحادثة للمستوى الثاني

اسم الطالب/ الطالبة

المهارة	متمكن	غير متمكن
يستجيب لإرشادات بسيطة من المعلم		
يستجيب للتحايا المختلفة		
يبادر باستخدام التحايا		
يستخدم عبارات المجاملة بشكل يناسب الموقف		
يسأل أسئلة مناسبة إذا طلبت منه		
يستخدم تنغيمات مناسبة للحديث : تعجب ، استنكار ، استفسار		
يتحدث عن نفسه بأكثر من جملة		
يتابع حديثاً مناسباً مع زميله : فيستجيب لأسئلة زميله و يوجه أسئلة مناسبة للموقف		
يلخص حواراً شفوياً قصيراً		
يعطي توجيهات مناسبة : تعال ، اذهب ، ضع هنا . . الخ		
يستخدم ضمائر التذكير و التأنيث في حديثه		

المهارات القرائية للمستوى الثالث

اسم الطالب / الطالبة

المهارة	متمكن	غير متمكن
يقرأ على شكل عبارات وجمل معنوية		
يقرأ بسرعة مناسبة		
يستخدم التنغيم المناسب لكل ما يقرأ		
يقرأ نصاً دون حاجة لوجود الحركات عليه		
يعرف أن في كل فقرة فكرة واحدة		
يفهم ما يقرأ بنسبة جيدة فيجيب عن الاسئلة المرافقة		
يفهم ما يقرأ بنسبة ممتازة فيجيب عن الأسئلة المناسبة بشكل ممتاز		
يقرأ قصة قصيرة من عدة صفحات		
يستخدم استراتيجيات مناسبة للقراءة: فيضع خطوطاً تحت العبارات المهمة، يلخص في الهامش ... الخ		

المهارات الكتابية للمستوى الثالث

اسم الطالب/ الطالبة

المهارة	متمكن	غير متمكن
يكتب جملاً قصيرة		
يستخدم الروابط المختلفة		
يستخدم الترقيم المناسب : علامة الاستفهام، التعجب، النقطة، الفاصلة		
يستخدم مفردات مناسبة للموقف الكتابي		
يكتب إجابات عن أسئلة مستخدماً جملاً طويلة		
ينوع في الكتابة فيستخدم الوصف و غيره		
يكتب رسالة قصيرة لزميل		
يلخص فقرة قصيرة كتابياً		
يستخدم جملاً مركبة		
يستخدم الضمائر المناسبة في التذكير و التأنيث		
يستخدم عبارات للتعبير عن المثنى و الجمع		

مهارات المحادثة للمستوى الثالث

اسم الطالب/ الطالبة

المهارة	متمكن	غير متمكن
يتبع إرشادات المعلم وتوجيهاته		
يستطيع أن يوجه زميله لعمل مناسب في الفصل		
يستمع إلى قصص قصيرة ويلخصها شفوياً		
يستجيب لأسئلة زملائه في موضوعات مدروسة		
يدخل في حوار قصير مع زملائه		
يستخدم يده أو وجهه للتعبير		
يضيف تفصيلات لكلام غيره		
يستجيب لأسئلة المدرس بجمل متكاملة		
يتوسع في استخدام عبارات المجاملة		
يتوسع في استخدام المفردات التي درسها		
يعرض رأيه بشكل مناسب		

قائمة بالمهارات القرائية في المستوى الرابع

المهارة	متمكن	غير متمكن
يقرأ ما تعلمه بسرعة ممتازة		
يستخدم التنغيمات المناسبة للعبارة		
يعرف التنوين و دلالته المعنوية في القراءة		
يطور استراتيجيات للفهم		
يفهم ما يقرأ من خلال الإجابة عن أسئلة استنتاجية		
يعرف أهمية التعريف و التنكير		
يعرف أهمية الأدوات المناسبة في النص		
يقرأ نصوصاً في موضوعات خارج النصوص الموجودة في الكتاب المقرر		
يستخدم المفردات في النص استخداماً مناسباً (70٪)		
يجيب عن أسئلة نصوص خارجية بشكل مناسب(70٪)		
يستخرج أسئلة من النص ويجيب عنها		
يفهم الإشارات الثقافية في النص المقروء		

مهارات القراءة في المستوى الخامس

المهارة	متمكن	غير متمكن
يقرا نصوصاً تحوي عبارات إسلامية عالية المستوى		
يفهم نصوصاً إسلامية مشتملة على مفردات متخصصة		
يجيب عن أسئلة متعلقة بالنصوص التي يقرأ بسنبة 70٪		
يستخدم المفردات الموجودة في النص بنسبة 70٪		
يستخرج أسئلة من النص ويجيب عنها		
يستجيب للتنغيمات الموجودة في النص		
يقرا في موضوعات لم يقرأ فيها من قبل		
يستمر في تطوير استراتيجيات القراءة المختلفة		
يطور معرفته بأدوات الربط في النص		
يعرف الدلالات الثقافية الكلمات المقروءة		
يربط بين ما يقرأ و معرفته السابقة و يظهر ذلك في الحوار حول الموضوع المقروء		

مهارات القراءة في المستوى السادس

غير متمكن	متمكن	المهارة
		يستوعب ما يقرأ بنسبة 90٪
		يقرأ في موضوعات لم يألفها من قبل
		يقرأ لنفسه بشكل يبين حبه للعربية
		يعرف التعبيرات الاصطلاحية الخاصة بموضوع القراءة
		يستخدم المفردات المقروءة بشكل مناسب
		يستجيب لأسئلة مطروحة حول المادة المقروءة
		يستنتج أسئلة مما يقرأ
		لا يجد صعوبة باستخدام التعابير الثقافية الجديدة
		يقرأ في موضوعات ذات أساليب تعبير مختلفة

مهارات الكتابة في المستوى الرابع

غير متمكن	متمكن	المهارة
		يكتب جملاً صحيحة مستمر في استخدام الروابط بشكل جيد يستخدم مفردات مناسبة للموقف الكتابي يكتب لنفسه في موضوعات شخصية (رسالة قصيرة، برقية قصيرة) يستطيع عرض ما يعتقد بشكل مناسب يكتب جملاً أكثر تعقيداً يستخدام القواعد النحوية المناسبة للموقف بشكل سليم بنسبة 90٪ يكتب مستخدماً استراتيجيات مناسبة مثل : العصف الذهني، الكتابة الأولية، المراجعة الناقدة، ثم الكتابة النهائية يلخص ما يقرأ في فقرة قصيرة يدون ملاحظات يسمعها يستخدم الضمائر بشكل مناسب للموقف الكتابي

المهارات الكتابية للمستوى الخامس

المهارة	متمكن	غير متمكن
يكتب في موضوعات غير تلك التي اعتادها		
ينوع في الكتابة من وصف و عرض رأي وغير ذلك		
يستطيع كتابة رسالة طويلة		
يكتب مستخدماً التصريفات المناسبة للأفعال		
يستخدم الروابط بشكل سليم بنسبة 90٪		
يلخص ما يقرأ بنسبة 90٪		
يكتب سيرة قصيرة عن نفسه		
يستخدم الترقيم من فاصلة وفاصلة منقوطة ونقطة و علامات التعجب و الاستفهام		
يستمر في استخدام خطوات الكتابة المختلفة		
يجيب عن الأسئلة بشكل كامل		
يستخدم الروابط بشكل متنوع		
يكتب قصة قصيرة محاكاة لقصة قرأها		

مهارات الكتابة للمستوى السادس

المهارة	متمكن	غير متمكن
يكتب معبراً عن نفسه بطريقة سليمة		
ينوع في الكتابة		
يستخدم أساليب مثل الافتراض و الرد على الفرضيات التي يطرحها		
يلخص ما يقرأ بنسبة ممتازة		
تتضح عنده المنطقية في العرض		
سلامة اللغة بشكل ممتاز		
لا يكرر نفسه في الكتابة		
يستخدم الضمائر بشكل مناسب للموقف الكتابي		
يتضح عنده التنظيم الجيد لأفكاره		

مهارات المحادثة في المستوى الرابع

المهارة	متمكن	غير متمكن
يستخدم عبارات المجاملة المختلفة يتحدث عن موقف شاهده بطريقة مفهومة للسامع العربي يلخص ما يسمع بشكل تفهم منه الرسالة يستخدم مفردات مناسبة للموقف يتضح فهمه للموقف الثقافي للغة العربية يستجيب للاسئلة برد مناسب يضيف تفصيلات لكلامه لا يتلكأ في التعبير عن نفسه يدخل في حوار ات حول موقف ثقافي أو حضاري سمع عنه		

مهارا ت المحادثة في المستوى الخامس

المهارة	متمكن	غير متمكن
لا يظهر عجمة في كلامه		
يفصل في الحديث عن أي موقف يتحدث عنه		
لا يتردد في الحديث عندما يطلب منه ذلك		
سلس في التعبير عما يريد		
يستخدم جملاً طويلة ومركبة		
يطرح أسئلة مناسبة تظهر فهمه لما يدور من حوله		
لا يجد صعوبة في فهم الإشارات الثقافية		
يتحدث في جمع مناسب دون خجل أو تردد		
تظهر سلامة منطقه في عرض أفكاره		

مهارات المحادثة في المستوى السادس

المهارة	متمكن	غير متمكن
يتحدث مع من حوله بطلاقة ظاهرة		
يتحدث في موضوعات مختلفة		
يفهم حساسية الموقف الثقافي		
يظهر منطقية أكبر في عرض أفكاره		
يستخدم مفردات مناسبة عند الحديث		
يتوسع في استخدام الروابط		
يستخدم التنغيم المناسب للكلام		
يظهر حماسة للحديث بالعربية		
يتحدث بأساليب مختلفة : عرض و إقناع		

قائمة بالمهارت القرائية في المستوى الرابع

المهارة	متمكن	غير متمكن
يقرأ ما تعلمه بسرعة ممتازة		
يستخدم التنغيمات المناسبة للعبارة		
يعرف التنوين و دلالته المعنوية في القراءة		
يطور استراتيجيات للفهم		
يفهم ما يقرأ من خلال الإجابة عن أسئلة استناجية		
يعرف أهمية التعريف و التنكير		
يعرف أهمية الأدوات المناسبة في النص		
يقرأ نصوصاً في موضوعات خارج النصوص الموجودة في الكتاب المقرر		
يستخدم المفردات في النص استخداماً مناسباً (٪70)		
يجيب عن أسئلة نصوص خارجية بشكل مناسب(٪70)		
يستخرج أسئلة من النص ويجيب عنها		
يفهم الإشارات الثقافية في النص المقروء		

مهارات القراءة في لمستوى الخامس

غير متمكن	متمكن	المهارة
		يقرا نصوصاً تحوي عبارات إسلامية عالية المستوى يفهم نصوصاً إسلامية مشتملة على مفردات متخصصة يجيب عن أسئلة النصوص التي يقرأ بسنبة 70٪ يستخدم المفردات الموجودة في النص بنسبة 70٪ يستخرج أسئلة من النص ويجيب عنها يستجيب للتنغيمات الموجودة في النص يقرا في موضوعات لم يقرأ فيها من قبل يستمر في تطوير استراتيجيات القراءة المختلفة يطور معرفته بأدوات الربط في النص يعرف الدلالات الثقافية للكلمات المقروءة يربط بين ما يقرأ و معرفته السابقة و يظهر ذلك في الحوار حول الموضوع المقروء

مهارات القراءة في المستوى السادس

المهارة	متمكن	غير متمكن
يستوعب ما يقرأ بنسبة 90٪ يقرا في موضوعات لم يألفها من قبل يقرا لنفسه بشكل يبين حبه للعربية يعرف التعبيرات الاصطلاحية الخاصة بموضوع القراءة يستخدم المفردات المقروءة بشكل مناسب يستجيب لأسئلة مطروحة حول المادة المقروءة يستنتج أسئلة مما يقرأ لا يجد صعوبة باستخدام التعابير الثقافية الجديدة يقرأ في موضوعات ذات أساليب تعبير مختلفة		

مهارات الكتابة في المستوى الرابع

المهارة	متمكن	غير متمكن
يكتب جملاً صحيحة		
مستمر في استخدام الروابط بشكل جيد		
يستخدم مفردات مناسبة للموقف الكتابي		
يكتب لنفسه في موضوعات شخصية (رسالة قصيرة، برقية قصيرة)		
يستطيع عرض ما يعتقد بشكل مناسب		
يكتب جملاً أكثر تعقيداً		
يستخدام القواعد النحوية المناسبة للموقف بشكل سليم بنسبة 90٪		
يكتب مستخدماً استراتيجيات مناسبة مثل : العصف الذهني ، الكتابة الأولية ، المراجعة الناقدة ، ثم الكتابة النهائية		
يلخص ما يقرأ في فقرة قصيرة		
يدون ملاحظات يسمعها		
يستخدم الضمائر بشكل مناسب للموقف الكتابي		

المهارات الكتابية للمستوى الخامس

غير متمكن	متمكن	المهارة
		يكتب في موضوعات غير تلك التي اعتادها
		ينوع في الكتابة من وصف و عرض رأي وغير ذلك
		يستطيع كتابة رسالة طويلة
		يكتب مستخدماً التصريفات المناسبة للافعال
		يستخدم الروابط بشكل سليم بنسبة 90٪
		يلخص ما يقرأ بنسبة 90٪
		يكتب سيرة قصيرة عن نفسه
		يستخدم الترقيم من فاصلة وفاصلة منقوطة ونقطة و علامات التعجب و الاستفهام
		يستمر في استخدام خطوات الكتابة المختلفة
		يجيب عن الأسئلة بشكل كامل
		يستخدم الروابط بشكل متنوع
		يكتب قصة قصيرة محاكاة لقصة قرأها

مهارات الكتابة للمستوى السادس

المهارة	متمكن	غير متمكن
يكتب معبراً عن نفسه بطريقة سليمة		
ينوع في الكتابة		
يستخدم أساليب مثل الافتراض و الرد على الفرضيات التي يطرحها		
يلخص ما يقرأ بسنسة ممتازة		
يتضح عنده المنطقية في العرض		
سلامة اللغة بشكل ممتاز		
لا يكرر نفسه في الكتابة		
يستخدم الضمائر بشكل مناسب للموقف الكتابي		
يتضح عنده التنظيم الجيد لأفكاره		

مهارات المحادثة في المستوى الرابع

المهارة	متمكن	غير متمكن
يستخدم عبارات المجاملة المختلفة يتحدث عن موقف شاهده بطريقة مفهومة للسامع العربي يلخص ما يسمع بشكل تفهم منه الرسالة يستخدم مفردات مناسبة للموقف يتضح فهمه للموقف الثقافي للغة العربية يستجيب للاسئلة برد مناسب يضيف تفصيلات لكلامه لا يتلكأ في التعبير عن نفسه يدخل في حوارات حول موقف ثقافي أو حضاري سمع عنه		

مهارا ت المحادثة في المستوى الخامس

المهارة	متمكن	غير متمكن
لا يظهر عجمة في كلامه		
يفصل في الحديث عن أي موقف يتحدث عنه		
لا يتردد في الحديث عندما يطلب منه ذلك		
سلس في التعبير عما يريد		
يستخدم جملاً طويلة ومركبة		
يطرح أسئلة مناسبة تظهر فهمه لما يدور من حوله		
لا يجد صعوبة في فهم الإشارات الثقافية		
يتحدث في جمع مناسب دون خجل أو تردد		
تظهر سلامة منطقه في عرض أفكاره		

مهارات المحادثة في المستوى السادس

المهارة	متمكن	غير متمكن
يتحدث مع من حوله بطلاقة ظاهرة		
يتحدث في موضوعات مختلفة		
يفهم حساسية الموقف الثقافي		
يظهر منطقية أكبر في عرض أفكاره		
يستخدم مفردات مناسبة عند الحديث		
يتوسع في استخدام الروابط		
يستخدم التنغيم المناسب للكلام		
يظهر حماسة للحديث بالعربية		
يتحدث بأساليب مختلفة : عرض و إقناع		

خطة مقترحة لتدريس العربية لغير العرب في بلد عربي مسلم و لمرحلة المدرسة

هذا البرنامج معد للطلبة غير العرب أو بعض العرب الذين عاشوا في الغرب فترة من الزمن أو ولدوا هناك بحيث لم تعد العربية لغتهم الأم. هذا الصنف من الطلاب يجب التعامل معهم بأسلوب يعزز تعلمهم للغة، حيث إن البعض منهم قد لا يبدي اهتماماً لإقناعه من قبل أسرته أو لقناعته الذاتية أن العربية ليست مهمة له و لحياته الوظيفية، ولذلك لا بد من التركيز على أمرين أولهما بالنسبة للمسلم:

1- أن اللغة العربية لغة القرآن الكريم و هو الكتاب الذي يجب على كل مسلم إتقان قراءته و لا يتيسر ذلك إلا من خلال تعلم جيد و تمكن من العربية.

2- أن اللغة العربية لغة التراث الإسلامي ، و المسلم مطالب بالاهتمام بتراث الإسلام بغض النظر عن لغته الأم أو قوميته.

3- أن اللغة العربية تتيح للمسلم العديد من الوظائف في المستقبل كالترجمة و التعليم و العمل في السلك الدبلوماسي و غير ذلك.

4- أن اللغة العربية لغة جميلة و سهلة التعلم و ليس صحيحاً أن العربية لغة صعبة و معقدة.

بالنسبة لغير المسلم:

1- اللغة العربية واحدة من اللغات العالمية الحية التي يتحدث بها مئات الملايين من البشر فمعرفة اللغة العربية تتيح لمتعلمها الاطلاع على ثقافة جديدة هي الثقافة العربية الإسلامية، ونحن نعيش عصر حوار الثقافات و التبادل الثقافي بين الأمم.

2- اللغة العربية لغة العمل في البلاد العربية، فكل من يريد العمل في الدول العربية النفطية خصوصاً يحتاج لتعلم العربية. ولا تعني الحاجة هنا الحاجة للحديث أو الكتابة و لكن اللغة جسر لفهم نفسيات الشعوب و عقلياتها.

3- اللغة العربية لغة شاعرة و ترهف الحس و تتيح للمتعلم الاطلاع على التراث العربي الكبير.

منهج التعليم:

من الواضح أن أكثر طلابنا في هذا البرنامج مبتدئون لا يعرفون الكثير من اللغة، ومهمتنا في هذا البرنامج أن نعلمهم اللغة لا عن اللغة وكذلك تعريفهم بثقافتنا العربية الإسلامية ولذلك اقترح تسمية البرنامج "برنامج اللغة والثقافة". إن وجود كلمة الثقافة

ليس وجوداً جمالياً بل يجب أن يكون وجوداً هادفاً بحيث يكون اهتمامنا منصباً على التعريف بالثقافة العربية الإسلامية وتاريخ أمتنا وشخصياتها ورموزها في القديم والحديث.

بما أن أغلبية طلبتنا من المبتدئين الذين لا يتقنون النطق بالأصوات العربية أو كتابة الأبجدية العربية، فإن المرحلة الأولى يجب أن تركز على:

1- إكساب الطلبة طريقة النطق الصحيحة بالعربية.

2- التعرف على الحروف العربية كتابة و قراءة.

3- البدء بممارسة التعبير بالعربية عن الأمور الحياتية خصوصاً التحايا، التعارف، المهن، الوظائف، الألوان، الأعداد، ولذلك فإن المطلوب من مدرسي العربية لغير العرب وضع خطة فصلية تقوم على ما سبق ذكره.

4- التنويع في النشاطات و عدم الاعتماد على التلقين، بل لا بد من استخدام الأنشطة المحببة للنفس مثل المسابقات الجماعية، الأنشطة الثنائية، الأنشطة الحياتية.

من الأنشطة الممكنة للطلبة المتوسطين :

1- تسجيل لقاء تعارف مع صديق عربي في الفصل.

2- المرور بمكتب أحد الموظفين العرب أو المدرسين و تقديم نفسه له وإجراء حوار قصير مسجل.

3- الاتصال بزميل في البيت وسؤاله عن حال وأسرته.

4- البدء باستخدام الأغاني و الأناشيد القصيرة خصوصاً للطلاب في المراحل الدنيا.

5- ألعاب لغوية كأن يجلس الطلاب في دائرة ثم يكتب كل واحد حرفاً من حروف العربية، ثم يقسم الطلبة إلى مجموعات بحيث تعطى كل مجموعة عدداً من الأحرف ليشكلوا منها كلمة مثل: اسم أحدهم، أسماء لأشياء تعلموها في الفصل، كلمات الترحيب و عبارات المجاملة ...الخ.

6- اعتماد التسجيلات كأن يقوم المدرس بتسجيل حوار بينه و بين زميل أو طالب أو أحد أفراد أسرته و من ثم إدارة المسجل في الفصل و الاستماع إليه.

كما أن المدرس مطالب بالإعداد الجيد لحصته لما ينطوي على ذلك من أهمية بالغة في نفسية المتعلم. أما فصل العربية لغير العرب فيجب أن يكون نموذجاً متميزاً بحيث يشعر الطالب أنه محاط ببيئة عربية في الفصل.

تقويم المدرسين السنوي

اسم المدرس/ المدرسة .... المادة .... السنة الدراسية:.......

ضعيف	جيد	ممتاز	موضوع التقويم
			معرفة بالمادة و طرق التدريس
			1- معرفة المحتوى
			2- معرفة بطرق التدريس الملائمة
			معرفة بالطلبة
			1- معرفة بخصائص المرحلة العمرية
			2- معرفة بطرق التدريس الملائمة للمرحلة العمرية
			3- معرفة بمهارات الطلبة وقدراتهم
			4- معرفة باهتمامات الطلبة
			اختيار الأهداف التربوية
			1- معرفة بقيمة الأهداف : ظهورها في الخطة أو على السبورة
			2- وضوح الأهداف في ذهن المدرس و الطالب
			3- ملائمة الأهداف لمختلف نوعيات الطلبة
			4- توازن الأهداف
			تصميم أساليب تدريس مناسبة
			1- أنشطة تعليمية
			2- مواد تعليمية مناسبة
			3- تقسيم المادة و الدرس
			تقويم الطلبة
			1- مناسب للأهداف التربوية
			2- وضوح المعايير
			3- التخطيط

ضعيف	جيد	ممتاز	موضوع التقويم
			إيصال المعلومات بطريقة واضحة ودقيقة
			1- وضوح الإرشادات والتعليمات
			2- سلامة اللغة كتابة ومحادثة
			استخدام أساليب مناسبة لطرح الأسئلة
			1- جودة الأسئلة
			2- أساليب مناقشة جيدة
			3- مشاركة الطلبة
			إظهار المرونة والاستجابة لحاجات الطلبة
			1- تكييف الدرس بما يناسب الظروف الطارئة
			2- الاستجابة للطلبة
			3- الثبات
			بيئة الصف
			1- خلق بيئة ملؤها الاحترام والتقدير
			2- التفاعل مع الطلبة
			3- تفاعل الطلبة مع بعضهم البعض
			إدارة السلوك الطلابي
			1- إدارة السلوك الصفي
			2- توقعات المدرس
			3- مراقبة السلوك الطلابي
			4- الاستجابة للسلوك الصفي غير المناسب
			المسؤوليات المهنية (الإدارية)
			1- الدقة في تنفيذ المسؤوليات والمهمات
			2- حفظ سجلات واضحة ودقيقة للطلبة
			3- تنفيذ الطلبة للواجبات
			4- تقدم الطلبة في التعلم
			5- سجلات خاصة بسلوك الطلبة

ضعيف	جيد	ممتاز	موضوع التقويم
			العلاقة بأسرة الطالب
			1- تقديم معلومات حول طبيعة الأهداف والتوقعات
			2- تقديم معلومات دقيقة و أمينة عن تقدم الطالب
			النمو والتطور
			1- تنمية المهارات التربوية
			2- مهارات تعليمية
			3- خدمة مهنة التدريس
			إظهار اهتمام بالمهنة
			1- تقديم خدمات للطلبة
			2- الدفاع عن حقوق الطلبة
			3- اتخاذ القرارات

العربية لتطوير التعليم

مدارس الاتحاد الخاصة / الجميرا والممزر **تقويم المدرسين السنوي**

اسم المدرس/ المدرسة . . . . المادة . . . . السنة الدراسية : . . . . . .

موضوع التقويم	ممتاز	جيد	ضعيف
معرفة بالمادة و طرق التدريس			
1- معرفة المحتوى			
2- معرفة بطرق التدريس الملائمة			
معرفة بالطلبة			
1- معرفة بخصائص المرحلة العمرية			
2- معرفة بطرق التدريس الملائمة للمرحلة العمرية			
3- معرفة بمهارات الطلبة وقدراتهم			
4- معرفة باهتمامات الطلبة			
اختيار الأهداف التربوية			
1- معرفة بقيمة الأهداف : ظهورها في الخطة أو على السبورة			
2- وضوح الأهداف في ذهن المدرس و الطالب			
3- ملاءمة الأهداف لمختلف نوعيات الطلبة			
4- توازن الأهداف			
تصميم أساليب تدريس مناسبة			
1- أنشطة تعليمية			
2- مواد تعليمية مناسبة			
3- تقسيم المادة و الدرس			
تقويم الطلبة			
1- مناسب للأهداف التربوية			

ضعيف	جيد	ممتاز	موضوع التقويم
			2- وضوح المعايير
			3- التخطيط
			إيصال المعلومات بطريقة واضحة ودقيقة
			1- وضوح الإرشادات و التعليمات
			2- سلامة اللغة كتابة ومحادثة
			استخدام أساليب مناسبة لطرح الأسئلة المناقش
			جودة الأسئلة
			1- أساليب مناقشة جيدة
			2- مشاركة الطلبة
			إظهار المرونة و الاستجابة لحاجات الطلبة
			1- تكييف الدرس بما يناسب الظروف الطارئة
			2- الاستجابة للطلبة
			3- الثبات
			بيئة الصف
			1- خلق بيئة ملؤها الاحترام و التقدير
			2- التفاعل مع الطلبة
			3- تفاعل الطلبة مع بعضهم البعض
			إدارة السلوك الطلابي
			1- إدارة السلوك الصفي
			2- توقعات المدرس
			3- مراقبة السلوك الطلابي
			4- الاستجابة للسلوك الصفي غير المناسب
			المسؤوليات المهنية
			1- الدقة في تنفيذ المسؤوليات و المهمات
			2- حفظ سجلات واضحة ودقيقة للطلبة
			3- تنفيذ الطلبة للواجبات

ضعيف	جيد	ممتاز	موضوع التقويم
			4- تقدم الطلبة في التعلم
			5- سجلات خاصة بسلوك الطلبة
			العلاقة بأسرة الطالب
			1- تقـديم معلومـات حـول طبيعـة الأهـداف والتوقعات
			2- تقـديم معلومـات دقيقـة و أمينة عن تقـدم الطالب
			النمو والتطور
			1- تنمية المهارات التربوية
			2- مهارات تعليمية
			3- خدمة لمهنة التدريس
			إظهار اهتمام بالمهنة
			1- تقديم خدمات للطلبة
			2- الدفاع عن حقوق الطلبة
			3- اتخاذ القرارات

المراجع العربيه والاجنبيه

مراجع الكتاب:

- جودث شرم: دليل المعلم في تعليم اللغات الأجنبية: هاين و هاينل: بوسطن:ماساتسوشوستس:1994

TeachersHandbook: J. Shrumand Glissan: 1994.

- روبرت كزلك:طرق تدريس و تقديم المادة:من الانترنت

- مجلة البحوث التربوية الأمريكية: 1999

- هاملتون و غاثالا:1994:التعلم و التدريس ماكغروهل:نيويورك

Learning and Instruction: Richard Hamilton& Elizabeth Ghathala. McGraw-Hill, Inc 1994.

:1988Communicating naturally second language: theory and practice language teaching. Cambridge: Cambridge University Press.

.1990Language Learning Strategies;What every teacher should know: Hienle& Hienle:Bostn: Mass.

- استراتيجيات التعلم في اكتساب اللغة الثانية: مايكل أوماليوآنا شاموا: مطبعة جامعة كمبرج.نيويرك1990

- صالح محمدصالح نصيرات: رسالة دكتوراه جامعة ومعهد فرجنييا التقني9199 "استراتيجيات التعلم المعرفية و فوق المعرفية لدى متعلميالعربية الأجانب"

- كافلري و بيترسون 1996 منالانترنت

- كولي، ليندر وماكميلان 1989

د. سليم خالديه:

Investigating Arabic: edited by Rammuny, R. M & Parkinson, D. B. Greyden Press: Columbus: Ohio 1993

-جليسن،1985

- دنكل1986

- و براون1986

- جاك ريتشاردز (في كتاب شرم)1990.

- أفضل الممارسات التعليمية: ماذا يفعل أفضل المدرسين: د.كينيث بين 1998: جامعة كومنولثفرجنيا:على الأنترنت

www.vcu.edu/teaching/bestpractices/bain:

- فعالية معلم اللغة : صالح محمد صالح نصيرات: سجل الندوة السنوية الثانية لمعهد العلوم العربية و الإسلامية

في أمريكا: لتدريب معلمي اللغة العربية في الجامعات الأمريكية: معهد العلوم العربية و الإسلامية:فيرفاكس،

فرجنيا.

- كمال بدري و صالح محمد صالح نصيرات: إجراءات في تعليم العربية لغير العرب: جامعة الإمام محمد بن

سعود: الرياض1983.

- بدري، كمال و نصيرات، صالح محمد صالح (إجراءات في تعليم العربية لغير العرب) 1983. جامعة الإمام محمد

بن سعود الإسلامية، الرياض.

- خالدية، سليم(مهارة الإستماع) أبحاث في اللغة العربية.1993. تحرير راجي راموني. غرايدن برس، كولمبس،

أوهايو.

- طعيمة، رشدي، الأسس العامة لمناهج تعليم اللغة العربية: إعدادها، تطويرها، تقويمها.2001.دار الفكر العربي،

القاهرة.

- طعيمة، رشدي ومناع، محمد، تعليم العربية والدين. ، 2001. دار الفكر العربي، القاهرة.

- علي، محمد محمد يونس، أصول اتجاهات المدارس اللسانية الحديثة. عالم الفكر 1، مجلد 32، يوليو-سبتمبر

2003.

- نشواتي، عبد المجيد، علم النفس التربوي، مؤسسة الرسالة 1996، عمان.

- نصيرات، صالح محمد صالح (فعالية معلم اللغة) سجل الندوة السنوية الثانية لمعهد العلوم العربية

والإسلامية في أمريكا. 1996، فيرفاكس، فيرجنيا.

- هيئة التعليم، معايير مناهج اللغة العربية لدولة قطر.2005، الدوحة. قطر

المراجع الأجنبية

-Ausubel, D 1968. Educational Psychology. A Cognitive View. New York: Holt, Rinehart & Winston.

-Bain, K. 1998. What do the best teachers do? www.vcu.edu

-Brown, H.D, Principles of Language Learning and Teaching. Prentice hall Regents: NJ, USA

-Caverly. D & Peterson, C 1996. www. schooledu.swt.edu/ Dev.ed/PLAN/plan_text...

Cheng, Y. C. & Tsui, K.T. 1999. Multimodels ofImplications for :teacher effectiveness

p ,3n 92 .V .Journal of Educational Research .research..150-141

.337-323 :15 .Word .glossiaDi .1959 .C ,Ferguson

Hamilton,Inc ,Hill -McGraw :New York .Learning and Instruction 1994 .E ,Ghatala & ,R

200 .T ,Hedge0. Teaching and learning in the language classroom. Oxford: Oxford University Press.

Kizlik, R. Models of teaching. www.adprima.com

Krashen, S 1981. Second language learning and second language acquisition. Pergamon Press Inc.

Nunan, D & Lamb, C. 1996 The self-directed teacher. managing the learning Process. Cambridge. Cambridge University Press

Omaggio, A.H. Language Teaching in Context.1994. Hienle & Hienle: Boston, Mass

O'Malley, J.M., & Chamot, A.U. 1989. Learning strategies in second language acquisiti.Cambridge University Press :Cambridge .on

Wha :Language Learning Strategies .1990 .R ,OxfordtHienle and .every teacher should know .Mass ,Boston ,Hienle

Rivers,Cambridge :Cambridge .Communicating naturally in second language .1988 .W University Press.

Saleh Nusairat S. 1999 Cognitive and Metacognitive Strategies Used by Adult Learners of Arabic as a Foreign Language. Unpublished doctoral dissertation, Virginia Polytechnic Institute and State University, Blacksburg, VA.

Shrum, J. L., & Glisan, E. W. 1994. Teacher's Handbook: Contextualized language instruction. Hienle and Hienle. Boston, Mass.

Zughoul, M. R. 1980. Diglossia in Arabic: Investigating solutions. Anthropological Linguistics. Vol.22, pp. 201-217